LITERATURA JOANINA

Dados Internacionais de Catalogação na Publicação (CIP)
(Câmara Brasileira do Livro, SP, Brasil)

Doglio, Claudio
    Literatura joanina / Claudio Doglio ; tradução de Leonardo A.R.T. dos Santos. – Petrópolis, RJ : Vozes, 2020. – (Introdução aos Estudos Bíblicos)

    Título original: La testimonianza del discepolo.
    Bibliografia.
    ISBN 978-85-326-6365-8

    1. Bíblia. N.T. – Apocalipse – Crítica e interpretação 2. Bíblia. N.T. – Estudo e ensino 3. Bíblia. N.T. – Evangelho de João – Introduções 4. Teologia I. Título.

19-31128   CDD-220.607

Índices para catálogo sistemático:
1. Bíblia : Teologia : Estudo e ensino   220.607

Maria Alice Ferreira – Bibliotecária – CRB-8/7964

LITERATURA JOANINA
CLAUDIO DOGLIO

■■■■ **INTRODUÇÃO AOS ESTUDOS BÍBLICOS** ■■■■

Tradução de Leonardo A.R.T. dos Santos

EDITORA VOZES

Petrópolis

© 2018 Editrice ELLEDICI

Título do original em italiano: *La testimonianza del discepolo – Introduzione alla letteratura giovannea*

Direitos de publicação em língua portuguesa – Brasil:
2020, Editora Vozes Ltda.
Rua Frei Luís, 100
25689-900 Petrópolis, RJ
www.vozes.com.br
Brasil

Todos os direitos reservados. Nenhuma parte desta obra poderá ser reproduzida ou transmitida por qualquer forma e/ou quaisquer meios (eletrônico ou mecânico, incluindo fotocópia e gravação) ou arquivada em qualquer sistema ou banco de dados sem permissão escrita da editora.

CONSELHO EDITORIAL

Diretor
Gilberto Gonçalves Garcia

Editores
Aline dos Santos Carneiro
Edrian Josué Pasini
Marilac Loraine Oleniki
Welder Lancieri Marchini

Conselheiros
Francisco Morás
Ludovico Garmus
Teobaldo Heidemann
Volney J. Berkenbrock

Secretário executivo
João Batista Kreuch

Editoração: Elaine Mayworm
Diagramação: Sheilandre Desenv. Gráfico
Revisão gráfica: Alessandra Karl
Capa: Editora Vozes

ISBN 978-85-326-6365-8 (Brasil)
ISBN 978-88-01-04717-2 (Itália)

Editado conforme o novo acordo ortográfico.

Este livro foi composto e impresso pela Editora Vozes Ltda.

Sumário

Apresentação da coleção original italiana – Manuais de introdução à Escritura, 7

Prefácio, 11

1 Os escritos atribuídos a João, 15

2 O Quarto Evangelho, 34

3 As cartas de João, 181

4 O Apocalipse, 216

Índice, 287

Apresentação da coleção original italiana
Manuais de introdução à Escritura

Em continuação ideal com *Il Messaggio della Salvezza* [A mensagem da salvação] e *Logos* [Logos], coleções que marcaram a divulgação e a formação bíblica nos estudos teológicos italianos depois do Concílio Vaticano II, em 2010 um grupo de biblistas decidiu, de comum acordo com a Editora Elledici, proceder à elaboração de um novo projeto. Nasce assim esta série de volumes, intitulada *Graphé – Manuais de Introdução à Escritura*. O vocábulo grego *"graphé"* indica, como termo técnico, aquilo que chamamos a "Escritura": com efeito, no Novo Testamento é comumente empregado, junto com o plural *"graphái"* [Escrituras], para indicar a coleção dos livros sagrados da tradição hebraica, aceitos também pela comunidade cristã e integrados com as novas obras dos apóstolos, centradas sobre Jesus Cristo. Além do título, evocativo do ambiente das origens cristãs, o subtítulo esclarece de que se trata.

O objetivo visado pelo projeto é o de propor um curso completo de estudos bíblicos básicos, fornecendo manuais úteis para os cursos bíblicos nas faculdades de teologia, nos seminários e demais institutos. Não se trata, portanto, de pesquisas novas sobre assuntos particulares, mas do enquadramento global da matéria, proposto de maneira séria e acadêmica aos estudantes que iniciam o estudo da Sagrada Escritura. Faltam também ensaios de exegese específica, porque estes são deixados à iniciativa particular dos docentes, que, assim, dentro da lição frontal, podem inserir os aprofundamentos sobre a base introdutória oferecida por esses volumes.

Os autores dos vários volumes são biblistas italianos, comprometidos há anos no ensino da específica disciplina que apresentam; por isso, podem mais facilmente dirigir-se de modo realista aos efetivos destinatários da obra e propor assim, de maneira orgânica, cursos já realizados e, portanto, efetivamente realizáveis nos atuais planos de estudo.

O plano da obra prevê dez volumes com a divisão da matéria segundo os habituais módulos acadêmicos. Determinam a moldura do conjunto o primeiro volume, dedicado à introdução geral, e o décimo, que oferecerá algumas linhas de teologia bíblica. Dos outros volumes, quatro tratam dos livros do Antigo Testamento (Pentateuco, Livros Históricos, Livros Sapienciais e Poéticos, Livros Proféticos) e quatro introduzem o Novo Testamento (Evangelhos sinóticos e Atos dos Apóstolos, cartas de Paulo, literatura paulina e cartas católicas, literatura joanina).

Cada volume procura apresentar de maneira clara o quadro global de referência para as várias seções bíblicas, propondo o estado atual da pesquisa. De maneira geral, as componentes constantes de cada tomo são: a introdução geral aos problemas da seção, depois a introdução a cada livro segundo a sucessão considerada escolasticamente mais útil e, por fim, o tratado dos temas teológicos importantes, mais ou menos transversais às várias obras do setor.

A articulação das introduções aos diversos livros varia necessariamente segundo o tipo de volume; mas um elemento é constante e constitui a parte mais original desta coleção: trata-se de um *guia à leitura*, no qual o autor acompanha o leitor através de todo o texto, mostrando suas articulações, seus problemas e seus desenvolvimentos. Longe de ser um simples resumo, constitui uma concreta introdução ao conteúdo e aos problemas de todo o livro, com a possibilidade de apresentar o conjunto do texto literário para fazer que o estudante capte a maneira em que o texto se desenvolve.

O estilo dos textos é intencionalmente simples e claro na exposição, sem períodos demasiadamente longos e complexos, com um uso moderado de termos técnicos e raros, explicados e motivados caso por caso. As palavras em língua original, hebraica e grega, são propostas sempre em transliteração e o recurso a elas é limitado ao estritamente indispensável: a transliteração e a acentuação dos termos gregos e hebraicos respondem unicamente à exigência de legibilidade para aqueles que não conhecem adequadamente tais línguas, sem contudo comprometer o reconhecimento dos termos para os competentes. Onde, por necessidade, se usarem termos estrangeiros, sobretudo alemães, oferece-se a tradução; da mesma forma, as notas de rodapé são muitíssimo limitadas e usadas só para oferecer o indispensável documento daquilo que é afirmado no texto. Para facilitar a leitura, o conteúdo é organizado em parágrafos não excessivamente longos e é marcado por numerosos pequenos títulos que ajudam a seguir a argumentação.

Em cada volume estão presentes algumas seções de bibliografia comentada, onde se apresenta – sem as indevidas exigências de exaustividade – o que é disponível no mercado atual sobre o tema tratado. Durante o tratado, porém, as referências bibliográficas são o mais possível limitadas a algum envio significativo ou circunscrito, não presente na bibliografia posterior.

Há milênios, a Escritura é testemunha do encontro entre a Palavra de Deus viva e gerações de crentes que nesses livros encontraram motivos e alimento para sua caminhada. Esta coleção quer pôr-se hoje a serviço desse encontro sempre renovado e renovável. Aos que hoje, no século XXI, pretendem pôr-se à escuta daquele que, através desses testemunhos escritos, continua a se manifestar, estes volumes querem oferecer os conhecimentos (históricos, literários, teológicos) adequados para fazê-lo. E, ao mesmo tempo, são dirigidos também a quem não considera a inspiração mais alta, para que possam experimentar o valor dos testemunhos fiéis que a Bíblia contém e confrontá-los com as perguntas e as opções de seu pessoal itinerário de vida.

Claudio Doglio
Germano Galvagno
Michelangelo Priotto

Prefácio

Em um momento de particular confiança com os alunos, um vetusto professor de Bíblia contou a síntese do desenvolvimento de seu método de ensino: "Quando eu era jovem, também ensinava o que não sabia; amadurecendo, tentei ensinar o que eu sabia bem; agora eu ensino o que é necessário". Lembro-me agora, depois de muito tempo, enquanto começo – depois de trinta anos de ensino acadêmico – a compartilhar essa terceira maneira de me comunicar com os alunos.

De fato, a elaboração de um manual escolar é uma boa oportunidade para reunir as muitas informações diferentes que foram aprendidas e transmitidas. Nessa tarefa, no entanto, a tentação do pesquisador é introduzir o máximo de dados possível para mostrar grande competência, enquanto a sabedoria do professor maduro nos ensina a valorizar os destinatários e a oferecer-lhes o que eles realmente precisam para introduzi-los no conhecimento das Escrituras.

Como os outros volumes da série italiana *Graphé*, este também é destinado a professores e estudantes envolvidos nas faculdades de Teologia, nos estudos teológicos e da religião, bem como a todos os estudiosos da Bíblia, e é proposto como um manual de introdução à Escritura, que é uma ferramenta didática para guiar de forma realista o aluno numa primeira abordagem ao texto bíblico, de forma séria e acadêmica, mas sem exagerar nos problemas e no excesso de dados.

Estamos, portanto, lidando com a *literatura joanina*, indicando com esse termo cinco escritos do Novo Testamento ligados ao nome de João e unidos por importantes fatores históricos, literários e teológicos: essa afinidade justifica o fato de considerá-los em conjunto, embora dentro do cânon eles sejam colocados em posições diferentes. Há muito tempo se prevê, nos cursos acadêmicos de teologia, o estudo da literatura joanina a introdução e exegese do Quarto Evangelho de maneira distinta dos três sinóticos, porque se acredita unanimemente que essa distinção seja útil em um nível didático: comparado com as outras narrativas evangélicas o Evangelho segundo João, de fato, é uma realidade separada, definida como "espiritual" pelos antigos precisamente para destacar sua singularidade. As três cartas podem ser extrapoladas do grupo das "cartas católicas", porque os laços que as unem aos escritos joaninos são decididamente mais consistentes. Finalmente, o Apocalipse, embora isolado no final do cânon do Novo Testamento, liga-se ao ambiente eclesial de João por uma antiga e sólida tradição. Correlação semelhante justifica a configuração do presente volume, que trata de obras que, embora pertencentes a três gêneros literários diferentes, estão unidas por uma proximidade singular.

A figura de João faz com que se considere esse conjunto de textos como um único *corpus* literário e seu papel como "discípulo do Senhor", testemunha ocular e, portanto, garante da tradição apostólica original, confere a esses escritos uma autoridade especial. Precisamente o tema do testemunho que o discípulo dá do Senhor Jesus representa o denominador comum dos escritos joaninos e por isso nomeei este volume como *O testemunho do discípulo*[1]: em cada uma dessas obras, de fato, podemos reconhecer a influência consistente de um autor brilhante, que foi marcado pela experiência decisiva do homem Jesus e dedicou sua vida a transmitir aos outros o valor único desse encontro.

O modo tipicamente joanino de narrar, refletir e ensinar envolveu significativamente seus destinatários, determinando a existência de uma comunidade de crentes que – por meio do testemunho do discípulo – aderiram ao Senhor Jesus e conservaram ao longo do tempo sua preciosa memória. O pensador profundo e o hábil narrador simbólico influenciou toda a comunidade, gerando um modo específico de falar e pensar que acabou por marcar toda a literatura joanina.

Os cinco escritos que nos dizem respeito são, portanto, o resultado de uma excitante experiência da Igreja que, no espaço de setenta anos, lidando com situações históricas e existenciais muito diferentes, manteve "o que era desde o princípio" e o transmitiu com a contribuição de muitos, dando origem a um trabalho coral e genial. O estudo diacrônico da história da com-

---

1. O autor se refere aqui ao título original italiano [N.T.].

posição desses escritos pode nos ajudar a apreciar com gosto a sua riqueza e variedade, enquanto a leitura sincrônica permite realçar a narrativa orgânica do evangelista, a capacidade argumentativa dos textos epistolares e a fantasmagórica profecia das visões apocalípticas.

Tendo diante dos meus olhos os muitos estudantes reais a quem propus o curso introdutório de literatura joanina nos últimos anos, dirijo-me a todos os outros leitores em potencial, convidando-os a superar o risco de uma leitura superficial, a aprender a apreciar o solene encanto de uma obra profunda e ponderada, a que se deixem envolver num sério aprofundamento da fé, para acolher como tesouro o testemunho do Discípulo Amado.

Claudio Doglio

1

Os escritos atribuídos a João

Cinco escritos do Novo Testamento ligam-se a um único nome: João. Um único ambiente eclesial é o ventre que gerou esses escritos, unidos pela linguagem, estilo e modo de pensar: portanto, fala-se da literatura joanina ou *corpus johanneum*.

O Evangelho segundo João é a principal obra desse conjunto; ele preserva as riquezas cristológicas e eclesiais da tradição ligadas à testemunha ocular, o discípulo do Senhor, garante da verdade evangélica. Além do Evangelho há três cartas, diferentes em extensão e conteúdo, mas ligadas à mesma realidade linguística e teológica. Finalmente, há o Apocalipse, embora muito diferente dos escritos anteriores, contém explicitamente o nome de João e fornece as coordenadas histórico-geográficas para definir esse grupo de escritos canônicos.

O principal elemento que os une é a insistência no testemunho do discípulo sobre Jesus Cristo: a referência ao passado diz respeito ao penhor oferecido pela testemunha ocular, enquanto, no presente e no futuro, o mesmo empenho testemunhal é exigido de todos os discípulos, destinatários dessas obras.

A questão joanina

As numerosas razões que levaram os estudiosos a identificar esse *corpus* literário não podem nos fazer esquecer as diferenças que existem entre os vários escritos joaninos. Essas relações complexas de semelhanças e diferenças – em nível histórico, literário e teológico – determinaram o que por cerca de dois séculos foi chamado de "questão joanina": segundo o mesmo modelo filológico da questão homérica e da questão sinótica, também a propósito desse assunto evidenciaram-se alguns problemas de fundo, cuja solução não seria possível senão pela via hipotética. A interdependência dos vários problemas em aberto complica a pesquisa e gerou muitas soluções diferentes, o que pode desconcertar aqueles que realizam o estudo da Bíblia.

Por essa razão, esta introdução não quer fornecer um relato completo das inúmeras propostas apresentadas, mas – com o objetivo de introduzir o estudo exegético e teológico – limita-se a esclarecer os diversos problemas e propor uma linha interpretativa coerente e fundamentada, capaz de orientar uma primeira abordagem aos escritos joaninos.

Vamos, portanto, começar a esclarecer os pontos nodais da questão joanina, que por conveniência didática pode ser agrupada em quatro problemas.

A identidade do autor – Uma primeira questão diz respeito à identificação do autor, que se chama João, e pretende responder às perguntas: Quem é esse João? Seria o mesmo autor de todos os cinco escritos atribuídos a ele?

O ambiente de origem – A segunda questão diz respeito à comunidade eclesial em que essas obras nasceram: Existiu a chamada "comunidade joanina"? Quais características podem ser atribuídas a ela?

A história da composição – Uma questão ainda mais complicada e difícil de resolver diz respeito à história diacrônica do texto: Quais são as etapas que levaram à redação dos escritos joaninos? São diferentes contribuições reconhecíveis, ou seja, mais mãos de escritores e múltiplas edições?

A relação entre essas cinco obras – Finalmente, a última pergunta refere-se às possíveis conexões entre esses escritos: Qual é a ordem cronológica de sua tessitura? Qual é a relação entre o Quarto Evangelho e as cartas? Como o Apocalipse lida com outras contribuições literárias joaninas?

Embora seja mais conveniente estudar as questões mais recentes na introdução específica às obras individualmente, as duas primeiras questões têm um valor básico e é apropriado abordá-las desde o início, para tornar claras as informações preservadas pela antiga tradição eclesial e as reconstruções hipotéticas elaboradas pelos estudiosos modernos.

A autoridade de João

O nome de João como autor do texto não aparece no Quarto Evangelho nem nas três cartas; contudo aparece no Apocalipse. Nos códices antigos, no entanto, esses cinco escritos foram unanimemente atribuídos a João. Quem é este? O que sabemos sobre sua pessoa? De quais fontes dispomos para conhecê-lo?

Comecemos pelos testemunhos externos dos antigos, que propõem o nome de João como o autor desses escritos; portanto, consideramos os dados que podem ser extraídos dos outros livros do Novo Testamento sobre esse personagem; finalmente, tentamos organizar as várias notícias de maneira sintética e, hipoteticamente, delineamos uma reconstrução plausível de sua figura.

Os dados da tradição patrística

O primeiro testemunho direto – em ordem de tempo – relativo ao autor de uma obra joanina é o do filósofo Justino, que viveu por volta do ano 160 em Éfeso, onde estabeleceu o *Diálogo com Trifão*, o primeiro ensaio da hermenêutica das escrituras cristãs. Respondendo ao judeu Trifão acerca da reconstrução de Jerusalém e do milenarismo, Justino traz a referência ao Antigo Testamento – citando Is 65,17-25 – e acrescenta o testemunho do Apocalipse:

> Por outro lado, também entre nós um homem chamado João, um dos apóstolos de Cristo, após uma revelação por ele recebida, profetizou que aqueles que creem em nosso Cristo passariam mil anos em Jerusalém [...] (*Diálogo com Trifão* 81,4).

A informação é importante, porque seu autor é atento e documentado: alguns anos após a composição da obra, no mesmo ambiente de origem, Justino conheceu o Apocalipse como obra de um dos apóstolos de Cristo. Esses dados não são retirados do próprio texto; devem vir da tradição oral que acompanhava o texto.

Portador dessa tradição viva é também e sobretudo Ireneu, bispo de Lion, mas um nativo da Ásia Menor e discípulo do vetusto Policarpo de Esmirna, uma das cidades do Apocalipse (Ap 2,8). A familiaridade com Policarpo permite que Ireneu volte diretamente à fonte da tradição apostólica, já que Policarpo "foi instruído pelos apóstolos e estabelecido por eles para a Ásia na Igreja de Esmirna como bispo" (*Contra as heresias* III, 3,4). Na *Carta a Florino*, escrita a um jovem companheiro que se tornou herege, Ireneu recorda a época em que ambos eram discípulos de Policarpo:

> posso inclusive dizer o local em que o bem-aventurado Policarpo dialogava sentado, assim como suas saídas e entradas, seu modo de vida e o aspecto de seu corpo, os discursos que fazia ao povo, como descrevia suas relações com João e com os demais que haviam visto

o Senhor e como recordava as palavras de uns e de outros; e o que tinha ouvido deles sobre o Senhor, seus milagres e seu ensinamento; e como Policarpo, depois de tê-lo recebido destas testemunhas oculares da vida do Verbo, relata tudo em consonância com as Escrituras (Eusébio, *História Eclesiástica*, V, 20,6)[2].

Essa confissão autobiográfica nos permite reconhecer os vários elos da tradição: um jovem Irineu conhecia Policarpo enquanto ancião, que, por sua vez, foi, quando jovem, discípulo de João. Sabemos pela história de seu martírio que Policarpo morreu em Esmirna em 156 aos 86 anos de idade: portanto nasceu no ano 70 e em sua mocidade pôde conhecer João, que viveu até o fim do século.

O principal trabalho de Irineu, *Adversus haereses* (*Contra as heresias*), escrito em torno de 180 para combater a heresia gnóstica, no intuito de contestar o fato de que os hereges alteram os dados evangélicos e ensinam doutrinas inventadas artificialmente, cita frequentemente a tradição, que com segurança garante a fé da Igreja Católica:

> O evangelho e todos os presbíteros que viveram na Ásia com João, o discípulo do Senhor, testificam que essas coisas foram transmitidas por João. Ele permaneceu com eles até a época de Trajano (*Contra as heresias* II,22,5).

Nessa curta sentença encontramos um condensado da linguagem joanina. Usando o conceito de testemunho, Irineu apresenta como garantia da autoridade apostólica de João a tradição viva dos presbíteros que o conheceram pessoalmente e compartilharam vida e fé com ele: com o verbo *syn-bállein* ele designa aqueles que "estiveram com ele" e uniram suas experiências. Podemos ler essa indicação como uma referência ao que os modernos chamam de comunidade joanina e ainda obtemos uma valiosa informação cronológica: João viveu até depois do ano 98, a data em que o Imperador Trajano ascendeu ao trono; Irineu reitera a mesma notícia também em III, 3,4.

No início do Livro III, depois de ter revisado as inúmeras fábulas gnósticas, o bispo de Lion coloca os quatro evangelhos canônicos, dos quais ele oferece uma colocação histórica essencial, como fundamento seguro da tradição cristã. Com relação ao Quarto Evangelho, ele afirma:

---

2. Para as citações da *História eclesiástica*, recorreu-se à tradução de Wolfgang Fischer (São Paulo: Novo Século, 2002) [N.T.].

> Depois também João, o discípulo do Senhor, aquele que se reclinou sobre seu peito, também publicou o Evangelho, enquanto morava em Éfeso na Ásia (*Contra as heresias* III,1,1).

Normalmente, quando ele nomeia João, Irineu o descreve como "o discípulo do Senhor" e, neste caso, o identifica explicitamente com o personagem do Discípulo Amado, apresentando-o como "aquele que se reclinou sobre seu peito" (cf. Jo 13,25; 21,20). Ele também nos informa que esse discípulo viveu em Éfeso, capital da Ásia, e nesse ambiente teria "publicado" (*exedoken*) o Evangelho: ele não diz "escreveu", mas usa o verbo que designa a edição e significa "colocar para o exterior, produzir emitir, publicar". João é reconhecido como a origem certa da tradição cristã, aquele que fez crescer e divulgou o Evangelho.

Na mesma obra contra a falsa gnose Irineu também se lembra da Primeira Carta de João, tirando dela vários testemunhos:

> Assim afirma João, um discípulo do Senhor, dizendo: "Estas coisas foram escritas..." Ele previa essas teorias blasfemas que dividem o Senhor, no que lhes diz respeito, dizendo que Ele é feito de uma e outra substância. Portanto, também em sua carta ele nos deu este testemunho: "Filhinhos, esta é a última hora..." (*Contra as heresias* III, 16,5; cf. três outras citações em III, 16,8).

Também atribui ao mesmo João, sem sombra de dúvida, a Carta, que ele não chama de "primeira", uma vez que, ao usar o artigo definido, parece considerá-la como a única.

Também o Apocalipse é repetidamente mencionado por Irineu, que em alguns casos menciona seu autor usando a mesma fórmula usada para o Evangelho e a Carta:

> Também João, o discípulo do Senhor, vendo no Apocalipse a vinda sacerdotal e gloriosa de seu reino, diz... (*Contra as heresias* IV, 20,11);

> Dos últimos tempos... João falou ainda com mais clareza, o discípulo do Senhor, no Apocalipse, indicando quais são os dez chifres vistos por Daniel... (*Contra as heresias* V, 26,1).

Falando do enigmático número 666 (Ap 13,18) e do nome do anticristo, depois de ter explicado sua interpretação, o bispo de Lion sublinha a incerteza da explicação, embora a redação do texto apocalíptico seja recente em relação a ele:

> ...não afirmamos com segurança que ele terá esse nome, sabendo que, se o seu nome tivesse de ser proclamado abertamente no tempo presente, nos teria sido dito por aquele que viu o Apocalipse; na verdade, não foi visto há muito tempo, mas quase na época de nossa geração, no final do reinado de Domiciano (*Contra as heresias* V, 30,3).

Domiciano foi imperador do ano 81 a 96: Irineu, em seguida, situa a visão de João em meados dos anos de 90, sabendo que ele viveu até depois do ano 98. Em todos esses casos, é claro que o antigo teólogo, tão bem informado sobre a situação da Igreja na Ásia e pessoalmente ligado às testemunhas oculares da era apostólica, considera o autor dos escritos joaninos como uma única pessoa, identificada com João, o discípulo do Senhor.

Outro testemunho antigo e muito importante vem da Papias, bispo de Hierápolis no início do século II: sua obra não chegou até nós, mas temos notícias dele por intermédio de Irineu e Eusébio. O primeiro apresenta Papias como contemporâneo de Policarpo e ouvinte direto de João:

> Estas coisas Papias, ouvinte de João e companheiro de Policarpo, homem antigo, atestou-nos por escrito no quarto dos seus livros – há de fato cinco livros escritos por ele (*Contra as heresias* V, 33,4).

Eusébio de Cesareia (265-340) presta especial atenção ao caráter da Papias, relatando em primeiro lugar o seu testemunho sobre o desejo de conhecer pessoalmente os ensinamentos dos discípulos do Senhor:

> Não vacilarei em apresentar-te ordenadamente com as interpretações tudo o que um dia aprendi muito bem dos presbíteros e que recordo bem, seguro que estou de sua verdade. [...] E se por acaso chegava alguém que também havia seguido os presbíteros, eu procurava discernir as palavras dos presbíteros: o que disse André, ou Pedro, ou Felipe, ou Tomás, ou Tiago, ou João, ou Mateus ou qualquer outro dos discípulos do Senhor, porque eu pensava que não aproveitaria tanto o que tirasse dos livros como o que provêm de uma voz viva e durável (*História Eclesiástica* III, 39,3-4).

Comentando essa citação, Eusébio aponta que Papias nomeia dois personagens com o nome de João e acredita que o procedimento envolve uma distinção: o primeiro João, listado junto com outros apóstolos, seria o evangelista; o segundo, qualificado como *ho presbýteros*, deve ser outra pessoa. Para confirmar essa explicação, ele alude ao julgamento de Dionísio Alexandrino, que atribuiu a autoria do Apocalipse a outro João, simplesmente um homônimo do evangelista, e defendia – por ouvir dizer – a existência de dois túmulos em Éfeso, ambos de João: as escavações arqueológicas, no entanto, confirmaram apenas uma tumba até o momento.

O historiador também dedica todo o capítulo 25 do livro VII à opinião de Dionísio, bispo de Alexandria de 248 a 265, que queria refutar a interpretação literal milenarista de Népos e, para eliminar o fundamento bíblico, abordava a questão do Apocalipse em uma chave polêmica. Dionísio não rejeita o valor inspirado do livro ou sua canonicidade e não nega que o autor se chame João; mas, analisando o livro com os métodos da crítica literária alexandrina, ele chega à hipótese de que o autor seja outro João, diferente do evangelista, sem indicar qualquer fonte histórica. Pessoalmente, Eusébio não parece favorável a aceitar o Apocalipse e, portanto, encontra confirmação da hipótese de Dionísio nos escritos de Papias: a partir das expressões obscuras do último, o historiador extrai um argumento para identificar a figura de João o Presbítero:

> De forma que também isto demonstra que é verdade a história dos que dizem que na Ásia houve dois com este mesmo nome, e em Éfeso dois sepulcros, dos quais ainda hoje se afirma que são, um e outro, de João. É necessário prestar atenção a estes fatos, porque é provável que fosse o segundo – se não se prefere o primeiro – o que viu a Revelação (= Apocalipse) que corre sob o nome de João (*História Eclesiástica* III, 39,6).

A afirmação não é historicamente fundada, mas apresentada como uma hipótese confortável; na Antiguidade não gozou de popularidade, enquanto foi recebida favoravelmente por muitos críticos modernos, que se servem da figura do outro personagem chamado João para explicar a diferença entre o Quarto Evangelho e o Apocalipse.

O antigo testemunho da Papias, no entanto, também pode ser lido de outra maneira. Os presbíteros, citados duas vezes, são os garantes da tradição dos discípulos do Senhor, dentre os quais é citado João: a esses presbíteros, Papias diz que recorria voluntariamente enquanto jovem para saber "o que os apóstolos haviam dito". Então, usando o verbo no presente, ele acrescenta que também estava interessado em conhecer "o que dizem" os discípulos do Senhor ainda vivos em seu tempo: pode-se entender que João é o único dos apóstolos que Papias poderia conhecer pessoalmente e o título *presbítero* (i. e., ancião) indicaria, além da idade avançada, sobretudo a grande autoridade do personagem. Essa explicação é consistente com o testemunho de Irineu, que – como vimos – liga Papias ao discípulo João, juntamente com Policarpo.

Ainda Eusébio relata em sua obra histórica outro precioso testemunho atribuído a Polícrates, bispo de Éfeso, que, para sustentar a data quartodecimana da Páscoa, escreveu ao Papa Vítor I (186-197), atestando assim a importância da Igreja efésia, guardiã da tradição apostólica. Gabando-se do fato de que os grandes luminares se apagaram na Ásia, nomeia por primeiro o Apóstolo Filipe, que morreu em Hierápolis, e acrescenta:

> E também João, o que se recostou sobre o peito do Senhor e que foi sacerdote portador do pétalon, mártir e mestre; este repousa em Éfeso (*História Eclesiástica* V, 24.3).

A referência ao fato de que durante a ceia o Discípulo Amado reclinou a cabeça sobre o peito de Jesus (Jo 13,25) tornou-se um elemento já formulado dentro da mesma narrativa joanina (Jo 21,20) e é usualmente repetida em toda a tradição patrística, a ponto de determinar o título intraduzível que *ho epistéthios* (= Alguém que [ficou de pé] no peito), dada a João na eucologia bizantina. As outras duas qualificações também são comuns: o termo *mártys* – que é conveniente traduzir "testemunha" em vez de "mártir", porque retoma a terminologia típica da tradição joanina – e a qualificação de *didáskalos*, que corresponde bem à estima dada a João como mestre de teologia.

Neste fragmento de Polícrates, contemporâneo de Irineu no final do século II, encontramos uma informação absolutamente única que atesta que João foi um sacerdote (*hieréus*) especificando que ele foi o portador do *pétalon*. Este termo é técnico e raro: na *Septuaginta* (cf. Ex 28,36; 36,37; Lv 8,9) traduz o hebraico *tzitz* e designa a placa de ouro colocada no turbante do sumo sacerdote, na qual estava inscrita a inscrição "sagrado para o Senhor". Não sabemos, porém, o significado preciso desse termo na linguagem levítica do século I: se se referia apenas ao sumo sacerdote, não poderia ser aplicado a João; se ao invés disso indicava um ornamento sacerdotal genérico, poderia iluminar um aspecto de sua pessoa. As informações do Polícrates não são confirmadas por nenhum documento, mas oferecem uma pista valiosa e abrem uma janela para uma possível reconstrução da figura histórica de João.

Uma indicação pitoresca, mas digna de nota, foi preservada na tradição latina do *Cânon Muratoriano*, um texto estranho, escrito em um latim muito rude, publicado por Ludovico Antonio Muratori em 1740: trata-se de uma espécie de introdução aos livros do Novo Testamento, escrita em Roma no final do século II por um autor não identificável, que apresenta brevemente os livros canônicos, acrescentando avaliações literárias, informações históricas e reflexões teológicas. Com relação ao Quarto Evangelho, é oferecido um relato vivaz de sua origem:

> O quarto dos Evangelhos é de João entre os discípulos. Enquanto seus codiscípulos e bispos o exortavam, ele disse: "Jejuai comigo a partir de hoje por três dias e o que será revelado a cada um de nós, digamos um ao outro". Naquela mesma noite, foi revelado a André entre os apóstolos que, enquanto todos avaliavam a exatidão deles, João, em seu próprio nome, escrevia todas as coisas (linhas 9-16).

Esse texto, embora em tom lendário, quer atribuir ao texto joanino a autoridade conjunta de todos os apóstolos: embora tendo escrito em seu próprio nome, João é considerado o porta-voz de todo o colégio apostólico. Sua obra é assim proposta como dotada de autorização divina e aprovação eclesiástica. Também digna de nota é a referência a um grupo de "codiscípulos e bispos" que encorajam o evangelista a escrever sua versão: podemos reconhecer uma indicação da existência de uma comunidade joanina, composta de seguidores do Discípulo Amado que são, ao mesmo tempo, bispos das várias Igrejas a ele relacionadas.

Críticas recentes mostraram que a recepção das obras joaninas foi difundida ao longo do século II, de modo que o testemunho de Irineu ganha força. Depois dessas fontes antigas, não há – na tradição patrística subsequente – nenhuma informação nova, mas geralmente os autores dos séculos IV e V sempre relatam essa notícia, acrescentando os dados extraídos dos textos bíblicos e os vários títulos de honra que a hagiografia bizantina começou a atribuir a João.

As informações do Novo Testamento

Nos escritos do Novo Testamento não há nenhuma afirmação sobre João como autor de obras literárias; só podemos reunir algumas informações sobre o apóstolo que leva esse nome. Nos textos, na realidade, mais pessoas recebem o mesmo nome; distinguimos pelo menos quatro delas: João Batista, profeta e precursor do Messias; João chamado Marcos, filho de uma certa Maria, discípulo de Jerusalém (At 12,12.25; 13,5.13; 15,37); João, saduceu e membro do conselho dos sumos sacerdotes (At 4,6); João, um dos Doze. Deixando de lado os três primeiros, apenas este último pode se relacionar com nossa pesquisa.

Os sinóticos o nomeiam várias vezes junto com seu irmão Tiago, às vezes apresentando ambos como "os filhos de Zebedeu": nas listas dos doze apóstolos (Mt 10,2; Mc 3,17; Lc 6,14), no momento da chamada no lago (Mt 4,21; Mc 1,19; Lc 5,10), como testemunha da transfiguração (Mt 17,1; Mc 9,2; Lc 9,28), por ocasião da reanimação de uma menina de doze anos (Mc 5,37; Lc 8,51) e da oração no Getsêmani (Mt 26,37; Mc 14,33), bem como destinatário privilegiado do discurso escatológico (Mc 13,3). Alguns outros breves acenos o indicam como amigo de Simão (Mc 1,29), mostra-se reticente em relação a um que afasta demônios sem pertencer ao grupo (Mc 9,38; Lc 9,49) e aos samaritanos que não recebem Jesus (Lc 9,54); há seu pedido pelos primeiros lugares (Mt 20,20; Mc 10,35.41) e a designação que lhe foi confiada, juntamente com Pedro, para preparar a ceia pascal (Lc 22,8). Somente Marcos lembra o apelido de Boanerges, isto é, "filhos do trovão" (Mc 3,17) dado por Jesus aos dois irmãos, evidentemente para caracterizá-los como intempestivos e impetuosos.

No início dos Atos (1,13), na lista dos Onze, João não aparece mais relacionado ao seu irmão Tiago, mas apresentado juntamente com Pedro, e a mesma coisa se repete em diferentes episódios: são eles que, juntos, curam o aleijado, pregam e são presos (At 3,1.3.4.11; 4,13.19); juntos eles descem à Samaria para confirmar a pregação de Filipe (8,14). Em um caso (At 4,13) o narrador dos Atos apresenta o juízo das autoridades sacerdotais sobre Pedro e João, como "pessoas simples e sem instrução" (*agráma kai idiótai*). Enquanto seu irmão Tiago (At 12,2) é informado do martírio na época de Herodes Agripa I (por volta do ano 43), não há mais notícias de João no restante da narrativa; seu nome aparece apenas uma vez no epistolário paulino, quando o Apóstolo se lembra de ter encontrado (por volta do ano 49) em

Jerusalém "Tiago, Cefas e João, que eram reputados colunas" (Gl 2,9). No Quarto Evangelho e nas cartas joaninas, esse nome não aparece; no Apocalipse ele até ocorre, mas sem qualquer esclarecimento.

Enquanto a antiga tradição eclesiástica identificou esse personagem com o autor do Quarto Evangelho com absoluta certeza, muitos estudiosos modernos suscitaram sérias dúvidas sobre tal identificação, propondo uma ampla gama de hipóteses alternativas.

Uma reconstrução hipotética

As razões que levam a essa rejeição surgem do estudo do próprio Evangelho, deveras elaborado do ponto de vista literário e teologicamente profundo; o autor conhece bem o ambiente de Jerusalém, está mais ligado à Cidade Santa do que à Galileia, tem uma notável competência em assuntos jurídicos e litúrgicos tipicamente judaicos. Tudo isso seria incompatível com um galileu sem instrução. Foi assim que se estabeleceu uma espécie de postulado exegético, segundo o qual a testemunha da tradição joanina não seria um simples pescador da Galileia, mas sim um culto sacerdote de Jerusalém.

Essa hipótese encontrou confirmação no depoimento de Polícrates, que – como vimos – atribui a João o título de "sacerdote". Também encontrou apoio nas investigações recentes a opinião de Eusébio, que – estressando as expressões ambíguas de Papias e Dionísio Alexandrino – hipotizou a existência em Éfeso de outro personagem chamado João, caracterizado pelo título de "presbítero" para distingui-lo do apóstolo.

Um exemplo significativo de reconstrução hipotética é o proposto por Martin Hengel[3], que elaborou uma obra lúcida e interessante, repleta de preciosa documentação histórica e literária, escrita com a profundidade e a simplicidade de um autêntico mestre e por vezes tão fascinante quanto um romance. O estudioso de Tübingen descarta a identificação tradicional do autor, mas também rejeita a opinião comum dos críticos modernos sobre as muitas edições e retoques editoriais do Quarto Evangelho: ele se empenha em mostrar que toda a obra joanina realmente remonta a um único autor, que é chamado, sim, João, mas é João o Ancião (o Presbítero). Este seria um membro da aristocracia sacerdotal de Jerusalém: nascido por volta do ano 15

---

3. HENGEL, M. *La questione giovannea*. Bréscia: Paideia, 1998, p. 263-318 [Studi biblici, 120] [orig. alemão: 1989].

d.C. e atraído em sua juventude pelo movimento do Batista, que ele abandonou para seguir o próprio Jesus, se tornou testemunha dos eventos pascais; mais tarde, fez parte do grande número de discípulos e foi um membro autorizado do grupo de liderança da comunidade cristã de Jerusalém.

Toda a reconstrução histórico-literária detalhada elaborada por Hengel pode ser aceita, mas com uma correção no ponto de partida, possibilitada por uma observação aguda de Henri Cazelles[4], que aponta que muitos sacerdotes judeus da época de Jesus atuavam fora de Jerusalém e o patronímico "Zebedeu" (em hebraico: *Zébed, Zabúd, Zabdy', Zabdiél, Zabdiyáhu*) aparece em vários textos que mencionam os sacerdotes, nos Livros das Crônicas, Esdras e Neemias. Os dados relativos a João de Zebedeu presentes nos sinóticos, portanto, não são incompatíveis com as características do autor presumidas de sua obra: um filho de Zebedeu, proprietário de uma companhia de pesca no Lago da Galileia, poderia ser um sacerdote levita ao mesmo tempo, bem conhecido em Jerusalém e ligado ao ambiente do Templo. Tampouco é obstáculo o maldoso juízo de *agrámmatoi* que as autoridades do Sinédrio se voltam para Pedro e João, porque tal juízo parece referir-se, antes, ao primeiro dos dois, protagonista de todas as cenas narradas pelos Atos. Além disso, sendo muito jovem na época do ministério histórico de Jesus, João teve muito tempo para amadurecer e aprofundar teologicamente a experiência extraordinária que viveu como membro do grupo dos Doze.

Consciente de ter pouco *feedback* histórico e seguro para dizer algo certo sobre sua vida e sua pessoa, acredito que seja um caminho mais prudente (hipótese por hipótese!) conservar o dado – transmitido pelos antigos Pais – de um único autor e identificá-lo com o único João possível. Que a testemunha ocular é capaz de garantir desde o início até o fim a unidade da tradição chamada "joanina": se é verdade que o texto cresceu, porque os tempos mudaram e as ideias amadureceram, tudo isso é ainda mais verdadeiro para a pessoa que é a fiadora da tradição. No período de setenta anos (i. é, c. 30-100 d.C.), sua experiência como discípulo histórico de Jesus de Nazaré entrou no serviço de evangelização de várias maneiras, a compreensão do evento cresceu no curso das muitas estações de sua vida e sua própria pessoa

---

4. CAZELLES, H. Jean, fils de Zébédée, "prêtre" et "apôtre". *Recherches de Science Religieuse* 88, 2000, p. 253-258.

amadureceram graças ao confronto com as realidades históricas decisivas que teve de enfrentar.

Dos Atos sabemos apenas que se interessou pela missão entre os samaritanos (At 8,14), e por volta do ano 49 ele ainda estava em Jerusalém como uma "coluna" da Igreja (Gl 2,9). A antiga informação patrística, por outro lado, apresenta-o como um ancião, no final do século I, na região de Éfeso; embora aceitando essa notícia, não temos dados certos para reconstruir seus eventos pessoais, os movimentos e as etapas de seu longo ministério. Não podemos dizer com certeza quando ele deixou Jerusalém, mas é razoável pensar que essa partida se deveu aos turbulentos eventos políticos que ocorreram nos anos de 60 e culminou com a destruição da Cidade Santa em 70. Tendo chegado à Ásia Menor, viveu por algumas décadas em Éfeso, onde floresceu uma comunidade de fiéis que o chamava de "discípulo do Senhor" – um título importante que o distingue nos textos de Irineu – e o considerava "o discípulo que Jesus amava". Ele era a testemunha autorizada do ensinamento original de Jesus e provou ser um mestre excepcional, capaz de liderar uma importante escola cristã; tendo atingido uma idade muito avançada, era conhecido como o Ancião e sua influência foi grande em toda a região e além.

Em meados do século II um autor chamado Leucio Carino compôs uma obra, com o título de *Atos de João* e considerada um apócrifo do Novo Testamento, no qual ele conta como o apóstolo, para escapar da perseguição aos judeus em Jerusalém, havia se refugiado primeiro em Mileto e depois em Éfeso, onde pregou e operou muitos milagres. O escrito é lendário e marcado por opiniões próximas ao gnosticismo, por isso não pode ser usado como um documento histórico sobre João; no entanto, todas as informações relatadas são consistentes com o restante da tradição antiga. As informações sobre a condenação ao óleo fervente, de que João teria saído ileso, também são lendárias e sem fundamento histórico. Na tradição hagiográfica bizantina aparece, a partir do século V, a figura de um certo Próchoro, discípulo de João, que teria escrito suas obras sob o ditame do mestre: por essa razão, a iconografia ortodoxa geralmente retrata João "o teólogo" como um ancião olhando para o céu, enquanto ao lado dele um jovem sentado escreve o texto. Essa imagem do "procurador" parece ser uma reformulação artística e religiosa dos dados tradicionais relativos à comunidade joanina.

A comunidade joanina como ambiente eclesial

A ênfase dada à comunidade joanina é um fato recente, que, no entanto, está enraizado em documentos antigos: foram alguns estudiosos americanos[5] que concentraram a pesquisa no ambiente eclesial em que os escritos joaninos se originaram, com a intenção de reconstruir sua história de composição.

Uma complexa história de Jerusalém a Éfeso

Embora tenham originado reconstruções diferentes, todas hipotéticas, esses estudos tiveram o grande mérito de enfocar um princípio básico da questão joanina: havia um grupo de pessoas que acreditavam em Jesus Cristo e se referiam ao testemunho de João, disso resulta uma estreita correlação entre a história literária dos escritos joaninos e a história existencial da comunidade em que nasceram. Esse ambiente vital é o que une todos os escritos joaninos, caracterizando-os como um *corpus* literário facilmente identificável e distinto do resto do Novo Testamento. O Quarto Evangelho, as três cartas e o Apocalipse são fortemente marcados pela experiência histórica da comunidade cristã a que se dirigem e pela história de Jesus releram sua própria situação no final do século: reconhecendo nesses textos alguns traços que dizem respeito ao grupo joanino, torna-se possível delinear a fisionomia e os problemas dos destinatários. De fato, é a partir do estudo dos próprios textos que os pesquisadores são capazes de traçar a realidade histórica e social das Igrejas joaninas.

Já é dado como certo que o Quarto Evangelho deve ser lido em dois níveis históricos, que se fundem sem se confundirem: o da história original de Jesus e a da comunidade joanina[6]. A narrativa abre uma janela sobre os episódios da história de Jesus e, ao mesmo tempo, constitui um espelho que reflete a face da comunidade para a qual o Evangelho foi escrito. A lembrança de Jesus preservada pelo testemunho do Discípulo Amado constitui a identidade do grupo de crentes que se encontra ao seu redor, e estes são refletidos na história de Jesus relatando-a sob a influência dos eventos que eles mesmos experimentam.

---

5. Penso particularmente em MARTYN, J. *History and Theology in the Fourth Gospel*. Westminster: John Knox, 1968. • CULPEPPER, R.A. *The Johannine School*. Missoula: Scholars Press, 1975. • BROWN, R.E. *The Community of the Beloved Disciple*. Nova York: Paulist, 1979.

6. SEGALLA, G. *Il Quarto Vangelo come storia*. Bolonha: EDB, 2012, p. 17.

No entanto, é difícil reconstruir uma configuração social precisa dessa comunidade joanina; é ainda mais impensável traçar com certeza os eventos que lhe marcaram a história. Diversas pesquisas sociológicas destacaram diferentes características, apresentando o grupo de João ora como um "conventículo" sectário, introvertido e exclusivo, em conflito aberto com o mundo; ora como uma "escola" semelhante aos antigos círculos filosóficos, marcada pela forte coesão do grupo e comprometida com um trabalho metódico de pesquisa teológica. Mesmo as várias reconstruções das fases históricas experimentadas por essa comunidade permanecem hipotéticas devido à falta de dados objetivos, dado que as únicas fontes são os próprios escritos joaninos, que não contam a história da comunidade de forma alegórica e, portanto, não permitem que seja reconstruída uma imagem precisa. No entanto, é possível indicar algumas características fundamentais e certas.

A comunidade joanina é marcada por uma multiplicidade de esferas culturais, porque, a partir de seus escritos, emerge que ela é tanto judaica quanto helenística, inserida na multíplice variedade do judaísmo do século I e guardiã de *uma* específica tradição cristã em diálogo com os outras. Além disso, sua história, que durou mais de setenta anos, passou por lugares e tempos díspares, impossibilitando falar de um único ambiente geográfico e cultural. Com base na pouca informação disponível, podemos distinguir duas fases principais no desenvolvimento da tradição joanina, reconhecendo o ponto de virada na transferência de Jerusalém para Éfeso por volta do ano 70: a primeira fase nasce e é formada no ambiente palestino, aramaico e hierosolimita, onde a testemunha iniciou seu trabalho de evangelização; a segunda vê a realização completa da obra literária em um ambiente judaico-helenístico da diáspora, inserida no contexto problemático da cultura greco-romana.

A raiz cultural judaica

A comunidade judaico-cristã encabeçada por João distingue-se de outros grupos semelhantes pela referência contínua à figura do "discípulo do Senhor", testemunha ocular e garante da pessoa de Jesus e da sua missão. Esse grupo, que deve ter sido formado desde os primórdios, cresceu com o tempo, integrando em si vários componentes do judaísmo, como poderiam ser fariseus e saduceus, samaritanos e essênios. Embora permanecendo fiel à tradição bíblica do Antigo Testamento, revela uma posição crítica em relação à estrutura do templo e não se identifica com o judaísmo farisaico oficial.

Em primeiro lugar, é significativo que a atenção desse grupo esteja centrada em Jesus, no mistério de sua pessoa e em sua relação com o Pai e a humanidade: é justamente nessa centralidade cristológica que a comunidade joanina construiu sua própria identidade, distinguindo-se de outros movimentos judaicos. No entanto, não há justaposição clara, porque o seu horizonte global continua sendo o bíblico e o judaico: a Escritura conserva um grande valor de testemunho, mas sua interpretação é destinada a conhecer melhor a Jesus; o enredo do Quarto Evangelho é pontuado pelas festas judaicas, citadas, no entanto, em um sentido cristológico, para mostrar o valor da obra de Jesus à luz da tradição litúrgica de Israel; a atenção dada a Jerusalém e ao Templo demonstra raízes históricas confiáveis, mas também desempenha o papel simbólico de apresentar Jesus como o novo santuário da presença de Deus.

O movimento joanino também apresenta numerosos contatos com o complexo mundo da apocalíptica, sobretudo no que diz respeito ao tema da revelação, o processo dualista que contrasta dois alinhamentos antitéticos, a insistência no tema da ressurreição e a promessa da vida eterna. Uma afinidade surpreendente da linguagem pode ser reconhecida com os escritos de Qumran, sobretudo em relação à metáfora que contrasta a luz e a escuridão: essas descobertas nos permitiram demonstrar que essa linguagem não é helenístico-gnóstica, mas judaico-palestina. A proximidade com o ambiente sacerdotal dos essênios, o interesse pelo Templo e a controvérsia contra o "este" Templo nos encorajam a pensar em um João sacerdote e envolvido nesse tipo de questão. Igualmente devia haver algum contato com o mundo samaritano, igualmente avesso ao Templo de Jerusalém; consequentemente, essas relações certamente devem ser colocadas antes da destruição do Templo. Finalmente, o ambiente joanino conhece as discussões legalistas e textuais típicas da literatura rabínica: lembra-as como um dado notável do evento histórico de Jesus e ao mesmo tempo as vive como um fato da realidade em contraste com o judaísmo farisaico.

O evento central da história vivida pela comunidade joanina é o forte contraste estabelecido com a sinagoga farisaica em relação à interpretação da pessoa de Jesus, até o momento do distanciamento dramático. No Quarto Evangelho o adjetivo *aposynágogoi* é usado três vezes, o que nunca é encontrado alhures e significa "expulsos da sinagoga" (Jo 9,22; 12,42; 16,2): o termo alude a um evento doloroso que envolveu a remoção das sinagogas para aqueles judeus que haviam reconhecido Jesus como o Cristo. A acusação feita contra eles pode ser reconhecida nas palavras que os judeus dirigem a Jesus para contestar a sua afirmação: "sendo tu homem, te fazes Deus a ti mesmo" (Jo 10,33). É provável que essa expulsão se relacione com o chamado *Birkát ha-miním* (bênção dos hereges), que nos anos de 80 o rabino Gamaliel II fez inserir como décima segunda invocação na oração sinagoga das *Dezoito bênçãos*: os judeus que acreditavam em Jesus não podiam mais manter as duas posições e tinham de escolher se permaneceriam dentro ou se sairiam. Se, por um lado, aqueles que permaneceram na sinagoga foram culpados pelo grupo cristão, aqueles que escolheram deixar o judaísmo sofreram sérias consequências jurídicas e sociais devido à perda dos privilégios que o mundo judeu obtivera do Império Romano.

Nesse ponto, no final do século I, a separação tornou-se clara e marcou o ápice de conflitos decenais, tão importantes que deixaram sua marca em todas as obras joaninas. Parece exagero dizer – como faz Martyn – que a excomunhão gerou a comunidade; de fato, é provável que um grupo de crentes reunidos em torno do testemunho do Discípulo Amado já existisse há vários anos. Portanto, não foi a separação do judaísmo que levou a uma oposição teológica, mas sim a fé cristológica amadurecida na comunidade joanina que determinou uma nova identidade religiosa, que, no entanto, reteve suas raízes bíblicas e propôs Jesus como o cumprimento das Escrituras.

O contexto helenístico

Apesar das fortes raízes no mundo cultural judaico, os escritos joaninos são publicados em sua forma final em um ambiente helenístico e são escritos em grego: portanto, é inevitável que eles também sofram com a influência desse riquíssimo mundo cultural. Havia três séculos que a cultura helenística entrara em contato com o judaísmo, levando à versão da Septuaginta, influenciando a composição de alguns textos bíblicos como o Livro da Sabedoria, gerando um filósofo judaico-helenista como Fílon. Uma valiosa bagagem cultural grega já era, portanto, o patrimônio do mundo religioso judaico: nela encontra-se perfeitamente o ambiente joanino. Os destinatários da obra de João eram também leitores gregos, de diferentes origens étnicas e religiosas, mas unidos pela cultura helenista: é, portanto, inevitável que esses textos fossem indiretamente influenciados pelo modo de pensar e falar dos destinatários.

Uma particular influência helenística pode ser reconhecida no âmbito do pensamento filosófico que usa a palavra *lógos* (palavra), rica em referências às doutrinas gregas, embora essa palavra seja a tradução de um importante termo hebraico (*dabár*) e o correspondente de um conceito bíblico-targúmico (*memra*); outra influência relevante pode ser vislumbrada no dualismo platônico, difundido pelos pregadores da filosofia popular, que contrastava o que está no alto com o que está abaixo, a real realidade extramundana e a imperfeita aparência intramundana. Além disso, o ambiente efésio pode ter oferecido vários pontos de reflexão teológica por meio da linguagem das religiões de mistério, que propunham a salvação com seus ritos simbólicos de iniciação e regeneração. Finalmente, como demonstra principalmente o Apocalipse, o grupo joanino ousa desafiar o mundo político romano, ou melhor, o imperialismo arrogante que se deifica e se opõe ao único Senhor: se Pilatos não aceita a verdade que é Jesus, preferindo ser "amigo de César" (Jo 19,12), João Batista, testemunha e modelo do discípulo, considera uma honra ser "amigo de Jesus" (Jo 3,29).

Na primeira metade do século XX, defendeu-se a dependência de João do pensamento helenístico e, em particular, da gnose[7]: após um século de discussões e pesquisas, acredita-se agora que essa abordagem deva ser rejeitada. A visão positiva da criação, o amor universal de Deus que quer salvar o mundo, a salvação que ocorre por meio do evento histórico singular da cruz de Jesus são decididamente opostos ao pensamento gnóstico e marcam tal distanciamento.

Não obstante a importância atribuída ao amor mútuo, o título de "irmãos" dado aos seus membros (Jo 21,23), o valor reservado à própria tradição, a distinção de outros grupos e a forte consciência da própria identidade, a comunidade joanina não pode ser acusada de sectarismo, nem julgada como um "grupo fechado". O que caracteriza as Igrejas de João é a apreciação do discípulo que testemunhou a Jesus e a atitude dos discípulos que seguem Jesus e "permanecem" nele: um estilo que não é exclusivo, mas que, aliás, é proposto – em perspectiva missionária – a todo o mundo para o qual são enviados os discípulos de Jesus (Jo 17,18).

---

7. Refiro-me, particularmente, aos estudos de R. Bultmann e C.H. Dodd.

Finalmente, o contexto cultural helenístico parece estar na origem de uma grave crise que eclodiu na comunidade joanina no último período de sua vida: foi causada por um grupo de seus componentes que – provavelmente influenciados pelas ideias filosóficas gregas sobre imutabilidade e impassibilidade divina – pretendiam distinguir o Jesus terreno do Cristo celestial. Enquanto o Evangelho lentamente se formava como um depósito escrito da rica e abundante pregação do discípulo testemunha, a nova crise levou à elaboração das cartas joaninas, nas quais se tentava, de diferentes maneiras e em diferentes momentos, enfrentar essa ameaça.

É neste contexto histórico que – no final do século I – o Apocalipse oferece as informações mais explícitas sobre as Igrejas ligadas a João, inseridas na província romana da Ásia e no contexto cultural de Éfeso: a nota mais evidente é que essas realidades eclesiais experimentam e sofrem muitas situações problemáticas. Há dois interlocutores principais com quem o grupo cristão se confronta: o imperialismo romano, forte na cultura helenística; e as sinagogas judaicas, que não reconhecem em Jesus o Messias. Mesmo dentro da própria comunidade joanina, há conflitos perigosos entre grupos opostos, explicitamente nomeados como os *nicolaítas* (Ap 2,6.15), caracterizados pela sua descarada adaptação à mentalidade do mundo.

A situação difícil e conflituosa da comunidade joanina marcou a obra literária que levou às edições definitivas dos cinco escritos joaninos, nos quais é verossímil que ao testemunho fundamental do Discípulo Amado tenham se associado um ou mais escritores, que preservaram fielmente o patrimônio evangélico, transmitindo-o e atualizando-o em relação às novas necessidades do grupo. Quando o Quarto Evangelho foi definitivamente editado, a intervenção comunitária – que pressupõe a morte do Discípulo Amado e garante sua confiabilidade – exigiu a intervenção de algum outro estudioso que trabalhou nos textos como um intérprete do "nós" comunitário.

Com a morte do mestre, a comunidade joanina, que não era uma seita autônoma, não tendo mais razão para existir de uma maneira distinta, rapidamente se dissolveu, entregando à grande Igreja os valiosos resultados literários que produzira. Em pouco tempo, todo o mundo cristão conheceu e aceitou a literatura joanina como Escritura.

2

O Quarto Evangelho

Quatro obras, agrupadas sob o título geral de *euangelion,* abrem a coleção canônica do Novo Testamento, e sobre elas Irineu (*Contra as heresias* III, 1,1) fala de "evangelho quadriforme": o termo – tipicamente paulino, mas que logo se tornou termo técnico relacionado ao gênero literário que narra o evento singular de Jesus Cristo – designa de fato o depósito escrito da pregação apostólica. Em virtude da posição que ocupa dentro do cânon, nosso texto é definido pelos modernos como "Quarto Evangelho", para destacar ao mesmo tempo a estreita ligação com os outros três escritos e a originalidade em relação a eles.

Nos grandes códices do século IV cada um desses quatro livros é introduzido por um título simples, que inclui apenas a preposição *kata* ("segundo") seguida do nome do evangelista. A *inscriptio* do papiro P[66] – um dos documentos mais antigos do texto joanino, datável do final do século II – entretanto relata como o título da obra a fórmula completa *Euangelion kata Ioánnen* (Evangelho segundo João), que corresponde perfeitamente ao nosso uso atual. Esse título tradicional, embora não use um termo joanino, é atribuível ao desejo de combinar o trabalho com outros testemunhos apostólicos: provavelmente nascido no campo litúrgico para introduzir a leitura comunitária, evoca um significado mais amplo do que a fórmula comumente usada com o genitivo ("De João"), porque não se limita a indicar quem escreveu o texto, mas se refere à mediação pessoal do discípulo, cujo testemunho confere credibilidade ao documento.

Introdução

Para apresentar esse escrito, é necessário inicialmente levar em consideração a autoridade do discípulo testemunha que está em sua origem, para então concentrar-se nos destinatários e nos objetivos que pretende alcançar. Um olhar diacrônico sobre a história da composição do texto nos permitirá, portanto, destacar a riqueza da tradição joanina e a laboriosa redação do texto definitivo, um estudo sincrônico destacará o estilo literário e as técnicas narrativas. Finalmente, a análise do gênero literário "evangelho" servirá para esclarecer a relação entre o Quarto Evangelho e os sinóticos e para determinar sua estrutura literária.

O autor

Embora o nome "João" associado a esse escrito pertença à tradição mais antiga da Igreja, o Quarto Evangelho – como de fato acontece com os outros três – não o registra: o único João nomeado no Quarto Evangelho é o Batista, a partir do momento que mesmo o título "[filho] de João"[8] dado a Simão Pedro (1,42; 21,15.16.17) parece se referir ao precursor.

Embora o evangelista não apareça pelo nome, ele frequentemente intervém na história e deixa importantes sinais de seu trabalho. O narrador, de acordo com a convenção literária, entra no texto sobretudo no começo e no fim, utilizando nesses casos a primeira pessoa plural e apresentando-se assim como porta-voz de um grupo eclesial, que – dependendo do caso – tem conotações diferentes. Quando, pois, no prólogo afirma que o *Logos* feito carne "habitou entre *nós*" (1,14) parece pensar em toda a humanidade, mas logo depois – acrescentando "e *vimos* a sua glória" (1,14) – passa a designar como "nós" o restrito grupo de testemunhas oculares da experiência histórica de Jesus; pouco depois, afirmando que "*todos nós* temos recebido" (1,16) amplia o horizonte para compreender toda a comunidade dos crentes que recebe a graça divina. No final de toda a narrativa, então, aparece um "nós" com autoridade, no qual se pode reconhecer a liderança da comunidade de João, o que dá garantia de credibilidade ao que o discípulo transmitiu, "[nós] sabemos que o seu testemunho é verdadeiro" (21,24). Somente no último versículo, quase de passagem, o escritor se insere pessoalmente no texto com um "creio *eu*" incidental (21,25), distinguindo-se do "nós" anterior e revelando sua individualidade.

---

8. Ou Jonas [N.T.].

No entanto, há outra passagem no texto em que um estranho "nós" aparece e merece atenção. No diálogo noturno com Nicodemos, de repente, na boca de Jesus, uma frase é colocada no plural: "em verdade te digo que *nós dizemos* o que sabemos e testificamos o que temos visto; contudo, não *aceitais* o nosso testemunho" (3,11). Além dos dois interlocutores diretos (Jesus e Nicodemos), dois grupos são evocados ("nós" e "vós"): Jesus acomuna a si os seus discípulos e dá voz ao grupo eclesial que aceitou seu testemunho divino e se comprometeu para passá-lo para outro grupo que, por sua vez, não o quer acolher. É evidente nessa passagem como a própria palavra de Jesus está profundamente ligada à comunidade joanina que a acolhe e transmite.

Quem escreve o Quarto Evangelho, portanto, não se propõe como uma única pessoa com os dotes de escritor literário, mas deliberadamente se esconde atrás do "nós" da comunidade que acolheu o testemunho ocular do discípulo.

A testemunha garante da tradição evangélica

No momento culminante da história, imediatamente depois de narrar a morte de Jesus e o golpe de uma lança que faz jorrar sangue e água, o evangelista insere no texto uma frase entre parênteses, com a qual apresenta aos destinatários ("vós") a autoridade da testemunha que fundou a tradição joanina:

Aquele que isto viu testificou, sendo verdadeiro o seu testemunho; e ele sabe que diz a verdade, para que também vós creiais (19,35).

A atestação não se refere apenas ao fato do lado aberto, mas – como esse evento é o ápice da obra messiânica – diz respeito à verdade de todo o Evangelho, que comunica aos crentes o que significam "sangue e água", isto é, o dom de vida divina por intermédio da morte de Jesus: a vida é de fato o fim para o qual foi escrito o Evangelho (20,31). Além disso, o testemunho "verdadeiro" é afirmado em outra parte apenas em relação a Deus Pai (5,32; 8,17-18), que garante a confiabilidade do Filho: o papel do discípulo testemunha está, portanto, inserido nessa dinâmica fundamental para a revelação divina que dá a conhecer e comunica a vida de Deus.

Não parece ser a testemunha ocular que se apresenta na terceira pessoa: em vez disso, é o narrador quem garante confiabilidade total, baseada em sua experiência e em uma compreensão madura da verdade. Nesse importante versículo podemos, portanto, reconhecer duas pessoas distintas: por um lado, aquele que introduz a nota explicativa na história, por outro, a testemunha que transmitiu seu conteúdo com autoridade. A identidade da testemunha não é explicitamente indicada, mas o contexto narrativo sugere que se trate do discípulo ao pé da cruz e identificado simplesmente com a fórmula "o Discípulo Amado" (19,26).

Outro passo decisivo nesse sentido é a última conclusão do texto (21,24-25), em que o narrador passa de dentro para fora da história, fechando-a segundo o modelo convencional da moldura literária. Depois de mencionar a morte do Discípulo Amado, citado nos versículos anteriores, o evangelista identifica-o como o garante da tradição joanina e acrescenta a convicção da própria comunidade sobre sua confiabilidade. Ele é qualificado como "aquele que testemunha" (no presente) e "aquele que escreveu" (no passado): se por um lado a atestação escrita é um fato passado, a tarefa do testemunho vive e continua no presente eclesial. Nesse sentido, o narrador explica que a intenção da sentença enigmática de Jesus (21,22-23) não era excluir a morte do discípulo, mas indicar outra maneira de *permanecer* na comunidade: por meio do escrito que custodia seu testemunho de autoridade.

Parece, portanto, a partir desse último capítulo do Evangelho que, no momento da redação definitiva do texto, o discípulo testemunha já está morto, enquanto a sua pregação continua viva na comunidade joanina, que expressa com seu "nós" eclesial sua certeza de que aquele discípulo era verdadeiro e confiável. Esse discípulo, em íntima relação com Pedro, deve ser um dos sete que participam da pesca no Mar de Tiberíades: "estavam juntos Simão Pedro, Tomé, chamado Dídimo, Natanael, que era de Caná da Galileia, *os filhos de Zebedeu* e mais dois dos seus discípulos" (21,2). Só nesse versículo o Quarto Evangelho cita Zebedeu, que os sinóticos conhecem como pai de Tiago e João (cf. Mt 4,21; Mc 1,19; Lc 5,10). O Discípulo Amado pode, portanto, ser identificado com João, filho de Zebedeu, como a antiga tradição eclesiástica sempre pensou; no entanto, muitos estudiosos modernos levantam sérias dúvidas a esse respeito.

O discípulo que Jesus amava

Devemos retornar à fórmula "o discípulo que Jesus amava", porque é característica do Quarto Evangelho e particularmente útil para esclarecer a questão de seu autor. Existem quatro contextos em que a expressão aparece e, em todos eles, trata-se de momentos decisivos para a experiência histórica dos discípulos: a ceia antes da Páscoa, junto à cruz, diante do sepulcro vazio e na última manifestação do Ressuscitado.

Durante a ceia, Jesus explicitamente anuncia a traição de um deles e os discípulos o ouvem consternados, sem entender de quem está falando. Nessa ocasião, a fórmula que nos interessa aparece pela primeira vez: "Ora, ali estava conchegado a Jesus um dos seus discípulos, aquele a quem Ele amava" (13,23). Literalmente o texto diz que "estava no seio (*kolpos*) de Jesus": é a mesma expressão que no prólogo qualifica o divino Filho voltado "para o seio do Pai" (1,18) e indica uma intimidade afetuosa. Sentado no lugar de honra, mais perto do Mestre do que qualquer outro, esse discípulo pode – a pedido de Simão Pedro (13,24) – curvar-se facilmente sobre o peito de Jesus e pedir esclarecimentos em voz baixa, sem que os outros o escutem (13,25): um gesto que a antiga tradição patrística interpretou como um fato místico, considerando a origem da profunda competência teológica de João.

A fórmula é novamente usada na cruz: "Vendo Jesus sua mãe e junto a ela *o Discípulo Amado*, disse: 'Mulher, eis aí teu filho'. Depois, disse ao discípulo: 'Eis aí tua mãe'. Dessa hora em diante, o discípulo a tomou para casa" (19,26-27). Por meio do esquema literário da revelação, essa curta narrativa simbólica quer manifestar a nova relação que une a mãe e o discípulo: se a mãe personifica os crentes que precederam o Messias e o geraram, o discípulo é uma figura da comunidade cristã, isto é, da realidade eclesial que deriva de Jesus e continua seu trabalho. A acolhida do discípulo, portanto, expressa um importante relacionamento espiritual entre as pessoas, para indicar como a comunidade joanina, tendo aceitado a aliança realizada por Jesus, é legitimamente herdeira da antiga aliança. Nessa cena Pedro está ausente e o Discípulo Amado se destaca em sua grande qualidade como testemunha ocular e com autoridade (19,35).

Depois, ele é novamente nomeado, agora com Simão Pedro, na manhã de Páscoa, quando os dois correm para ver o túmulo vazio: "Então, correu e foi ter com Simão Pedro e com o outro *discípulo, a quem Jesus amava*, e disse-lhes: 'Tiraram do sepulcro o Senhor, e não sabemos onde o puseram'. Saiu, pois, Pedro e o outro discípulo e foram ao sepulcro" (20,2-3). Nesse caso a fórmula é construída com o verbo *filéin*, enquanto em todos os outros casos usa *agapán*: sendo sinônimos, nada se nota na tradução. É, porém, significativa a insistência na expressão "o outro discípulo" (20,2.3.4.8), que o liga a Pedro e o distingue dele. É provavelmente uma alusão simbólica à relação eclesial entre os dois personagens e as respectivas realidades da Igreja (petrina e joanina) que são assim distintas e unidas.

Finalmente, o Discípulo Amado aparece, pela quarta vez, na narrativa da manifestação do Ressuscitado junto no Mar de Tiberíades, onde é o primeiro a reconhecê-lo: "Então, aquele *discípulo a quem Jesus amava* disse a Pedro: 'É o Senhor!'" (21,7). Tal palavra do Discípulo Amado constitui a síntese ideal de seu testemunho: o reconhecimento da presença do Cristo ressurreto em ação junto com seus discípulos. No final do episódio, o confronto com Pedro torna-se explícito, pedindo a Jesus esclarecimentos sobre o destino do outro discípulo: "Então, Pedro, voltando-se, viu que também o ia seguindo o *discípulo a quem Jesus amava*, o qual na ceia se reclinara sobre o peito de Jesus e perguntara: 'Senhor, quem é o traidor?'" (21,20). Essa última ocorrência é incluída na primeira e encerra a narrativa com um resumo evidente, culminando na solene proclamação da estima eclesial que já consideramos.

Com base nesses textos, embora ricos em valor simbólico, podemos afirmar que o Discípulo Amado não pode ser reduzido a uma ficção literária, como figura do discípulo ideal, mas deve ser uma figura histórica real: ele é testemunha ocular dos momentos decisivos do ministério de Jesus em Jerusalém; guardião da tradição original e muito próximo do Mestre, compartilhou a perspectiva teológica, tornando-se depois um intérprete confiável após sua morte e ressurreição. Graças ao reconhecimento pós-pascal do Senhor, o Discípulo Amado tornou-se uma fonte autorizada de tradição para a comunidade joanina.

Outro discípulo sem nome

Ainda temos de considerar duas etapas em que um discípulo anônimo aparece em uma posição de destaque, o que poderia fazê-lo coincidir com o Discípulo Amado.

No relato introdutório da passagem de João Batista para Jesus, dois discípulos do precursor são nomeados, os quais, tendo ouvido o seu testemunho, vão atrás daquele que foi apresentado como o Cordeiro de Deus (1,37): um é designado pouco depois (1,40) e identificado com André, irmão de Simão Pedro, enquanto o outro permanece anônimo. Muitos, desde os tempos antigos, pensaram em reconhecer nessa figura o próprio João, um discípulo do Senhor, e não existem obstáculos sérios a essa identificação. Nessa narrativa (1,38) Jesus, voltando-se, vê que os dois o seguem (*akolouthoúntas*) e a mesma formulação é encontrada na última cena da história (21,20) quando Pedro, voltando-se, vê que o Discípulo Amado o segue (*akolouthoúnta*): é possível reconhecer nessas analogias literárias uma fórmula deliberada de inclusão, destinada a caracterizar esse discípulo, desde o primeiro encontro até o último reconhecimento definitivo, como um "seguidor" de Jesus. A presença nos dois casos de Pedro e o destaque de seu importante papel eclesial confirmaria a intenção de criar uma inclusão, reforçando os dois testemunhos que enquadram o Quarto Evangelho: o – inicial – de João Batista (1,19) diz respeito ao passado, que é a origem divina de Jesus, enquanto no final, o testemunho do Discípulo Amado (21,24) está centrado no futuro, ou na glória do Ressuscitado. Esse duplo literário do testemunho, que similarmente abre e fecha a história joanina, encoraja-nos a dar o nome de João também ao Discípulo Amado.

No relato da paixão encontramos, finalmente, junto com Pedro outro discípulo, bem introduzido no ambiente sacerdotal, graças ao qual é possível entrar no pátio do Templo: "Simão Pedro e outro discípulo seguiam a Jesus. Sendo este discípulo conhecido do sumo sacerdote, entrou para o pátio deste com Jesus. Pedro, porém, ficou de fora, junto à porta. Saindo, pois, o outro discípulo, que era conhecido do sumo sacerdote, falou com a encarregada da porta e levou Pedro para dentro" (18,15-16). Também nesse caso encontramos o verbo "seguir" (como em 1,38 e 21,20), bem como a insistência na qualificação do discípulo como "o outro" (como em 20,2.3.4.8): é uma novidade a insistência no fato de que ele é conhecido do sumo sacerdote e tem um certo papel nesse ambiente. Ao longo dos séculos, muitos leitores identificaram-no com o Discípulo Amado e não há objeções sérias em contrário; de fato, a ligação com o mundo da aristocracia sacerdotal de Jerusalém pode ajudar a definir melhor a identidade do personagem, conotando-o também como sacerdote.

O autor implícito e o narrador

Além da figura histórica de um discípulo presente na narrativa evangélica e distinta do autor *real*, a análise narrativa nos convida a considerar o autor *implícito*, ou seja, a imagem do autor que o texto nos oferece: colocando o texto no centro da pesquisa, de fato, reconhece-se como a obra literária pode ser interpretada independentemente das intenções originais do autor de carne e osso. As ferramentas da pesquisa histórica não são, portanto, suficientes, pois dentro do próprio texto é possível reconhecer "sinais" que nos permitem descobrir a existência – e reconstruir a identidade – de um autor implícito, *alter ego do* autor real, sua projeção no mundo do texto, a imagem que o autor dá de si por meio dos traços que ele deixa para trás em sua obra.

Chamamos esse autor de *implícito* porque precisamos reconstruí-lo indiretamente, por meio da narração; enquanto o autor real é aquele que escreve fisicamente e o narrador é quem narra de maneira fictícia, o autor implícito é a figura intermediária que projeta o autor real no texto e, com suas escolhas, orienta a ação do narrador. No caso do Quarto Evangelho, o narrador não se projeta na história, mas no final revela que o autor implícito é o "Discípulo Amado". Do ponto de vista narrativo, é de pouca importância que ele seja, na verdade, em um nível histórico, o autor do texto: o modo como o narrador faz sua voz ser ouvida orienta o leitor a reconhecer no Discípulo Amado a inteligência criativa subjacente à narrativa evangélica.

O objetivo do texto é trazer o leitor para o seu lado para que ele compartilhe as ideias e crenças do narrador, sua interpretação dos fatos e sua perspectiva teológica. O narrador joanino, cuja figura em nosso caso se sobrepõe à do autor implícito, não é de todo imparcial, mas é confiável e crível: ele não faz perguntas que são então resolvidas do modo oposto ao que ele sugeriu e reivindica para si mesmo a autoridade da testemunha que viu e conta as coisas de uma certa maneira. Ele conhece a identidade de Jesus e atua como testemunha e intérprete com a autoridade de suas palavras: ele frequentemente intervém no texto com importantes *intrusões*, explicando o que Jesus (cf. 2,21; 6,6.71; 7,39; 8,27; 11,11-14; 12,33; 13,11; 18,32; 21,19.23) realmente queria dizer e às vezes interpretando as palavras de outros personagens (os pais do cego: 9,22 Caifás: 11,51-53; Judas: 12,6). Seus comentários também funcionam como instrumento de desenvolvimento da trama, focalizando a atenção do leitor naquilo que considera os pilares da narrativa (a entrega, a morte, a glorificação de Jesus) com um gosto quase teatral. Ele compartilha com Jesus o mesmo vocabulário, usado da mesma maneira e com as mesmas nuanças; fala de Jesus de maneira onisciente e retrospectiva, para que o leitor seja levado a confiar em sua versão dos fatos.

Esse narrador onisciente afirma duas vezes que o testemunho do Discípulo Amado é verdadeiro (19,35; 21,24): conhece o seu pensamento, sabe que ele disse a verdade, mostra ter a autoridade necessária para certificar a sua veracidade. O narrador, portanto, expressando-se com o "nós", apresenta-se como parte do grupo que aceita o testemunho do Discípulo Amado, que é tanto o personagem da história quanto a imagem idealizada do autor: ele é aquele que entende Jesus como nenhum outro, compartilha de sua perspectiva teológica, pode representá-lo de uma maneira credível e verdadeira, visa a fazer com que outros creiam; é ele quem oferece um único ponto de vista e dá total coerência ao material tradicional e às intrusões do narrador.

Com base nos traços deixados no texto, o leitor aprende que o autor implícito é uma figura decisiva: enquanto Discípulo Amado ele é "aquele que vê" os fatos, entende seu significado e oferece uma garantia de credibilidade a todos os leitores futuros, enquanto o narrador é "aquele que fala" na história do Quarto Evangelho. Esses são os dois intérpretes da tradição de Jesus em nível literário, aos quais devemos acrescentar, em nível teológico, o Paráclito, o Espírito da verdade (cf. 14,26; 15,26), que é o último garante da correta interpretação de Jesus e a veridicidade do discípulo testemunha. Talvez por esse motivo o nome do autor real não apareça.

A identificação do autor real

A tradição antiga sempre considerou o Discípulo Amado e o evangelista como uma única pessoa, isto é, o Apóstolo João, filho de Zebedeu, um dos Doze. A crença generalizada dos estudiosos modernos, por outro lado, acredita que o evangelista tenha sido uma pessoa diferente do discípulo testemunha ocular, e é por isso que a questão do autor é dúplice.

É impossível estabelecer a identidade do autor real e histórico, que materialmente espalhou a narrativa joanina: o Discípulo Amado pode ter começado a composição do texto e pessoalmente escrito muitas páginas evangélicas, como resultado de seu anúncio de testemunho, mas durante o período de setenta anos que separam a Páscoa de Cristo da última redação do Quarto Evangelho, é provável que outras pessoas também tenham trabalhado em diferentes épocas e ambientes; certamente alguém elaborou a edição final, publicada após a morte da testemunha ocular. A figura literária do evangelista pode, portanto, ser realizada por pessoas mais históricas, desde o Discípulo Amado até o último redator: esses colaboradores hipotéticos são pessoas muito ligadas à testemunha original, que aceitaram sua pregação e mantiveram a tradição dentro da comunidade joanina, expressando-se sempre em nome do "nós" eclesial.

O Discípulo Amado, garante do testemunho de Jesus, certamente se chamava "João". Embora muitos modernos não aceitem a identificação tradicional com o apóstolo homônimo, filho de Zebedeu e irmão de Tiago, os argumentos opostos não são suficientes para neutralizar os dados concordantes dos testemunhos patrísticos externos e os dados internos do Quarto Evangelho relativos ao Discípulo Amado. A hipótese de João o Presbítero não tem fundamentos históricos válidos e usa apenas um nome para designar um personagem do qual, no entanto, nada se sabe. Aceitando, portanto, a hipótese de que o filho de Zebedeu, proprietário de uma companhia de pesca no Lago da Galileia, pode ser ao mesmo tempo sacerdote levita e membro do grupo dos Doze, a opinião comum da tradição permanece válida e aceitável. Esse discípulo, muito jovem na época do ministério de Jesus, viveu por algumas décadas em Jerusalém no seio da Igreja mãe, da qual ele é considerado uma "coluna" (Gl 2,9), e antes do ano 70 se mudou para a Ásia Menor, na região de Éfeso, onde morreu no final do século I. Como acontece com João Batista (cf. 3,30), até mesmo o evangelista "se faz pequeno" diante de Jesus e seu nome, embora conhecido por todos, não aparece. Durante os setenta anos, ele deu testemunho de Jesus, transmitindo o anúncio e interpretando o significado de sua pessoa e de sua vida; gradualmente então, de sua pregação, com o provável envolvimento de outras pessoas, nasceu o escrito chamado de "Evangelho segundo João", que toda a Igreja aceitou como testemunho do discípulo do Senhor.

Os destinatários e o propósito

Um autor sempre escreve para algum destinatário e visando a determinados objetivos. Portanto, perguntamo-nos: Para quem João escreveu? Com que propósito compôs um evangelho? Essa questão interessou muito aos estudiosos joaninos e as opiniões sobre o assunto se multiplicaram: tentamos desvendar esse emaranhado complicado com algumas afirmações simples e fundamentais.

O propósito remoto para o qual o discípulo pensou em escrever um evangelho é preservar a tradição e oferecer uma interpretação dela. A pregação é escrita quando a ideia amadureceu para que o mundo não termine de um dia para o outro e – consequentemente – surge a necessidade de textos que preservem a tradição oral. A obra escrita inclui os conteúdos que são de maior interesse para a comunidade-alvo, isto é, os textos usados para formar os crentes, defender o grupo eclesial, anunciar a fé a quem ainda não a conhece.

Estes três propósitos – formativo, apologético e missionário – não são alternativos e não são mutuamente excludentes: a mesma página pode ser usada para propósitos missionários, se o público não é crente, ou para fins formativos, se a audiência já aderiu à fé. Tendo o texto uma longa história de composição, além disso, a coexistência de diferentes fins pode ser seriamente hipotetizada de acordo com os diferentes estágios da composição.

A intenção explícita do texto

O capítulo 20 termina com um epílogo, em que o narrador encerra a história e acrescenta um comentário; voltando-se diretamente, com o "vós", aos destinatários de seu tempo, o autor especifica o critério seguido na composição do texto e destaca seu duplo propósito:

> Na verdade, fez Jesus diante dos discípulos muitos outros sinais que não estão escritos neste livro. Estes, porém, foram registrados para que creiais que Jesus é o Cristo, o Filho de Deus, e para que, crendo, tenhais vida em seu nome (20,30-31).

A obra é indicada como "este livro", um texto literário específico escrito a fim de dar a conhecer alguns dos "sinais" feitos por Jesus na presença dos seus discípulos. É interessante notar que as duas ocorrências do verbo "escrever" são para o perfeito passivo, sem a indicação de um complemento de agente: isto é, não é especificado *quem* escreveu, mas é reiterado *que* esses sinais foram consignados à escrita para serem preservados no tempo.

O conteúdo do livro é expresso com o termo *semeia*, para indicar alguns eventos significativos que Jesus "fez" e dos quais os discípulos foram testemunhas: a experiência pessoal daqueles que viram os fatos e compreenderam o significado cristológico constituem a base para o testemunho do Discípulo Amado. Afirma-se também que, entre as muitas obras realizadas por Jesus, foi feita uma escolha: "este livro" nasceu de fato como resultado de um trabalho editorial, que selecionou o material e reformulou-o com um entendimento que é explicitado enfaticamente. Como uma ferramenta que permite uma conexão entre o passado de Jesus e o presente dos destinatários, este livro foi escrito para ajudar os leitores a acreditarem que "Jesus é o Cristo, o Filho de Deus".

No final do Quarto Evangelho, encontramos a mesma fórmula cristológica que serve como título do Evangelho de Marcos, reconhecido como o mais antigo dos quatro relatos evangélicos: "Princípio do Evangelho [da Boa-nova] de Jesus Cristo, Filho de Deus" (Mc 1,1). Parece uma grande inclusão canônica que enquadra o "evangelho quadriforme", apresentando-o como o patrimônio essencial da fé cristã. A escrita de João é, portanto, apresentada como uma unidade cristológica que nos permite acolher a revelação sobre a pessoa de Jesus e seu relacionamento singular com Deus o Pai. Esse epílogo sucede imediatamente o episódio de Tomé, no qual o discípulo chega a formular a mais alta profissão de fé, reconhecendo Jesus, o crucificado ressuscitado, "meu Senhor e meu Deus" (21,28): o leitor, enquanto gêmeo de Tomé, é convidado a seguir uma jornada similar como um discípulo que, sem ter visto Jesus historicamente, experimenta a felicidade do crer. De certa forma, portanto, "este livro" assume o lugar do Mestre em pessoa e, pela experiência da leitura, a comunidade destinatária pode viver a mesma experiência vivida pelos primeiros discípulos e alcançar a mesma fé madura.

No entanto, um problema textual destaca uma possível nuança de intenções. Nos antigos códices gregos a fórmula "para que creiais" é relatada de dois modos diferentes: em alguns aparece a forma de *pistéuete,* enquanto em outros se lê *pistéusete.* No primeiro caso, o verbo está no presente, o que indica a continuidade da ação e, portanto, significa "continuar acreditando": Então, a intenção seria a de encorajar a fé daqueles que aderiram ao Senhor Jesus. Já no segundo caso, trata-se de um aoristo, que em grego expressa uma nuança de evento pontual e inclusivo, para o qual o significado seria o de "começar a acreditar". Mesmo que em um nível filológico a questão não possa ser resolvida, o primeiro significado parece mais confiável, porque corresponde melhor ao tom geral da obra joanina e respeita algumas pistas que orientam nessa direção. João insiste, de fato, na necessidade de "permanecer" ligado [como o ramo à videira] e na fidelidade (cf. 8,31; 15,17), bem como de "guardar" (cf. 8,51.52; 14,15.23.24) a palavra e o ensinamento transmitidos. É difícil imaginar que tais discursos possam ser destinados a principiantes.

O epílogo, no entanto, não se exaure aqui e destaca com delicadeza que o crer tem uma função instrumental ou condicional, orientada para o objetivo final que é a vida. Para João, de fato, o que é decisivo é a relação que vincula a adesão plena a Cristo e a realização da vida em plenitude: só o crer em Jesus permite que se tenha vida, isto é, oferece a possibilidade de viver de modo pleno e realizado, participando da mesma realidade divina que une o Pai e o Filho.

Portanto, é seguro afirmar que o propósito principal do Quarto Evangelho seja o de formar os crentes, isto é, pessoas já avançadas na fé; os sinais colocados por escrito servem para enraizar mais profundamente na fé aqueles que já creem. Não se trata de um texto destinado a uma primeira evangelização, mas sim um instrumento de formação e maturação. A esse respeito, na tradição patrística, uma distinção dos quatro evangelhos foi teorizada de acordo com o caminho do crente: se Marcos é o evangelho da iniciação cristã, dirigido sobretudo aos catecúmenos, Mateus e Lucas constituem os textos de formação para comunidades cristãs já configuradas, mas em crise; João, por outro lado, representa o ápice da jornada, o evangelho da perfeição e da contemplação, dirigido aos cristãos maduros, ávidos por mais aprofundamento.

O leitor implícito

O estudo da narratologia sobre o leitor implícito confirma essa indicação: o público destinatário da narrativa, como o narrador presume, é uma comunidade cristã, que já tem muita informação básica e compartilha da mesma perspectiva – crente – do autor. Com base em um exame cuidadoso do texto do Evangelho, com suas escolhas e suposições, é possível traçar um perfil desse leitor implícito. Quando o autor (real) escreve, ele inevitavelmente tem um público-alvo em mente e o texto que ele compõe é adaptado ao leitor a quem o texto se destina: portanto, podemos dizer que o leitor implícito é a imagem ideal daquilo que nas intenções do autor o público deveria se tornar. Cada texto cria seu próprio leitor.

Os comentários e escolhas do narrador constituem, portanto, a fonte primária que permite delinear a identidade do leitor implícito, de modo que é necessário prestar atenção a algumas pistas: referências diretas; pronomes generalizados ou indefinidos; perguntas verdadeiras e perguntas retóricas; presença de manifestações; comparações ou analogias; justificações ausentes ou excessivas. A presença (ou ausência) de comentários explicativos tem uma importância particular: se um dado elemento é explicado, é porque o leitor não daria conta de entendê-lo por si mesmo; se não for explicado, temos o direito de inferir que o leitor é capaz de compreendê-lo sem ajuda. A combinação desses sinais fornece um retrato do leitor implícito, de sua identidade, de seu lugar no espaço e no tempo, de seu papel. Vamos ver alguns exemplos desse método.

O prólogo, com seu tom solene e teológico, orienta o leitor na direção que o autor quer que ele tome: ao introduzir o personagem principal e as forças envolvidas, ele oferece ao mesmo tempo a chave de leitura correta, "formando" nesse sentido como que um leitor disposto a aceitar os fatos – e sua interpretação – como propostos pelo narrador. O leitor implícito do Quarto Evangelho, portanto, aceita desde o princípio a ideia de que a narrativa com a qual está prestes a entrar em contato não se esgota em sua dimensão histórica, mas transcende-a no plano cosmológico: ele sabe – ao contrário dos personagens que encontrará ao longo do caminho – que não deve se deter na superfície, e isso dá uma enorme vantagem sobre os protagonistas dos episódios que o evangelista está prestes a lhe propor.

Embora o autor faça uma introdução teológica a Jesus no prólogo, resulta evidente que seus leitores já o conhecem e compartilham a fé do evangelista; eles estão familiarizados com os principais eventos de sua narrativa, como se nota, por exemplo, pela referência à sua ressurreição (2,22), inserida de maneira calma, sem qualquer necessidade de explicação. Da mesma forma, no decorrer da narrativa, o fato da traição (6,64) e também o nome do traidor (6,71) são antecipados: isso não estraga a tensão narrativa, porque os destinatários já conhecem a história, eles já são cristãos e bastante maduros para entender as profundas reflexões que o evangelista sugere. O texto pressupõe, de fato, um bom conhecimento do evento cristão e de muitos dados tradicionais; não quer ser uma introdução destinada àqueles que pouco ou nada sabem sobre Jesus. Tomemos outro exemplo: no prólogo, a apresentação de João Batista (1,6) não se destina a leitores que ignoram o personagem, pois na narração (cf. 3,34).) é feita referência à prisão de João sem que o fato seja contado; isso significa que os destinatários conhecem a história do Batista; mas, como correm o risco de ter uma consideração incorreta, o autor a apresenta esclarecendo bem seu papel efetivo.

Da mesma forma, a narrativa joanina pressupõe que os leitores saibam quem são os "Doze", sem necessidade de explicá-lo; o mesmo acontece com cada um dos discípulos, cuja apresentação é nula ou reduzida ao mínimo, muitas vezes ligada a razões de ênfase e não à necessidade de fornecer dados de identificação. Entende-se, por exemplo, que o leitor já conhece Marta e

Maria, porque Lázaro é apresentado como seu irmão, e também está ciente do episódio da unção, porque o autor o menciona (11,2) antes de contá-lo (12,1-8). Se outros personagens menores – como Nicodemos (3,1), Caifás (11,49), Anas (18,13) e José de Arimateia (19,38) – são apresentados e contextualizados, os breves apontamentos que os qualificam servem apenas para a dinâmica interna da história. Nenhuma explicação é necessária para as autoridades romanas (Pilatos: 18,29; César: 19,12) e judaicas (os líderes dos judeus: 3,1; 7,26; os principais sacerdotes: 7,32; o sumo sacerdote: 11, 49), nem para personagens coletivos como os vários grupos de judeus, sobre os quais se supõe que o leitor saiba quem são os sacerdotes, os levitas e os fariseus sem mais explicações. No que diz respeito aos samaritanos, se o autor considera apropriado explicar que "os judeus não têm relações com os samaritanos" (4,9), ele talvez pense que o leitor possa não saber, mas certamente especifica esse dado no intuito de enfatizar o comportamento de Jesus em relação à mulher de Samaria.

Quanto aos ambientes geográficos, o autor assume que seu leitor implícito tem um conhecimento básico dos principais lugares mencionados, como Galileia e Judeia, Tiberíades e Jerusalém. As indicações fornecidas também são precisas, mas sem muita explicação, independentemente de a localização ser menos conhecida (Betânia, além do Jordão: 1,28; Enon, perto de Salim: 3,23; Efraim: 11,54); os lugares de Jerusalém, descritos em detalhes (Betzatá: 5,2) ou evocados com nomes gregos e semíticos ("lugar chamado Litóstrotos, em hebraico Gábata": 19,13; "lugar chamado da Caveira, em hebraico Gólgota": 19,17) são apresentados de forma a chamar a atenção para o seu valor simbólico, não para instruir o ignorante.

O leitor de João certamente conhece o grego, porque o texto foi escrito nessa linguagem, e pode parecer de algumas pistas que ignora o significado de palavras semíticas muito comuns: o autor de fato traduz palavras como "Rabino" (1,38), "Raboni" (20,16) e "Messias" (1,41; 4,25); explica o significado de nomes próprios como "Cefas" (1,42), "Siloé" (9,7) e "Tomé" (11,16; 20,24; 21,2). Mesmo nesses casos, no entanto, parece que a intenção é enfatizar o significado, em vez de preencher uma lacuna de conhecimento. De fato, em outros casos, os topônimos em hebraico ou aramaico (Betzatá, Gábata e Gólgota) são adicionados como esclarecimentos sem serem traduzidos, imaginando assim que são compreendidos.

Com relação aos feriados judaicos mencionados (Páscoa: 2,13; 6,4; 11,55; Tendas: 7,2; Dedicação: 10,22), o autor às vezes acrescenta algumas breves indicações, mas toma como certo que o leitor sabe do que se trata: dizer que a Páscoa é "a festa dos judeus" não significa explicar uma realidade desconhecida, mas sim especificar uma nuança interpretativa desse evento. Também o esclarecimento de que "os judeus usavam [as talhas] para as purificações" (2,6) não permite afirmar que o leitor de João desconhecesse as práticas religiosas judaicas: é de fato uma bela observação que o narrador introduz para recordar o ritual da água lustral e ajudar o leitor a entender corretamente o sinal de Jesus.

Não há dúvida, de fato, de que o leitor implícito do Quarto Evangelho conhece bem os textos do Antigo Testamento, particularmente aqueles relacionados à expectativa messiânica, já que as numerosas referências, citações diretas e alusões implícitas não são acompanhadas de comentários explicativos ou ilustrativos. Além disso, as numerosas passagens em que o autor propõe discussões de Jesus com os judeus, centradas em intrincadas questões exegéticas, sugerem que a comunidade-destinatária fosse capaz de compreender e apreciar tais argumentos teológicos sutis, provavelmente acostumada à tradução grega da Septuaginta. Embora muitas indicações presentes no Quarto Evangelho possam ser explicadas com diferentes momentos da tradição e, portanto, com referência a diferentes destinatários, o texto definitivo permite vislumbrar um leitor comunitário implícito, isto é, um grupo de discípulos ligados ao judaísmo e crentes em Jesus Cristo, a quem o testemunho do Discípulo Amado é oferecido, escrito para persistir como um instrumento capaz de ajudar o caminho do crente e conduzir à vida em plenitude.

Outras finalidades secundárias

A pesquisa atenta de numerosos estudiosos também identificou outros possíveis objetivos e outros potenciais destinatários; embora reconhecendo a presença real desses elementos no Quarto Evangelho, eles não chegam a caracterizá-lo completamente.

Em alguns versículos podemos ver uma intenção apologética: o autor parece defender Cristo contra os seguidores de João Batista. Textos que enfatizam a superioridade de Jesus em relação ao Batista estão realmente presentes (cf. 1,8-9.20.30; 3,28.30; 10,41), mas apesar de tudo, João tem um lugar de honra na história e o propósito apologético contra "Batistas" hipotéticos certamente não é o principal. Algumas ênfases especiais sugerem alguma intenção controversa e polêmica, que a antiga tradição patrística sugeria orientada para a refutação de grupos heréticos cristãos, enquanto os estudiosos modernos liam mais como dirigidos contra judeus incrédulos que não queriam acolher Jesus.

De acordo com Irineu, João escreveu seu Evangelho contra Cerinto, um herege da Ásia Menor com inclinações gnósticas (*Contra as heresias* III,11,1); no texto, no entanto, há muito pouco que serve para refutar essas ideias, embora seja possível que tal controvérsia esteja na origem da Primeira Carta de João. Jerônimo acrescenta que João também escreveu contra Ebião e os outros que negam a carne de Cristo, mas Ebião não é uma figura histórica e sim um personagem emblemático dos "ebionitas", cristãos que permaneceram judeus, destinatários improváveis do Quarto Evangelho. Finalmente, alguns autores modernos veem nas intenções de João uma polêmica contra o docetismo, a tendência a negar a realidade da encarnação, aceitando apenas a aparência humana do Cristo. Textos sobre essa linha podem ser considerados a afirmação da carne assumida pelo *Logos* (1,14), o realismo eucarístico (6,51-58) e o lado traspassado (19,34): apesar de serem passagens importantes no complexo da obra, não são suficientes para afirmar que essa é a intenção determinante do Evangelho.

A controvérsia contra os judeus incrédulos está visivelmente presente na narrativa de João, que frequentemente revela um clima de forte oposição entre "aqueles que creem" e "aqueles que não creem", indicando que a questão sempre diz respeito ao acolhimento de Jesus. Enquanto os termos "Israel" (1,31.49; 12,13) e "israelita" (1,47) têm uma conotação positiva, o Quarto Evangelho frequentemente usa a fórmula "os judeus" com um valor negativo, algumas vezes atraindo a acusação de antijudaísmo. Recentemente, a questão foi muito estudada e, em grande parte, os pesquisadores chegaram à conclusão de que João censura sim os judeus, mas permanecendo dentro do judaísmo e culpando não toda a nação ou a religião judaica, mas apenas o grupo histórico das autoridades religiosas ferozmente hostis a Jesus. É provável que a situação que surgiu após o ano 70 e o forte contraste entre aqueles que aceitaram Cristo e aqueles que o rejeitaram influenciaram este sistema contrastante, onde o fator discriminante é constituído pela crença em Jesus não somente como um Messias, mas acima de tudo como o Filho de Deus (19,7), igual a Deus (10,33), "um com o Pai" (10,30). Mais do que à história de Jesus, essa tensão diz respeito – como vimos – à comunidade joanina do final do século: a narrativa é fortemente afetada por isso, mas não o suficiente para nos permitir afirmar que a polêmica seja o seu propósito.

Finalmente, algumas passagens do texto sugerem o desejo de anunciar e incentivar o exterior da comunidade joanina. Foi hipotetizado, por exemplo, que o texto de João seria um apelo dirigido aos judeu-cristãos da diáspora, incertos e indecisos, para que decididamente escolhessem o Cristo, retirando-se da sinagoga: de fato, é denunciada a presença entre os líderes judeus de muitos que criam em Jesus, mas não o faziam publicamente para não serem excomungados (12,42-43); entre estes, são um exemplo negativo os pais do cego de nascença que, por medo dos judeus, não querem reconhecer a obra de Jesus (9,22), enquanto José de Arimateia e Nicodemos têm a coragem de vir à luz (19,38-39). Também procurou-se identificar no Quarto Evangelho uma abertura missionária dirigida a todos os povos, embora o termo técnico *éthne* (gentes) nunca ocorra: seria uma pista para as referências ao universalismo, que apresentam Jesus como aquele que ilumina "todo homem" (1,9) e tira" o pecado do mundo" (1,29), tendo sido enviado para que "o mundo seja salvo por Ele" (3,17; 4,42), enquanto Ele mesmo promete que, uma vez levantado da terra, atrairá "todos" a si (12,32). Também são significativas as referências à messe entre os samaritanos, que os discípulos são enviados para colher (4,35-38), as alusões a uma missão aos gregos (7,35; 12,20-21), a referência às "outras ovelhas "a serem recolhidas no único redil (10,16) e aos "filhos de Deus dispersos" a serem reunidos em unidade (11,52).

Esses detalhes, embora reais e importantes como um todo, não constituem, no entanto, o motivo principal do Quarto Evangelho, dirigido ao "vós" eclesial (20,31) – a comunidade crente – sem distinção de origem nem limites temporais, a fim de ajudá-la a permanecer na fé para ter vida.

Diacronia: história da composição

Como já mencionamos várias vezes, o Evangelho segundo João teve uma longa história de composição. Apesar de ser um trabalho unitário do ponto de vista linguístico e estilístico, com uma abordagem teológica homogênea, podemos notar no decorrer da narrativa algumas tensões literárias que sugerem um certo esforço composicional. Vejamos rapidamente alguns desses fenômenos literários, para percebermos do que se trata.

Os indícios literários de uma história redacional

Em primeiro lugar, é possível reconhecer seções adicionais, autônomas em relação ao restante do texto. Logo no início da obra, o prólogo teológico solene (1,1-18), composto com fórmulas rítmicas e poéticas, distancia-se decididamente do resto da prosa joanina: o hino introdutório é, portanto, uma realidade literária autônoma, colocada no começo da narrativa como uma grande *overture*, para introduzir a narração que começa em 1,19. Apesar da diferença estilística, no entanto, não há fratura entre o prólogo e o texto em prosa, mas sim uma estreita correlação, tanto que a narrativa começa (1,19) ligando-se ao testemunho do Batista, mencionado na introdução: não é concebível uma narrativa que comece "Este foi o testemunho de João..." Parece, portanto, evidente que o prólogo foi acrescentado por um editor que o relacionou com a continuação da narrativa, de modo que o texto poético solenemente afirma *que* Jesus é o revelador do Pai, enquanto a narrativa em prosa mostra *como* Ele o foi.

Também o último capítulo do Evangelho, que desempenha um papel de epílogo, é considerado pelos exegetas como uma passagem adicional. O capítulo 20 termina com uma frase (v. 30-31) que tem todo o sabor da conclusão, mas imediatamente a seguir a história recomeça com uma releitura eclesial sobre o significado da missão apostólica após a ressurreição de Jesus Cristo e o papel dos vários discípulos (21,1-23). No final do episódio, há um segundo epílogo – formulado com o "nós" da comunidade joanina – que apresenta o discípulo testemunha e garante sua credibilidade (21,24-25). É claro que não é a própria testemunha quem escreve essas palavras, mas trata-se de um acréscimo posterior à sua morte: outro editor, um discípulo do Discípulo Amado, retrabalhou a obra, intervindo com algumas integrações.

Depois, há outra passagem que parece acrescentada ao texto original: é o episódio da adúltera que Jesus não condena (7,53–8,11). Essa passagem está faltando em uma série de manuscritos antigos e respeitados; em alguns códices aparece, mas é colocada em outros pontos da história; de fato, em alguns casos está incluída no Evangelho de Lucas. Com base nesse fato textual, os estudiosos observaram algumas diferenças na linguagem e no conteúdo com relação ao usual joanino, como a menção do Monte das Oliveiras e escribas, que nunca aparecem em nenhum outro lugar em João. Pensa-se, portanto, que esse episódio inicialmente não fizesse parte do Quarto Evangelho, mas foi inserido nos tempos antigos durante uma nova redação do texto:

Jerônimo o introduziu em sua tradução latina da Bíblia, que mais tarde se tornou a oficial (a Vulgata) da Igreja latina, e sua canonicidade não está em discussão. Além disso, aqueles que o inseriram naquele ponto não o fizeram casualmente: a narração, de fato, retoma fortemente os temas dominantes nos capítulos 7 e 8, dos quais forma uma espécie de dobradiça. No entanto, isso não é suficiente para eliminar a impressão de uma inserção que interrompe o fio da narrativa.

Além disso, existem numerosas fraturas narrativas no texto do Evangelho, passagens que são problemáticas com relação ao todo, porque não mostram uma continuidade narrativa linear ou porque assumem a forma de fragmentos autônomos em relação ao contexto. Vejamos os principais exemplos.

Os capítulos 5, 6 e 7 criam uma sequência problemática: o capítulo 5 está situado em Jerusalém, na piscina probática e depois no Templo; a longa discussão com os judeus termina sem qualquer indicação de mudança de lugar. O capítulo 6 começa, no entanto, afirmando que "Depois dessas coisas, Jesus atravessou o mar da Galileia, que é o de Tiberíades": se Ele estava no Templo de Jerusalém, como podemos falar do *outro lado* do lago? O capítulo 7, por sua vez, mesmo depois de seguir um episódio na Galileia, começa dizendo que "Passadas essas coisas, Jesus andava pela Galileia, porque não desejava andar pela Judeia, visto que os judeus queriam matá-lo" (7,1). O leitor geralmente não percebe esses fatos, porque a proclamação litúrgica nos acostumou a dividir os textos em perícopes separadas; mas se lermos toda a história abaixo, podemos facilmente entender essa ruptura. Parece, portanto, que é possível reconhecer um trabalho editorial que abordou blocos narrativos que anteriormente tinham uma vida independente. O capítulo 6, por exemplo, com o sinal do pão e o grande discurso sobre o pão da vida, acaba sendo um texto em si, uma composição ampla e orgânica, transmitida de forma autônoma, que na fase editorial se inseriu entre o episódio do paralítico e o da discussão sobre a Festa dos Tabernáculos, sem que todos os pequenos sinais de uma ruptura narrativa fossem eliminados.

Da mesma forma, o texto de 3,31-36 também não está bem relacionado com o que o precede: aparentemente, na verdade, o discurso parece ser pronunciado por João Batista, que está falando a partir do versículo 27; as palavras do precursor culminam no entanto com o versículo 30 ("Convém que Ele cresça e que eu diminua") e o que se segue parece adaptar-se antes à revelação de Cristo. Podemos, portanto, falar de um fragmento literário – não bem integrado ao texto – inserido na fase editorial, com o objetivo de preservá-lo.

Da mesma forma também em 12,44-50 pode-se reconhecer outro bloco adicionado. Em 12,36 o narrador faz sair de cena o personagem principal ("Depois de dizer isso, Jesus foi embora e ocultou-se deles") e nos versículos seguintes (v. 37-43) intervém com reflexões teológicas sobre a rejeição e incredulidade dos judeus. Então, de repente, no versículo 44 se diz: "E Jesus clamou, dizendo: 'Quem crê em mim'"; e a discussão continua até o final do capítulo, sem outras intervenções narrativas. Nesse caso, a presença de um fragmento fora de contexto parece evidente, que o editor inseriu no ponto de clara demarcação entre a primeira (Jo 1–12) e a segunda (Jo 13–21) parte do Evangelho.

No texto de João também podemos notar algumas inconsistências e intervenções do autor visando a suavizar certas dificuldades. Em 3,22, por exemplo, se diz que "Jesus batizava"; a mesma coisa se repete um pouco mais tarde como uma opinião corrente (4,1: "Quando, pois, o Senhor veio a saber que os fariseus tinham ouvido dizer que Ele, Jesus, fazia e batizava mais discípulos que João"); nesse ponto, porém, o narrador intervém para corrigir a informação: "se bem que Jesus mesmo não batizava, e sim os seus discípulos" (4,2). Da mesma forma, o texto de 4,44 parece ser uma nota discordante, vinda da tradição sinótica: diz que "o mesmo Jesus testemunhou que um profeta não tem honras na sua própria terra". Imediatamente depois, no entanto, contando a história da chegada de Jesus em sua terra natal, o versículo 45 afirma: "Assim, quando chegou à Galileia, os galileus o receberam, porque viram todas as coisas que Ele fizera em Jerusalém, por ocasião da festa, à qual eles também tinham comparecido". Um fenômeno semelhante também ocorre em 16,5, onde Jesus se queixa: "Mas, agora, vou para junto daquele que me enviou, e nenhum de vós me pergunta: 'Para onde vais?'"; isso, de fato, está em oposição a 13,36, onde Simão Pedro lhe perguntou explicitamente: "Senhor, para onde vais?"

Apresentando o episódio da reanimação de Lázaro se diz (11,2) que Maria, irmã do morto, foi a que ungiu os pés de Jesus; no entanto, esse episódio é contado apenas no capítulo 12. Quem lê o texto de João pela primeira vez não entende essa explicação, mas a história de Lázaro é feita para pessoas que já conhecem a história e ambiente: a partir de um detalhe tão minucioso, podemos reconhecer uma longa história de narração oral e tradição escrita – mas independente – das várias perícopes. Em 14,31, depois de dois capítulos de discursos durante a ceia, Jesus diz: "Levantai-vos, vamo-nos daqui". A série de palavras parece ter acabado e em vez disso, sem qualquer outra indicação, o mestre continua a falar nos capítulos 15, 16 e 17. É, portanto, provável que os textos desses três capítulos sejam complementos de um primeiro rascunho dos discursos de despedida: de fato, reconhecemos neles numerosas referências à difícil situação histórica vivida pela comunidade joanina no final do século.

Esses e outros fenômenos literários semelhantes no texto joanino – definidos como aporias ou dificuldades sem saída – são tratados de diferentes maneiras: os estudiosos histórico-críticos os entenderam como provas de uma complexa redação do texto, enquanto a leitura sincrônica não lhes conferia muita importância, valorizando mais o trabalho editorial de unificação. Foi precisamente essa abordagem, no entanto, que teve de destacar como a redação final não foi capaz de suavizar perfeitamente todo o texto: é necessário considerar seriamente essas aporias – que não negam a unidade do trabalho – e nos perguntar como é possível explicar essas adições, rupturas e inconsistências. A resposta comumente dada está em reconhecer uma notável intervenção editorial do evangelista.

Tradição e redação

O Quarto Evangelho é uma obra escrita durante um longo período de gestação e amadurecimento: cerca de setenta anos separam a existência histórica de Jesus (por volta do ano 30) e a redação definitiva do texto joanino (no final do séc. I). Não podemos imaginar que a composição escrita dessa obra tenha ocorrido em poucos meses ou em poucos anos: é muito mais lógico pensar em um longo e complexo trabalho de redação ao longo do tempo.

Esses setenta anos marcaram o desenvolvimento da literatura e da teologia joaninas de maneira decisiva: o Discípulo Amado, testemunha ocular dos fatos de Jesus, viveu toda a sua vida repetindo seu testemunho de fé. Ele amadureceu como homem e como crente; pregou a mensagem de Jesus Cristo a tantas pessoas diferentes em tantas circunstâncias diferentes; mudou de residência em várias localizações geográficas, transmitiu o Evangelho para pessoas de diferentes culturas, encontrou-se em situações históricas profundamente alteradas. O aprofundamento da reflexão não diz respeito apenas à vida de Jesus, mas também ao sentido da história: a queda de Jerusalém no ano 70, por exemplo, determina uma nova situação também para a Igreja e para as relações com a sinagoga judaica; assim, o começo das perseguições, o desenvolvimento da vida litúrgica cristã, a celebração dos sacramentos nas novas comunidades são eventos decisivos que amadureceram o entendimento e a transmissão da mensagem de Cristo.

O Quarto Evangelho, portanto, como qualquer outro texto do Novo Testamento, reflete a vida do discípulo e de sua comunidade. É uma obra que nasce na vida da Igreja e é para a vida dos crentes. A testemunha, de fato, sobretudo pregou: ao longo de sua vida ele transmitiu sua experiência fundamental à vida, contou os mesmos episódios inúmeras vezes e repetiu as mesmas palavras de mil maneiras; pregou a pessoas concretas para transmitir sua fé em Cristo ressuscitado e, somente com o tempo, alguns escritos nasceram da pregação. No início, portanto, está a tradição apostólica: isto é, o discípulo que transmitiu sua experiência do evento àqueles que à época não existiam ofereceu seu testemunho juntamente com uma interpretação da fé. Oral ou escrito, esse processo de tradição continua sendo fundamental.

À tradição é acrescentada, então, a redação: este termo refere-se a todo trabalho de tipo literário referente aos textos escritos. Com o tempo, de fato, a pregação é transformada em textos escritos e cada texto, por sua vez, evolui: é relido, talvez traduzido para outro idioma, reescrito para outras pessoas em diferentes situações; certamente retocado, passando por reiterados aprofundamentos, até que se chegue ao rascunho final que reúne textos díspares. O autor que retrabalha a tradição é um editor, e muitos podem dar sua contribuição editorial ao texto final, aquele que nos foi transmitido de maneira fixa e constante.

No texto final, podemos notar a coerência total entre o material tradicional e as chamadas intrusões do narrador: o único ponto de vista é o do editor final, que foi capaz de dar unidade literária orgânica a todo o Evangelho. A existência histórica de Jesus é contada com fidelidade, mas ao mesmo tempo interpretada à luz de sua ressurreição e em vista do cumprimento das Escrituras. Duas intrusões importantes do narrador, no Quarto Evangelho, explicam ao leitor a reflexão hermenêutica realizada pelo discípulo testemunha e por toda a comunidade apostólica.

Encontramos o primeiro caso na história da expulsão de vendilhões do Templo, quando o autor entra no texto com uma explicação que ficou clara para ele depois: especifica que, no momento histórico em que o episódio aconteceu, nem mesmo os discípulos de Jesus entenderam o significado do que seu Mestre estava dizendo.

> Ele, porém, se referia ao Templo do seu corpo. Quando, pois, Jesus ressuscitou dentre os mortos, lembraram-se os seus discípulos de que Ele dissera isto; e creram na Escritura e na palavra de Jesus (Jo 2,21-22).

Com esse esclarecimento, o narrador quer destacar o crescimento progressivo da compreensão que, depois da Páscoa, levou os discípulos a entenderem essa palavra de Jesus no Templo como referindo-se ao seu próprio corpo ressuscitado. Assim, é explicitamente declarado que a comunidade cristã desenvolve sua própria visão teológica, meditando sobre as Escrituras e recordando a experiência histórica de Jesus: depois de sua ressurreição, a lembrança dos fatos e palavras de Cristo capacita os discípulos a crer plenamente nas Escrituras e a reconhecer na revelação de Jesus o cumprimento da Palavra de Deus. A outra intromissão hermenêutica relevante do narrador é encontrada no episódio da entrada solene em Jerusalém, que é explicada com uma referência bíblica a Zc 9,9. Depois de relatar esse versículo profético, o autor acrescenta:

> Seus discípulos a princípio não compreenderam isto; quando, porém, Jesus foi glorificado, então, eles se lembraram de que estas coisas estavam escritas a respeito dele e também de que isso lhe fizeram (Jo 12,16).

Também nesse caso, o crescimento da compreensão que a comunidade joanina experimentou ao longo do tempo é especificado: na época dos fatos, seus discípulos não entendiam o significado do que seu Mestre estava fazendo, nem pensavam no que profetizara Zacarias; somente depois de sua Páscoa da Ressurreição, a memória dos eventos que aconteceram e o estudo das Escrituras permitiram uma compreensão completa do projeto divino, revelado nos textos bíblicos e realizado pela história de Jesus, o que diz respeito à história do Quarto Evangelho não é uma exposição de fatos "nus e crus", mas a interpretação de fé dos fatos, alcançada ao longo do tempo sob a orientação do Espírito Paráclito, que lembrou os discípulos de tudo o que Jesus havia dito e lhes ensinou a correta interpretação (cf. 14,26).

Exemplifica-se essa dinâmica hermenêutica a propósito dos discursos de Jesus presentes no Evangelho segundo João: as palavras originais de Jesus foram preservadas pelas testemunhas e transmitidas durante anos a muitos destinatários diferentes, em diferentes ambientes, depois traduzidas, explicadas, adaptadas; um trabalho inteligente de reelaboração literária e teológica produziu então os discursos do texto definitivo, que constituem o fruto maduro de um longo trabalho de compreensão e aprofundamento. O evangelista está convencido de que seu trabalho é, na verdade, obra do Espírito: ele está ciente de que no ano 30 não teria escrito as coisas que escreveu ao longo de sua longa vida. O autor literário pode, assim, colocar na boca de Jesus discursos bem organizados e estruturados, ensinamentos que Ele não conseguiu pronunciar durante sua vida terrena: ao longo de várias décadas, o Espírito de Jesus guiou a Igreja para interpretar e compreender em profundidade as palavras do Mestre, por isso o narrador crente faz uma admirável síntese da revelação e da tradição. O ensinamento iniciado historicamente por Jesus é plenamente entendido graças ao Espírito do Cristo ressuscitado e é entregue a um texto literário, fruto de muitos e sábios ajustes editoriais.

O esforço da reconstrução diacrônica

À luz de tudo isso, muitos estudiosos nos últimos séculos se comprometeram a reconstruir a longa história de composição vivida pelo Quarto Evangelho: esse importante e válido trabalho de pesquisa pertence a um método que, com o objetivo de reconstruir a evolução do texto com o tempo, é chamado de "leitura diacrônica". O método histórico-crítico, de fato, visa a destacar, por meio da reconstrução das várias fases históricas e literárias, o significado expresso pelos autores e editores de um texto: é a própria natureza do texto bíblico que requer esse tipo de abordagem histórica, porque – para falar sobre nosso caso específico – o Evangelho segundo João não se apresenta como uma revelação direta da verdade fora do tempo, mas como a atestação escrita de um evento histórico e de uma experiência discipular pela qual o Messias Jesus revelou Deus na história humana. Portanto, a pesquisa diacrônica continua sendo útil para uma exegese correta, mesmo que raramente produza resultados unívocos: com frequência, na verdade, as reconstruções propostas pelos estudiosos diferem muito entre si e todas permanecem hipotéticas. É justamente esse contínuo e sério compromisso com a análise reconstrutiva, no entanto, que ajuda a compreender a história da composição de um texto importante como o Evangelho segundo João, cuja elaboração progressiva goza de um amplo consenso por parte dos estudiosos.

Se por um lado acredita-se já superada a hipótese das "fontes", com base nas quais o evangelista combinaria diferentes textos, a hipótese dos "estratos", que supõe um núcleo evangélico primitivo a partir do qual – por meio de adições e releituras – a obra final seria então desenvolvida. Não é possível em nossa introdução – nem seria útil – levar em consideração as numerosas soluções propostas nos últimos séculos: apenas menciono, a título de exemplo, a recente proposta de Von Wahlde, que sugere uma interpretação original dos antigos problemas da história da composição, considerando também as consideráveis contribuições oferecidas pelo método narrativo[9]. Sua ideia não é nova: o Quarto Evangelho, em sua forma atual, teria passado por três edições diferentes. O mérito dessa proposta está, no entanto, no estudo detalhado dos critérios que permitem identificar o material das várias edições, a fim de especificar as características de cada uma: essa identificação não é apenas uma questão acadêmica, mas é útil para esclarecer muitos detalhes relativos à vida social e ao pensamento teológico da comunidade joanina, sobretudo para poder escrever uma história do desenvolvimento dessa teologia. Esses critérios são de três tipos: linguístico (relativo às palavras usadas), ideológico (de acordo com a abordagem narrativa seguida) e teológico (baseado na mensagem transmitida).

A partir da presença de aporias no texto, que revelam as suturas literárias entre diferentes camadas, Von Wahlde passa a identificar as duas primeiras edições, baseadas, inicialmente, na presença de dois tipos de termos para indicar as autoridades religiosas, que aparecem em alguns textos como "Fariseus, sumos sacerdotes e chefes" e em outros simplesmente como "os judeus"; nos primeiros textos, ele também observou, os milagres de Jesus são chamados de "sinais", enquanto nos outros se fala de "obras"; no primeiro grupo de passagens, então, a narrativa mostra como a hostilidade dos fariseus cresce junto com o crescimento da fé popular, enquanto no segundo grupo a hostilidade dos judeus é forte desde o começo e permanece constante. Essas diferentes modalidades são consistentes e determinam um contraste entre os textos, a ponto de fundamentar a hipótese de diferentes edições.

---

9. Cf. VON WAHLDE, U.C. *The Gospel and Letters of John*. Vol. 1. Grand Rapids/Cambridge: W.B. Eerdmans, 2010, p. 1-393.

Embora não aceitando todas as reconstruções de Von Wahlde e as hipóteses de diferentes autores, a sua pesquisa – detalhada e respeitosa das contribuições de outros estudiosos – constitui um progresso efetivo na pesquisa, capaz de explorar as diferentes contribuições do século passado propondo-as como complementares e como não alternativos os métodos de crítica literária e crítica histórica. As numerosas e detalhadas indicações evidenciadas por ele, coerentes entre si e significativas em todo o trabalho acabado, oferecem critérios objetivos que nos permitem falar de um longo processo de releitura, reconhecendo três fases sucessivas de crescimento na tradição joanina. Falando em *edições*, Von Wahlde pretende referir-se a reelaborações do material literário anterior: dessa forma, o texto de João não perde seu valor como uma obra unitária, mas adquire clareza no que se refere às inúmeras semelhanças que os eruditos repetidamente denunciaram.

O primeiro estágio da tradição joanina é reconhecido por muitos estudiosos como um núcleo narrativo inicial e completo, centrado nos sinais prodigiosos feitos por Jesus, destinados a uma comunidade judeu-cristã que reside na Judeia e posto por escrito entre os anos de 50 e 60.

A terminologia característica dessa "primeira edição", além de "fariseus" e "sinais", está no uso de "judeus" para indicar os habitantes da Judeia e em um fenômeno notável de tradução de termos religiosos e geográficos. O processo narrativo apresenta algumas características peculiares: a fé é apresentada como uma reação em cadeia; grande importância é dada ao número e ao tipo dos sinais feitos por Jesus; há ênfase na variedade de grupos que começam a acreditar em Jesus e na discordância de opiniões entre as autoridades; tanto a fé do povo como a hostilidade dos fariseus dependem dos sinais; as pessoas comuns não demonstram temer as autoridades, mas argumentam com elas e também reagem com desdém; também notamos numerosas explicações das realidades judaicas. Algumas características teológicas importantes derivam disso, incluindo a apresentação do crer como uma realidade simples, que é facilmente obtida em virtude de milagres e da tradicional cristologia judaica, sem afirmações da divindade de Jesus.

Um segundo estágio dessa tradição foi determinado pelo aprofundamento progressivo da reflexão cristológica por parte do discípulo testemunha e de seu grupo judeu-cristão, que entrou em conflito com o judaísmo oficial. A recusa de muitos judeus em aceitar Jesus como messias e a formulação de uma cristologia "elevada" desencadeou um conflito, que levou à exclusão da sinagoga e talvez à morte de alguns membros da comunidade joanina: é verossímil pensar que o texto fundamental de João tenha sido relido à luz dessa compreensão mais madura, introduzindo uma estrutura mais complexa e teológica baseada no tema dos testemunhos, aceitos pelos discípulos e rejeitados pelos judeus; nessa fase – datável entre 70 e 80, mas difícil de situar em um ambiente geográfico – o horizonte do ministério histórico de Jesus se mistura com o horizonte da comunidade em conflito com os expertos da sinagoga, chamados de "judeus" em como representantes do judaísmo oficial. O debate diz respeito às reivindicações de Jesus por sua própria pessoa, como o Filho enviado pelo Pai para realizar sua obra: é por isso que os judeus o acusam de blasfêmia.

Essa "segunda edição" é linguisticamente caracterizada pela referência polêmica aos "judeus" e pelo uso de "obra" como o conceito teológico geral para descrever o ministério de Jesus. No que se refere ao procedimento narrativo, o fato mais notável é que as autoridades religiosas são hostis a Jesus de maneira decisiva desde o início, sem contrastes internos e compactos; estão quase sempre em diálogo com Jesus e as pessoas comuns têm medo deles, nunca ousando contradizê-los. Além disso, do ponto de vista literário, o uso do expediente do mal-entendido é importante. O resultado são características teológicas significativas: a cristologia se torna visivelmente alta, apresentando Jesus como "Filho" e "enviado" pelo Pai; a noção de uma relação íntima entre o Pai e o Filho é introduzida, bem como o papel do Espírito, do qual os fiéis são chamados a nascer; a importância dos aspectos "carnais" é negada; a morte de Jesus é vista como uma "ida" para o Pai; "juízo" é realizado no tempo presente em virtude da própria incredulidade. O elemento teológico característico é o anúncio da escatológica efusão do Espírito divino por Jesus sobre aqueles que nele creem: esse dom envolve a transformação de crentes, que já a partir do presente têm a vida eterna e possuem um conhecimento direto de Deus, sem mais necessidade de diretrizes éticas ou rituais religiosos. Para receber esse dom, a fé em Jesus é decisiva, baseada não nos sinais, mas na aceitação dos vários testemunhos: João Batista, as obras, o Pai e as Escrituras.

Após a separação da sinagoga, a comunidade joanina experimentou outra crise, agora interna, causada pela interpretação de suas próprias tradições: o resultado do conflito foi a separação dos contestadores da comunidade.

A comunidade destinatária é agora helenizada e vive no ambiente efésio no final do século I: nesse contexto, e devido ao problema dos "anticristos", são escritas as cartas joaninas, que introduzem uma perspectiva apocalíptica centrada nos temas da "luz" e do "amor" para esclarecer a tradição autêntica, em contraste com a dos adversários. No mesmo ambiente comunitário e no mesmo período histórico, surge o Apocalipse de João. Seguindo essas novas operações literárias, o texto do Evangelho também passa por uma nova releitura importante, que não muda a estrutura narrativa, mas sobrepõe um arranjo temático apocalíptico, tentando especificar a relação com os sinóticos e esclarecer a posição do Discípulo Amado em relação à figura de Pedro.

A terminologia característica desta "última edição" é reconhecida no uso de "Senhor" para se referir a Jesus com valor divino, de "irmão" e "filho" para as pessoas pertencentes à comunidade, de "mandamento" (em vez de "obra") para designar a tarefa dada a Jesus pelo Pai. No processo narrativo, notamos que a adição de uma perspectiva apocalíptica, que utiliza em contraste as imagens de "luz" e "escuridão", sugere a dualidade dos Espíritos e evoca o "Príncipe deste mundo", introduz uma tensão em direção à escatologia final como um confronto universal. Além de algumas características literárias típicas, os numerosos acréscimos ou esclarecimentos teológicos introduzidos para esclarecer a interpretação evangélica são significativos: a cristologia insiste na preexistência e unicidade do Filho, empregando a fórmula "Eu Sou" e o título apocalíptico "Filho homem"; particular ênfase é colocada no papel de Jesus como indispensável para ganhar acesso à vida eterna e sua morte é entendida com um valor salvífico essencial; a função do Espírito é especificada em estreita relação com Jesus; mesmo retomando o tema da vida eterna como já atual no presente, a ênfase é colocada sobre a importância do comportamento ético correto e sobre a relevância atribuída aos sacramentos do batismo e da Eucaristia.

Data e local da edição final

A esta altura, é claro que só podemos falar da data e do local de composição em relação à última fase de edição que produziu o Quarto Evangelho em sua edição definitiva, que pressupõe a morte de Pedro (cf. 21,18) – que ocorreu no ano 64 – e também a do Discípulo Amado (cf. 21,21-22) – situada por Irineu depois do ano 98. Outra pista externa é oferecida por um antigo papiro (P[52]), contendo um fragmento do Evangelho segundo João e escrito no Egito por volta do ano 125: isso significa que o texto definitivo deve ter sido publicado na geração anterior, no final do século I.

No que se refere ao local de edição, os numerosos testemunhos antigos e as referências explícitas do Apocalipse indicam o ambiente de Éfeso como o mais provável. Alguns autores modernos sugerem Antioquia ou Alexandria como a terra natal do Quarto Evangelho, mas eles não têm argumentos suficientes para provar tais hipóteses.

A importância da leitura sincrônica

Ao final desta reconstrução diacrônica, é importante reiterar que o Evangelho segundo João é o único em sua forma definitiva e canônica. A reconstrução das edições anteriores não pretende fazer um retorno à verdade mais arcaica e mais próxima do Jesus histórico, mas sim explicar a composição final do Quarto Evangelho, que, sendo primariamente um documento teológico para o uso de uma comunidade de crentes, participa da experiência comum vivida por esse tipo de texto: as comunidades religiosas de fato aceitavam rotineiramente "documentos reeditados", porque ligados à dinâmica de "releitura teológica" em virtude de eventos significativos que possam ser de interesse para os grupos destinatários. No caso da obra joanino, o texto final dá uma ideia dos traumas sofridos pela comunidade – como também atesta 1João, que é uma testemunha externa desse processo interpretativo – e a unidade editorial resultante deve ser colocada no nível teológico: é de fato a visão teológica que supera a consistência narrativa, já que as sucessivas edições preservam textos anteriores, mas as assumem, corrigem ou negam, tendendo a uma visão mais madura e muitas vezes imitando o estilo do texto anterior, mas com novidades originais. Se os considerassem documentos "inconsistentes", os antigos editores certamente teriam conseguido limpá--los; se os preservaram apesar das dificuldades literárias significativas, isso significa que eles estavam procurando por um tipo diferente de coerência. Isso é garantido pela voz narrativa final, que é teológica e dominante: graças à sua contribuição, a sequência de vozes torna-se clara como um todo.

O árduo estudo da história da composição do Quarto Evangelho dá a ideia de um texto verdadeiramente rico, que se desenvolveu num arco de mais de setenta anos, preservando os vários conteúdos e os traços de crescimento: após essa reconstrução, o comentário exegético se torna capaz de explicar o texto final, ao mesmo tempo aumentando as fases de seu desenvolvimento com a oportunidade de entender melhor as diferenças de linguagem, estilo e pensamento. De fato, o objetivo não é destruir o Evangelho canônico para recuperar seus antecessores hipotéticos, mas apreciar com bom gosto a riqueza e a variedade de um trabalho coral e brilhante.

Apesar da grande utilidade dos estudos que tentaram reconstruir essa história de composição, uma leitura teológica e crente de João os pressupõe e supera. Muitos estudiosos recomendam fortemente uma leitura sincrônica do Quarto Evangelho: embora reconhecendo que essa obra teve uma longa evolução histórica e literária, agora ela se apresenta a nós como um texto muito preciso e bem acabado, aceito pela Igreja como expressão da Palavra de Deus. Trata-se de uma trama orgânica, rica e variada, na qual muitos fios se entrelaçam e se cruzam: a história contada pelo evangelista deve, portanto, ser estudada precisamente em sua dimensão narrativa e cada passagem deve ser lida na busca do significado em sua composição, bem como as relações que ligam cada uma das passagens ao contexto imediato e ao resto da obra.

A análise narrativa, portanto, aplicada sabiamente à narrativa evangélica, tem uma utilidade óbvia e contribui para facilitar a passagem do significado do texto em seu contexto histórico para o sentido que ele assume para os leitores de hoje. A reflexão teológica também deve ser acrescentada a um estudo literário semelhante, considerando a própria natureza da história da fé e também uma interpretação prática e pastoral.

Sincronia: a língua e o estilo

A leitura sincrônica considera o texto final como uma obra literária a ser estudada em todos os seus aspectos linguísticos e estilísticos. Partindo da ideia de que o Evangelho segundo João é um grandioso trabalho teológico, portador de uma mensagem profunda e sublime, poder-se-ia pensar que tal obra-prima está escrita em linguagem difícil e complexa: em vez disso ocorre o contrário. João escreve de maneira simples e elementar, apenas aparentemente banal e repetitivo: sua linguagem conhece uma intensidade profunda, precisamente em virtude de uma sábia repetição de frases e motivos, a ponto de ter sido chamada de "grandiosa monotonia". Para uma visão geral da dimensão literária do Quarto Evangelho, revisamos os principais elementos que o caracterizam.

A língua original

Segundo todas as testemunhas da tradição desde os manuscritos mais antigos, resulta que o texto de João tenha sido composto em grego. É a língua corrente na bacia do Mediterrâneo no século I d.C., chamada koiné (comum): é o grego falado em todas as regiões do Império Romano, a língua que unia a todos e permitiu a comunicação entre diferentes povos, até mais do que o inglês em nossos dias. O nível da linguagem joanina, no entanto, é o popular: ele não pertence ao "koiné literário" (do qual se aproxima a obra lucana), mas à língua comumente falada pelo povo.

No entanto, é preciso reconhecer que alguns elementos do texto grego têm um caráter semítico: são nomes próprios, de pessoa ou lugares, de termos especificamente culturais (como rabi e amém), mas acima de tudo fórmulas e estruturas sintáticas, incomuns ou raras em grego, mas comuns em hebraico e aramaico. Esse fenômeno – que, aliás, não é exclusivo de João, mas presente em quase todos os escritos gregos do Novo Testamento – deu origem a dúvidas sobre a língua original do Quarto Evangelho. No passado, sugeriu-se que o texto original de João tivesse sido escrito em aramaico, do qual o atual Evangelho grego seria uma tradução: essa hipótese, não suficientemente demonstrada, não teve muito sucesso, mas teve o mérito de despertar uma pesquisa séria e completa sobre o tema. Hoje, portanto, depois de numerosos outros estudos, pode-se afirmar com certeza que a língua original do Evangelho é grega e que não se trata de uma tradução.

O autor escreveu sua obra em um grego simples, mas correto, em uma linguagem inevitavelmente influenciada por palavras e expressões semíticas: o escritor, na verdade, vem desse contexto cultural e relata a tradição de Jesus, que viveu em um ambiente semítico e falou numa língua semítica. É lógico que, falando de fatos que ocorreram na terra de Israel e entre os judeus, João use os topônimos originais, relate algumas palavras típicas e use fórmulas comuns nesse contexto: podemos assim falar de um grego semitizado.

O vocabulário

João usa um vocabulário muito reduzido: das 15.420 palavras que compõem o Quarto Evangelho inteiro, apenas 1.011 termos diferentes são identificados. Entre os quatro evangelistas, João é aquele que usa o menor número de palavras; uma comparação com o número de outros pode ser interessante: o Evangelho segundo Mateus usa 1.691 palavras diferentes de um total de 18.278; Marcos tem 1.345 em 11.229; Lucas emprega um bom 2.055 termos diferentes (mais do que o dobro de João) de um total de 19.404 palavras.

Também é necessário notar que o vocabulário típico de João é diferente daquele dos sinóticos: as palavras que ocorrem com mais frequência no Quarto Evangelho são pouco usadas pelos outros três evangelistas. Por exemplo, João voluntariamente usa o verbo *pistéuein* ("acreditar"), que ocorre 98 vezes em seu texto, enquanto está presente apenas dez vezes em cada um dos sinóticos. Para além da aridez dos números, observando este espelho de recorrências, pode-se ter uma ideia da situação:

	Mt	Mc	Lc	Jo
amor (*agapân* e afins)	0 9	0 6	13	0 43
conhecer (*ghinóskein*)	20	0 13	28	0 57
crer (*pistéuein*)	11	14	0 9	0 98
judeus (*Iudáioi*)	0 5	0 6	0 5	0 71
julgar (*krínein*)	0 6	0 0	0 6	0 19
"Eu Sou" (*egò eimí*)	0 5	0 3	0 4	0 24
enviar (*pémpein*)	0 4	0 1	10	0 32
glorificar (*doxázein*)	0 4	0 1	0 9	0 23
luz (*fos*)	0 7	0 1	0 7	0 27
manifestar (*fanerún*)	0 0	0 1	0 0	00 9
mundo (*kósmos*)	0 8	0 2	0 3	0 78
observar (*teréin*)	0 6	0 1	0 0	0 18
pai (*patér* referiu-se a Deus)	45	0 4	17	118
permanecer (*ménein*)	0 3	0 2	0 7	0 40
testemunho (*martyría*)	0 4	0 6	0 5	0 47
verdade (*alétheia* e afins)	0 2	0 4	0 4	0 46
vida (*zoé*)	0 7	0 4	0 5	0 35

Também é necessário sublinhar um outro aspecto, igual e contrário: várias palavras muito comuns nos sinóticos estão ausentes ou são raras em João. O termo "reino", por exemplo, muito presente nos ditos de Jesus segundo os três evangelistas, aparece em João apenas cinco vezes e sem grande importância; palavras significativas como "evangelho", "parábola" e "conversão" estão ausentes. Também nesse caso, um quadro pode tornar mais evidente a ideia:

	Mt	Mc	Lc	Jo
chamar (*kaléin*)	26	04	43	0
conversão (*metánoia* e afins)	07	03	14	0
parábola (*parabolé*)	17	13	18	0
poder/força (*dýnamis*)	13	10	15	0
pregar (*kerýssein*)	09	12	09	0
purificar (*katharéin*)	07	04	07	0
reino (*basileia*)	57	20	46	5
evangelho (*euanghélion* e afins)	05	07	10	0

Finalmente, para obter uma imagem completa do característico vocabulário joanino, precisamos retornar aos *semitismos*, termos ou expressões que derivam do hebraico ou do aramaico (línguas semíticas). João voluntariamente usa o termo hebraico *rabí* (8 vezes), mas também o correspondente aramaico *raboni* (1 vez); também Mateus e Marcos usam *rabi*, mas apenas 4 vezes cada um e nunca empregam a palavra semítica *messias* que em vez disso ocorre duas vezes em João (1,41; 4,25).

Da mesma forma, nomes próprios aparecem em aramaico: Cefas (1,42); Siloé (9,7); Tomé (11,16; 21,2); Betesda (5,2); Gábata (19,13); Gólgota (19,17). E também há termos comuns como *páscoa, maná, hosana*: tais palavras também entraram em nossa língua, mas é necessário lembrar que para um grego do século I esses eram termos "estrangeiros". Pelo menos alguns dos destinatários de João parecem não entender todas as palavras semíticas, já que em alguns casos o autor as traduz (cf. 1,41-42). Contudo, o elemento semítico mais evidente em João continua sendo a fórmula *Amém* (traduzida para o português como "em verdade, em verdade"), usada como introdução aos ditos mais solenes de Jesus (25 vezes): aparece também nos sinóticos, mas na forma simples, e certamente pertence ao modo típico de falar de Jesus, para aquelas expressões definidas como *ipsissima verba Iesu*, que são precisamente as expressões historicamente usadas por Jesus em seu ensinamento em língua semítica.

A esses termos facilmente reconhecíveis é necessário acrescentar numerosas fórmulas, que escapam ao leitor brasileiro, já que somente na língua original podem ser percebidas como "estrangeiras". Basta listar algumas expressões, próprias de João, que não pertencem à língua grega, mas derivam do ambiente semítico: "Ele respondeu e disse" (31 vezes); "Crer no nome de..." (1,12; 2,23; 3,18); "Praticar a verdade" (3,21); "Alegrai-se com alegria" (3,29); "Confiar às suas mãos" (3,35); "Semente" no sentido de "descendência" (7,42; 8,33-37).

Muitas expressões comuns em João também são encontradas nos documentos de Qumran, especialmente na Regra da Comunidade (1QS), por exemplo: o duplo Amém, "fazer a verdade", "dar testemunho da verdade", "andar na treva", "a luz da vida", "o príncipe deste mundo", "os filhos da luz", "o espírito da verdade", "o filho da perdição". Esses contatos não significam dependência, nem literária nem teológica: eles apenas provam que a tradição joanina pertence a um contexto cultural e linguístico específico.

O estilo literário

João escreve com um estilo simples e solene ao mesmo tempo; é abundante o uso do presente histórico, não gosta de longos períodos, prefere frases curtas e simplesmente coordenadas entre si (parataxe), evitando construções complicadas. Isso nem sempre é visível na tradução, porque os tradutores geralmente pensam em melhorar o texto original, introduzindo variações sintáticas. Um exemplo óbvio de parataxe é a narrativa da cura do cego de nascença, traduzida de maneira muito literal:

> Dito isso, *cuspiu* na terra e, *tendo feito* lodo com a saliva, *aplicou-o* aos olhos do cego, *dizendo-lhe*: "Vai, lava-te [...]" Ele *foi*, *lavou-se* e *voltou* vendo (9,6-7).

Frequentemente João usa o assíndeto, isto é, ele une as sentenças coordenadas sem conjunção "e" (*kái*) ou outras partículas, muito comuns em grego (*men / de*) para criar conexão entre proposições. Assim, podemos notar, na narrativa do cego de nascença, como é narrada a reação do povo:

> Uns diziam: "É Ele". Outros: "Não, mas se parece com Ele". Ele mesmo, porém, dizia: "Sou eu". Perguntaram-lhe, pois: "Como [...]" (9,9-10).

Uma partícula que João usa com frequência é *oûn*, que corresponde ao nosso "então": usa-o bem 194 vezes, contra os 5 recorrências em Marcos. Muitas vezes, as versões modernas não traduzem ou alteram a tradução, de modo a não tornar o texto pesado e repetitivo; no entanto, os antigos leitores gregos certamente percebiam isso. Vamos tentar ler o episódio de cura do filho do oficial, preservando todos os "então":

⁴⁵Quando, *então*, chegou à Galileia [...]. ⁴⁶Dirigiu-se, *então*, de novo, a Caná da Galileia [...]. *Então*, Jesus lhe disse: "Se, porventura, não virdes sinais e prodígios, de modo nenhum crereis" [...]⁵² *Então*, indagou deles a que hora o seu filho se sentira melhor. Informaram-lhe *então*: "Ontem, à hora sétima a febre o deixou". ⁵³*Então*, reconheceu o pai ser aquela precisamente a hora em que Jesus lhe dissera: "Teu filho vive; e creu ele e toda a sua casa" (4,45-53).

Outro procedimento característico de João é uma construção tipicamente semítica, na qual um "todo" é posteriormente absorvido por um pronome pessoal. Também esse fenômeno não é percebido nas traduções, porque a estranha fórmula grega é suavizada. Mas vamos ver alguns exemplos, tentando manter a estranheza da formulação:

- E esta é a vontade daquele que me enviou, que *tudo quanto me deu não perca disso,* mas o ressuscite no último dia (6,39).
- Porque dais a Ele poder sobre toda a carne, para que *tudo quanto lhe deste Ele dê a estes* a vida eterna (17,2).

É comum João usar um particípio condicional com um valor condicional como o assunto da sentença. Por exemplo: "O crente nele não é julgado" (3,18). O particípio do artigo significa "aquele que crê", mas o significado que o evangelista quer transmitir é o da condição ("Se alguém crê...").

Outra peculiaridade semítica é reconhecível no uso frequente (42 vezes) do partitivo construído com a preposição *ek* ("de") sem um pronome indefinido (como "alguns"). Também neste caso, para realizar o fenômeno, o texto deve ser traduzido literalmente, sem introduzir no italiano o que está faltando em grego:

- Ora, os que haviam sido enviados eram *entre os fariseus* (1,24).
- Ora, *entre os discípulos* de João e um judeu suscitou-se uma contenda com respeito à purificação (3,25).
- Então, os que *entre o povo* tinham ouvido estas palavras diziam: Este é verdadeiramente o profeta (7,40).
- Então, *entre os seus discípulos* disseram uns aos outros: "Que vem a ser isto que nos diz..." (16,17).

Pela influência da partícula aramaica *dî,* que tem um valor declarativo e relativo, João emprega tranquilamente as partículas gregas *hína* ("a fim de

que") e *hóti* ("que") com um valor diferente daquele que usualmente têm na linguagem helenística. Os gramáticos chamam isso de uso episegético, isto é, com uma função explicativa. Vejamos dois exemplos:
- O julgamento é este: *que* (*hóti*) a luz veio ao mundo, e os homens amaram mais a treva do que a luz (3,19).
- Respondeu-lhes Jesus: A obra de Deus é esta: *a fim de que* (*hína*) creiais naquele que por Ele foi enviado (6,29).

Por fim, é necessário recordar o uso insistente (75 vezes) dos correlativos "não... mas", com a intenção de contrastar duas situações, destacando, por oposição, o que se deseja afirmar. Por exemplo:
- Ele *não* era a luz, *mas* veio para que testificasse da luz (1,8).
- *Nem* ele pecou, *nem* seus pais; *mas* foi para que se manifestem nele as obras de Deus (9,3).
- E *não* somente pela nação, *mas* também para reunir em um só corpo os filhos de Deus, que andam dispersos (11,52).

Em conclusão, podemos reconhecer que, apesar de alguns limites expressivos e certas forçações da língua, o estilo da narrativa joanina tem o solene apelo da obra profunda e meditada. Precisamente a brevidade das frases e a repetição das expressões importantes conferem à obra uma intensidade particular e a simplicidade torna-se grandiosa, porque todas focalizam o evento essencial da revelação.

Às observações sobre a língua e o estilo ainda é necessário acrescentar algumas notas sobre as chamadas "peculiaridades" joaninas, que a análise profunda dos estudiosos listou em detalhes, chegando a enumerar mais de 400; nós consideramos apenas algumas.

Entre os procedimentos literários comuns em João, reconhecemos alguns típicos da literatura bíblica, como inclusão, quiasmo e paralelismo. O autor usa esses meios para obter um efeito dramático e dar à sua história uma vivacidade dinâmica, mantendo uma homogeneidade sóbria.

O quarto evangelista inclui de bom grado as unidades narrativas – pequenas e grandes – com a retomada de termos e temas importantes: no início, o Batista indica em Jesus o Cordeiro de Deus (1,29) e no final o evangelista reconhece na cruz como o cordeiro pascal de quem nenhum osso é quebrado (19,36); no início da Ceia ele afirma que Jesus "os amou até o fim [*eis télos*]" (13,1) e sua última palavra retoma a mesma raiz: "Está consumado (*tetélestai*)" (19,30); o nome geográfico de Caná (2,1; 4,54) contém uma seção inteira, mostrando um itinerário simbólico de Jesus de Caná até Caná.

O quiasmo, que leva o nome da letra grega chi (que tem a forma de X), é uma figura retórica na qual dois elementos conceitualmente paralelos são dispostos transversalmente, de acordo com o esquema a-b-b'-a', com a intenção de atrair a atenção:

- Credes em Deus, também em mim credes (14,1).

O paralelismo, por outro lado, é um procedimento típico da poesia semítica que João segue de bom grado, para dar à sua prosa um andamento solene e enfático; assim, reitera um conceito, retornando várias vezes com diferentes variações sobre o mesmo tema. Os exemplos mais característicos são encontrados nos ditos da sabedoria de Jesus:

- Quem nele crê não é julgado; o que não crê já está julgado, porquanto não crê no nome do unigênito Filho de Deus (3,18).
- Quem vem das alturas certamente está acima de todos; quem vem da terra é terreno e fala da terra; quem veio do céu está acima de todos (3,31).
- Por isso, quem crê no Filho tem a vida eterna; o que, todavia, se mantém rebelde contra o Filho não verá a vida, mas sobre ele permanece a ira de Deus (3,36).

Técnicas narrativas e estratégias retóricas

Uma característica importante do estilo joanino é a presença abundante das *intrusões do narrador*, que podem ser categorizadas de acordo com inúmeras tipologias. O evangelista intervém diretamente e interrompe a história, entrando no texto com o objetivo – por exemplo – de explicar o significado dos nomes (1,38.42), interpretar o significado das imagens ou frases (2,21; 12,33; 18,9), oferecer indicações temporais (1,39; 4,6) e geográficas (1,28; 11,18), retificar os mal-entendidos (4,2; 6,6), referir-se a fatos anteriores ou subsequentes (11,2; 21,20), lembrar personagens já mencionados (7,50; 19,39), anotar o cumprimento das Escrituras (12,38; 13,18; 19,24.28.36). O grande número dessas intrusões, em perfeita consonância estilística com o resto da história, tem o mérito de dar uniformidade a todo o texto do Evangelho, induzindo os estudiosos a considerar o trabalho final como o produto de um único autor.

Em nível narrativo, vale a pena observar três outros procedimentos típicos de João que caracterizam seu evangelho: o equívoco, o duplo sentido e a ironia.

O *equívoco* consiste no uso sistemático da incompreensão como meio de fazer avançar o ensinamento, superando o modo humano de ver e aceitar a revelação de Jesus. A sua pessoa, de fato, com suas obras e suas palavras, permanece enigmática e todos os seus interlocutores se equivocam: os judeus não entendem de que Templo ele está falando (2,19-21), Nicodemos não entende como alguém pode nascer estando já velho (3,3-5), a mulher samaritana pensa em outro tipo de água (4,10-15) e os discípulos pensam em outro tipo de alimento (4,31-34). Os judeus em particular são vítimas desses mal-entendidos por causa de sua descrença culpada que os leva a ser o símbolo da condição humana universal, incapaz de alcançar Deus se não aceita o dom da verdade, isto é, da revelação.

De maneira semelhante, o uso do *duplo sentido* sugere a necessidade de uma abordagem humilde do mistério: as palavras não são capazes de expressar todo o significado do evento e a mesma palavra pode fornecer mais significados e uma única escolha empobrece a mensagem, razão pela qual o leitor sábio deve ser capaz de compreender a multiplicidade de significados nesses elementos simbólicos e apreendê-los em um entendimento denso e profundo. No diálogo com Nicodemos, o advérbio *ánothen* (3,3.7) pode ter dois significados: "do alto" e "de novo"; o fariseu entende que devemos nascer de novo, enquanto Jesus quis dizer do alto; contudo, os dois significados não são opostos, mas devem ser integrados, para revelar o mistério do novo nascimento por obra divina. Da mesma forma, o verbo "elevar" (*hypsún*) tem o significado positivo de exaltação e entronização, mas também o sentido negativo de se pendurar no cadafalso: trocando os significados criam-se mal-entendidos, mas o leitor sábio deve conseguir integrar os dois sentidos, contemplando o trono sobre o qual o soberano é levantado (cf. 12,32-33).

Finalmente, a *ironia* é apresentada como o procedimento mais emblemático da narrativa joanina: é uma estratégia de linguagem orientada para revelar o significado profundo, para convidar a compreensão plena e para avaliar a avaliação superficial. A ironia é um tipo particular de símbolo, pois diz uma coisa e significa outra: destacando um contraste entre aparência e realidade, denuncia uma inconsciência presunçosa e produz um efeito cômico dramático. Por exemplo, o desafio lançado por Jesus aos judeus no Templo (2,18) tem uma forte carga de ironia: na verdade eles destruirão o corpo de Jesus mas também o Templo deles; de maneira semelhante, a proposta de Caifás de evitar a ruína do Templo (11,48) revela dramaticamente a ironia, pois acabará conseguindo exatamente o que queria evitar. O próprio Jesus usa a ironia com seus interlocutores: com Natanael (1,50), com Nicodemos (3,10), com os judeus (8,21-22) e com os discípulos (13,36-38). Mas é sobretudo o autor que preenche sua narrativa com nuanças irônicas, estimulando seu leitor a uma maior compreensão do evento de Cristo para superar uma leitura superficial arrogante e envolvê-lo em um sério aprofundamento da fé.

Levando em consideração todas essas características, podemos reconhecer um modo tipicamente joanino de contar a história, que é explicado pelas habilidades de um escritor genial. Seu estilo literário, então, influenciou toda a comunidade, gerando uma maneira específica de falar e pensar que acabou marcando toda a literatura joanina.

Comparação com os sinóticos

A obra de João pertence ao gênero literário definido *euanghélion*: é uma novidade para o mundo literário antigo, no entanto, se inclui na categoria de histórias em prosa relacionadas a um grande personagem. Consiste em um relato narrativo da história de Jesus, entendida pela comunidade de crentes como o evento decisivo em que Deus encontrou a humanidade. Como um evangelho, o texto de João inevitavelmente se assemelha aos sinóticos e é apresentado como um depósito oficial autorizado da pregação apostólica, garantido pelo discípulo testemunha, narrado segundo uma interpretação própria.

Em um fragmento de Clemente de Alexandria (séc. III), citado por Eusébio, esboça-se uma comparação entre os quatro evangelhos, que destaca a metodologia narrativa e a intenção teológica de João:

> Quanto a João, o último, sabendo que o corpóreo já estava exposto nos Evangelhos, estimulado por seus discípulos e inspirado pelo sopro divino do Espírito, compôs um Evangelho espiritual. Isto refere Clemente (*História Eclesiástica* VI,14,7).

Enquanto o conteúdo dos outros três evangelhos é apresentado como "corpóreo" (*ta somatiká*), João é reconhecido como tendo a intenção de escrever um texto "espiritual" (*pneumatikón*). Essa qualificação, que se tornou tradicional para conotar o Quarto Evangelho, não quer contrastar fatos com conceitos, nem história com teologia, mas pretende sublinhar como na escrita joanina a interpretação do significado e a compreensão madura do significado que os eventos tiveram é importante. Por essa razão, os quatro evangelhos, apesar de uma clara distinção, constituem um bloco unitário e coerente no cânon.

A figura e a história de Jesus, contadas por João, correspondem em características essenciais às dos sinóticos, porque se baseiam na tradição histórica comum garantida por testemunhas oculares. Além dos dados essenciais e da definição em uma área geográfica específica e em um período específico do tempo histórico, são elementos comuns algumas histórias, algum *lóghion* (dito), várias citações do Antigo Testamento, breves parábolas, referências a pessoas e eventos.

Mas muito mais importante são as diferenças, encontrados principalmente na circunscrição geográfica e cronológica, nos milagres narrados e na forma de apresentar o ensinamento de Jesus. De acordo com João, o ministério de Jesus cobre o período de três celebrações da Páscoa, por isso parece durar cerca de três anos, enquanto no esquema sinótico falamos de uma única Páscoa, reduzindo a história a apenas um ano. Para os sinóticos, Jesus começa a missão na Galileia e vai uma vez para Jerusalém; em vez disso, em João, Jesus se desloca várias vezes da Galileia para Jerusalém, onde quase toda a história se passa. Os gestos prodigiosos contados pelo Quarto Evangelho são chamados de "sinais" (*semeia*) e sete são propostos, dos quais apenas dois (a multiplicação dos pães e o caminhar sobre as águas) em comum com os sinóticos. Por fim, João propõe longos e orgânicos discursos de controvérsia, estruturados de maneira complexa e retoricamente elaborada, enquanto os sinóticos geralmente apresentam antologias de *logia* curtos e independentes.

Para explicar essas semelhanças e diferenças, dois esquemas de solução foram usados: ou pensamos que João literalmente depende dos sinóticos, ou acreditamos que o Quarto Evangelho deriva de uma tradição independente que também é a base dos sinóticos. Se assumimos uma dependência literária – como geralmente se fazia na Antiguidade – as diferenças consideráveis são explicadas com a intenção de completar o que foi dito pelos outros evangelistas, ou de interpretar melhor a mensagem teológica com a adição de discursos, ou de superar o aspecto material para chegar a um anúncio teológico mais profundo. No entanto, a maioria dos estudiosos modernos acredita que a segunda opção seja mais provável, ou seja, que João deriva da tradição pré-sinótica comum, ancorada na mais antiga pregação apostólica: tal solução explica bem as concordâncias, atribuindo à capacidade do quarto evangelista o esquema narrativo próprio, diferente do quadro reproduzido pelos sinóticos, e o rico desenvolvimento teológico.

Finalmente – é oportuno ressaltar – a crítica literária mostrou que, por trás da inegável redação joanina e da notável contribuição da reflexão teológica, há como fonte característica o testemunho pleno de autoridade do Discípulo Amado, que garante um texto ao mesmo tempo "espiritual" – enquanto interpreta o fato narrado –, mas também substancialmente histórico, capaz de prover não poucas informações complementares historicamente confiáveis.

Disposição e estrutura literária

O depoimento dessa testemunha pode ser aplicado ao conceito de *trama*, cuidadosamente construída com a ideia muito precisa da direção em que prossegue. A trama do Quarto Evangelho gira em torno da missão recebida de Jesus para revelar o Pai e o reconhecimento – que pode ou não ocorrer – de sua identidade messiânica: o mesmo esquema geral se repete quase inalterado nos numerosos episódios narrados, a fim de reforçar gradualmente, por meio do acréscimo progressivo de sinais, discursos, imagens e símbolos metafóricos, aquilo que o leitor já conhece desde o prólogo sobre a identidade de Jesus e de assegurar a realização do que é o objetivo declarado do texto (cf. 20,31).

Impulsionada pela mecânica do conflito e pela repetição da ideia de testemunho, a narrativa se desdobra ao longo de um caminho feito de cenas de encontros, desentendimentos, intervenções explicativas do narrador, ironia e diálogos que muitas vezes se tornam monólogos, com os quais Jesus comunica – pela peculiar linguagem ricamente simbólica de João – o conteúdo da revelação que veio trazer à humanidade.

A busca por uma estrutura

Delinear a estrutura literária de toda a obra é uma necessidade importante para ajudar a lê-la, assim como estudar o mapa de uma cidade facilita uma visita a um turista: é uma grande vantagem para o leitor ter um "mapa literário", elaborado de alguém que visitou o texto antes dele e o estudou em detalhes.

Essa operação, na verdade, não é trivial, porque a narrativa de João, apesar de parecer um texto fácil e linear, é bastante complexa e extremamente rica. A fim de determinar corretamente uma estrutura literária, é imprescindível uma grande fidelidade ao texto, com o compromisso de reconhecer as pistas literárias capazes de revelar a forma de toda a construção: a partir do que é mais evidente, podemos identificar o quadro geral do Evangelho joanino.

No início, a história em prosa é precedida por uma passagem poética semelhante a um hino sapiencial (1,1-18), comumente chamado de "prólogo", precisamente por conta de sua evidente função introdutória: como uma solene abertura sinfônica antecipa e sintetiza a mensagem de toda a narração. Da mesma forma, no final da história, encontram-se duas passagens curtas com teor da conclusão: um primeiro texto conclui o episódio de Tomé, explicando o propósito para o qual a obra foi escrita (20,30-31), enquanto a segunda conclusão põe definitivamente fim à narrativa, defendendo a autoridade do discípulo que transmitiu o testemunho evangélico (21,24-25). Precisamente por causa do fato de que é subsequente a uma conclusão, todo o episódio narrado no capítulo 21 parece ser um epílogo e seu conteúdo confirma essa impressão.

Pode-se afirmar, portanto, que o Quarto Evangelho é enquadrado por um prólogo poético e um epílogo narrativo: enquanto o prólogo é orientado para o passado, ligando a figura histórica de Jesus ao Logos divino, que é a origem do mundo e da história, o epílogo mira sobretudo o futuro da Igreja, mostrando o valor permanente da obra de Cristo e direcionando-a para a perspectiva de sua última vinda.

Toda a narrativa joanina também se distingue claramente em duas partes: a cesura é reconhecida entre o capítulo 12 e o capítulo 13 com base em algumas indicações literárias ambíguas. O contexto narrativo diz respeito à última Páscoa de Jesus – já anunciada em 11,55 –, mas os versículos finais do capítulo 12 têm o sabor de conclusão e o começo do capítulo 13 constitui um prólogo narrativo, que enfaticamente chama a atenção para o momento culminante da narrativa e para a plena consciência de Jesus no momento em que Ele enfrenta seu fim. Ao delinear a estrutura geral do Evangelho, portanto, capítulo 12 suscitou divisões entre os estudiosos, porque alguns preferem vinculá-lo ao que o precede – como conclusão – enquanto outros consideram preferível combiná-lo com o que o segue, como uma introdução. Ambas as escolhas têm boas razões, então podemos concluir que o capítulo 12 desempenha uma função de "acoplamento" entre as duas partes principais, assumindo concomitantemente o papel de conclusão e de introdução: a seção 11,55–12,50 pode, portanto, ser caracterizada como um momento de transição.

Distinguimos, portanto, dois blocos: os capítulos 1–12 e os capítulos 13–21. A mudança de tema e de tom entre essas duas partes é clara e evidente e, para dar-lhes um título, os autores foram inspirados por seu conteúdo peculiar: a primeira unidade, centrada nas obras realizadas por Jesus durante sua manifestação pública, é chamada geralmente de "livro dos sinais"; a segunda unidade, por sua vez, assume títulos ligeiramente diferentes nos vários estudiosos, dependendo da ideia que se prefere, e é chamada de "livro da hora", ou "da glória", ou "da consumação da obra" ou "do retorno ao Pai".

Os indícios mais significativos para a trama

A esse esquema narrativo básico devemos acrescentar outros elementos literários que caracterizem a narrativa de João e se apresentem como pistas significativas para uma estrutura mais complexa do todo. Aqui o assunto torna-se mais complicado e nos deparamos com a grande variedade de propostas dos pesquisadores; para simplificar, limitamo-nos a considerar apenas os indícios principais e mais significativos.

Primeiro os sinais. João, comparado aos sinóticos, relata alguns milagres realizados por Jesus e os chama de "sinais", significando eventos significativos: ele especifica que, aquilo que ocorreu em Caná é "o princípio (*arché*) dos sinais" (2,11), então dá uma indicação também para o segundo sinal (4,54); então, sem numerá-los, narra mais cinco, para um total de sete. Esta é a sua lista:

1) o sinal do vinho em Caná, arquétipo dos sinais (2,1-11).
2) o sinal do filho, novamente em Caná, segundo sinal (4,46-54).
3) o sinal do paralítico na piscina de Betesda (5,1-9).
4) o sinal do pão no deserto (6,1-15).
5) o sinal do caminhar sobre o Mar da Galileia (6,16-21).
6) o sinal do cego de nascença na piscina de Siloé (9,1-41).
7) o sinal de Lázaro em Betânia (11,1-44).

A esses, devemos adicionar o que se narra no capítulo 21, o oitavo sinal, realizado pelo Cristo ressuscitado no Lago de Tiberíades, um emblema significativo de seu trabalho com a Igreja ao longo da história até sua gloriosa vinda.

João também cita algumas festas da tradição judaica, e muito material narrativo é reunido no contexto dessas celebrações, especialmente significativas porque lembram os eventos do êxodo e oferecem uma conexão entre o que aconteceu para o antigo Israel e o que faz agora o Cristo. Estas são as festas citadas:

1) "Estando próxima a *Páscoa* dos judeus" (2,13).
2) "Passadas essas coisas, havia uma *festa* dos judeus [...] E aquele dia era sábado" (5,1.9).
3) "Ora, a *Páscoa*, festa dos judeus, estava próxima" (6,4).
4) "E a festa dos judeus, chamada de Festa dos *Tabernáculos*, estava próxima" (7,2).
5) "Celebrava-se em Jerusalém a Festa da *Dedicação*" (10,22).
6)
- "Estava próxima a *Páscoa* dos judeus" (11,55).
- "Seis dias antes da *Páscoa*" (12,1).
- "Antes da festa da *Páscoa*" (13,1).

A estas festas, que geralmente duram uma semana, devem ser adicionados outros períodos semanais significativos: uma semana precede o início do ministério público e marca a passagem de João a Jesus (1,19–2,1), a última semana é especificada com uma referência cronológica inicial (12,1), enquanto oito dias (20,26) distanciam as aparições pascais do Ressuscitado aos discípulos no Cenáculo.

Finalmente parecem ter um papel estruturante, as indicações das viagens de Jesus, que – na narrativa joanina – se move continuamente da Galileia para Jerusalém e vice-versa. Há três menções aos deslocamentos de Jesus em direção à Galileia e quatro menções de viagens a Jerusalém; estas são as principais indicações:

1) "Jesus resolveu ir para a Galileia" (1,43).
2) "Jesus subiu a Jerusalém" (2,13).
3) "Jesus [...] saiu da Judeia e foi novamente para a Galileia" (4,3).
4) "Jesus subiu a Jerusalém" (5,1).
5) "Jesus foi para a outra margem do Mar da Galileia" (6,1).
6) "Quando a festa já estava na metade, Jesus foi ao templo e começou a ensinar" (7,14).
7) "Vamos outra vez para a Judeia!" (11,7).

Se muitos outros elementos secundários são acrescentados a esses elementos principais e, sobretudo, consideram-se os temas teológicos dos discursos, as alusões bíblicas e as retomadas simbólicas, fica clara que massa de indícios deve ser considerada para elaborar uma estrutura completa do Quarto Evangelho. Dada essa complexidade, para um bom resultado é melhor não absolutizar um único tipo de indícios, mas sim considerar cada critério organizador, privilegiando os literários sem descuidar os teológicos.

O próprio João sugere uma síntese

Na primeira conclusão (20,30-31) o evangelista apresenta o objetivo que orientou sua escrita literária: apresentar a revelação de Jesus como o Cristo e o Filho de Deus, a fim de despertar a fé nele para que se tenha a vida em seu nome. Mas essa revelação é delineada como um drama histórico, isto é, uma tensão entre proposta e resposta: a trama do Quarto Evangelho, na verdade, é articulada em torno da obra de Jesus como reveladora do Pai e da reação dos homens, distinta entre os que acolhem e aqueles que recusam essa revelação.

Dentro da narrativa podemos reconhecer algumas passagens em que o próprio narrador oferece formulações sintéticas, capazes de dar um sentido unitário a todo o material literário proposto. No início da segunda parte, João resume a história e apresenta a plena consciência de Jesus sobre a sua missão:

> Antes da Festa da Páscoa, sabendo Jesus que era chegada a sua hora de passar deste mundo para o Pai, tendo amado os seus que estavam no mundo, amou-os até o fim. [...] sabendo este que o Pai tinha confiado tudo às suas mãos, e que Ele tinha vindo de Deus e voltava para Deus (13,1,3).

Assim, nos discursos da ceia, o ensinamento fundamental sobre todo o assunto é colocado nos próprios lábios de Cristo:

> Vim do Pai e entrei no mundo, mas agora deixo o mundo e vou para o Pai (16,28).

A missão de Cristo é especificada pelo prólogo como "revelação do Pai" (cf. 1,18): assim podemos reconhecer na primeira parte do Evangelho (1–12) o movimento de Jesus do Pai para o mundo com uma obra progressiva de revelação por sinais e discursos; na segunda parte (13–20) encontramos então o retorno de Jesus ao Pai com o evento da "exaltação do Filho", que assim realiza a comunhão entre a humanidade e Deus.

Mas a resposta do homem se opõe à proposta de Deus: eis o drama narrado pelo Evangelho segundo João. Há, de fato, duas respostas que historicamente ocorreram e o evangelista as coloca no palco por meio de vários personagens e suas reações: aceitação e fé ou fechamento e rejeição. Desde o início, esse duplo resultado é claro (cf. 1,5.10-13) e, no diálogo com Nicodemos, podemos reconhecer uma formulação sintética de todo o drama humano como uma escolha entre luz e treva (3,19-21). Essa alternativa dramática acompanha toda a narrativa do Evangelho, do começo ao fim, e o objetivo do evangelista é justamente fazer com que o leitor assuma seu próprio ponto de vista, ou seja, escolha a luz e creia na revelação de Jesus Cristo.

A macroestrutura de todo o Evangelho

1,1-18	Prólogo		
1–12	**Primeira parte: o livro dos sinais**		
	1.19-51	prólogo narrativo: de João Batista de Jesus	
	2–4	*primeira seção*: de Caná a Caná	
		2,1-12	arquétipo dos sinais em Caná
		2,13-25	expulsão dos vendilhões
		3,1-21	diálogo com Nicodemos
		3,22-36	testemunho de João Batista
		4,1-45	encontro com a mulher de Samaria
		4,46-54	segundo sinal em Caná
	5–12	*segunda seção*: as festas dos judeus	
		5,1-47	*Festa*: sinal do paralítico com discurso
		6.1-71	*Páscoa*: sinais do pão e do mar com discurso
		7,1–10,21	*Tendas*: sinal do cego de nascença com discurso
		10,22–11,54	*Dedicação*: sinal de Lázaro com discurso
		11,55–12,50	transição da primeira para a segunda parte
13–21	**Segunda parte: o livro da glória**		
	13-17	Os discursos de despedida	
	18-19	O relato da paixão	
	20	A narração dos encontros pascais	
	21	o epílogo narrativo	

Guia de leitura

1,1-18: O prólogo poético

O Quarto Evangelho começa com um prólogo poético-teológico que visa a esclarecer, desde o início, o grande tema cristológico de toda a obra e representa seu coroamento e conclusão. Seguindo o modelo dos poemas sapienciais do Antigo Testamento como Pr 8 e Sir 24, desde o princípio o autor afirma que o homem Jesus Cristo é o *Logos* de Deus, isto é, a revelação pessoal e definitiva.

No seu todo, a estrutura do prólogo pode ser definida como um tipo circular paralelo e dividida em três partes principais (v. 1-5; 6-14; 15-18). No início de cada parte, o tema é retomado, por isso não é um discurso progressivo e linear, mas um processo em espiral, que inclui três movimentos circulares e ascendentes, nos quais o pensamento retorna ciclicamente ao ponto de partida, realizando um processo de aprofundamento.

Primeira parte: seção introdutória (v. 1-5)

O primeiro movimento centra-se na vida do *Logos* em Deus e em relação aos homens enquanto luz. O primeiro versículo expressa em síntese três importantes elementos que caracterizam o *Logos*: a preexistência, a relação, a divindade. O autor pretende dar grande importância ao fato de que no início de tudo há a autorrevelação de Deus, a palavra *arché*, em vez de indicar um início temporal, tem um valor cósmico e metafísico: é o Princípio. Identificando a hipóstase da Sabedoria com o *Logos*, João proclama que no projeto fundamental de Deus havia o seu "exprimir-se". Ademais, esse *Logos* está relacionado com Deus em uma orientação pessoal e tem uma natureza divina distinta do Pai, como se dissesse: Deus falava a Deus. No mistério da vida divina, relacionamento, comunhão e diálogo são elementos fundamentais.

Depois de uma recapitulação sintética e enfática (v. 2), é introduzida uma nova afirmação (v. 3) que pretende abraçar "tudo", a criação e também a história: tudo o que aconteceu depende da Palavra de Deus e, provavelmente, a primeira referência é à missão de Jesus como revelador e salvador. Depois do verbo "ser" no imperfeito, aparece o aoristo *egéneto* ("aconteceu"), que é a expressão típica da história e do devir: o significado principal, portanto, não é indicar as coisas criadas, mas sim todos os eventos ocorridos.

A concatenação com o que se segue (v. 4) é difícil de especificar por questões gramaticais, mas o significado geral é óbvio: o que aconteceu por meio dele foi a mesma vida de Deus que agora foi comunicada a nós. O termo "luz" (*fos*) é usado não no sentido natural, mas metafórica e teologicamente, para indicar a revelação divina, a iluminação salvífica dos homens: a vida de Deus não permaneceu oculta, mas foi revelada, iluminando assim a humanidade.

Na visão joanina, no entanto, a luz divina é contrastada com a treva (v. 5), que por sua vez têm uma dimensão metafísica: é o mundo perverso, isto é, o poder satânico que se opõe a Deus, a antirrevelação, a oposição à Palavra iluminadora. Apesar de toda resistência, no entanto, a revelação de Cristo continua a se espalhar na comunidade de crentes e a iluminar. A ação da treva é expressa com um verbo (*katélaben*), que em grego tem três significados diferentes, mas a significação do dito joanino nos aconselha a considerá-los todos três, com uma sobreposição crescente: a treva não entendeu a luz divina, não aceitou a revelação, mas não conseguiu vencê-la. Portanto, o final da primeira seção serve para indicar o choque que existe na história entre a luz e a treva, mas também para anunciar a vitória final da luminosa revelação divina.

Segunda parte: seção central (v. 6-14)

Enquanto na parte introdutória o *Logos* foi apresentado de forma atemporal e vertical com uma linguagem apocalíptica, agora toda a narrativa é apresentada de forma histórica e horizontal com uma linguagem da história da salvação, desenvolvendo sobretudo as afirmações sobre as respostas e o objeto da fé.

Primeiro de tudo (v. 6-8), evoca-se o ministério profético de João Batista, descrito como o testemunha da revelação: de acordo com o padrão ideal com o qual João fala do grande processo entre o mundo e Jesus, o papel da testemunha é mostrar a credibilidade de Jesus, para ajudar o mundo a crer em Cristo. O tema desses versículos, portanto, antecipa a primeira parte do Evangelho, onde começa com o Batista a revelação do Messias para Israel (Jo 1,19-34). A presença dessa figura serve precisamente para indicar um início histórico da revelação, para mostrar que concretamente o homem Jesus é o revelador, a verdade, a luz, aquele que traz a vida divina aos homens.

O versículo 9 é difícil de traduzir e pode ser processado de maneiras diferentes. Considero preferível considerar o *Logos* como um sujeito oculto, com o importante acréscimo do modo concreto em que foi a luz: "[O *Logos* era] a verdadeira luz, que, *vinda* ao mundo, ilumina toda a humanidade". Justamente entrando no mundo, isto é, entrando na história da humanidade, a Palavra divina iluminou, revelando-se.

A atenção passa então a considerar as reações à revelação divina, partindo de uma referência ambígua ao mundo (v. 10). O termo grego *kósmos* ("mundo") tem na literatura joanina pelo menos três significados distintos:

indica de fato toda a criação, mas também somente a raça humana, bem como a estrutura negativa e pecaminosa existente no mundo. Nesse contexto, parece lógico pensar no "mundo" como criação, da qual o *Logos* é modelo e autor: Deus se revela na criação. Mas de repente o significado de *kósmos* muda, quando se acrescenta que o mundo não reconhece o Criador: o significado é restrito a um grupo de pessoas que se permitiram ser cegadas pelo pecado e não reconheceram o que Jesus realmente era, não entenderam sua mensagem. Para reiterar a ideia, o texto (v. 11) indica os sujeitos em uma relação particular com o *Logos*: usa a expressão ambígua *ta ídia* ("o que era seu"), retomando-a imediatamente depois com o *hoi ídioi* masculino ("os seus", "as pessoas da família"). A quem se alude? Às pessoas em um relacionamento particular com Deus, ou o povo de Israel e sua terra: aqueles que já se beneficiaram de uma revelação histórica não reconheceram os sinais da mesma revelação e a rejeitaram; uma parte de Israel não recebeu Jesus como o revelador.

Mas a dinâmica da revelação não termina aqui: a treva não aceita a luz, mas é incapaz de detê-la. Alguém de fato – e é isso que os seguintes versículos 12 e 13 – aceitou a revelação: aqueles que acolheram o *Logos* são aqueles que confiaram em Jesus e creram nele. A estes Ele concedeu um grande galardão, deu-lhes o poder (*exousia*), ou a capacidade, de realizar o plano divino. O poder que lhes é dado é o de se tornarem filhos de Deus, isto é, de estarem em pleno e bom relacionamento com Deus. Essa filiação não é o fruto de uma geração natural; João especifica que se trata apenas de uma imagem e, para evitar mal-entendidos, exclui enfaticamente toda geração humana.

O versículo 14, que retoma o tema do início e afirma explicitamente a encarnação do *Logos*, constitui o ápice de todo o prólogo: à eternidade, segue a história; à relação com Deus, a relação com os homens. Na linguagem bíblica, o termo "carne" (*sarx*) indica o homem todo em seu aspecto terreno como histórico, fraco e mortal (cf. Jo 3,6; 6,63). Nesse sentido, João afirma enfaticamente a verdadeira humanidade de Cristo, talvez em oposição a alguns cristãos heréticos (docetistas) que a negaram como mera aparência. O devir do *Logos* indica a aquisição de uma nova qualidade, que coexiste com a condição anterior: o *Logos* não se transformou em carne, não foi transformado de Deus em homem; mas, permanecendo Deus, Ele também se tornou homem e "armou sua tenda entre nós". Em grego, João usa um verbo (*ske-*

nún) que propriamente significa "armar a tenda" e se refere ao tema bíblico da "tenda" (*shekiná*) de Deus, isto é, o lugar da presença divina entre o seu povo (cf. esp. Sir 24,8). João quer dizer que a "carne" do *Logos* é a "tenda" de Deus entre os homens, o lugar da presença divina em nossa história.

De acordo com a terminologia litúrgica do Antigo Testamento, a "tenda" está intimamente ligada à "glória" (*kabód* em hebraico, *dóxa* em grego) que nela habita (cf. Ex 40,34-35). Então, neste ponto, encontramos uma espécie de confissão apostólica de fé: "Nós (discípulos testemunhas) passamos a entender o mistério da pessoa do *Logos*, com a atenção prolongada chegamos a compreender em profundidade quem Jesus realmente é". O termo "glória", que na linguagem bíblica evoca o "peso" e a importância, indica a presença poderosa e ativa de Deus; João então especifica o significado de "glória" e qualifica a pessoa de Jesus como "Unigênito do Pai", a Ele ligado e por Ele enviado.

O centro do prólogo diz respeito ao *Logos* feito carne e o qualifica como "cheio de graça e verdade". A fórmula tem um sabor bíblico, mas ao ecoar uma expressão comum no Antigo Testamento (cf. Ex 34,6: *hésed we'émet*) ela não a reproduz literalmente: é uma criação literária e teológica de João. A palavra grega *cháris* ("graça") tem três áreas de significado: graça estética (beleza), boa vontade (benevolência, como atitude subjetiva) e finalmente também o dom (num sentido objetivo). Dado o contexto e o uso joanino, estando conectado com os verbos "dar" (1,17) e "receber" (1,16), o terceiro significado deve ser preferido: graça é o objeto dado, que é o presente, o favor.

O termo *alétheia* ("verdade") é entendido por João de acordo com a tradição judaica, portanto ele designa a revelação definitiva. O vocábulo se orienta a esse significado mesmo quando observamos sua etimologia: formada com o *alfa* privativo e a raiz do verbo *lanthánein* ("esconder"), indica a ação do não esconder, o mostrar e revelar. Para a tradução usual como "graça e verdade", seria apropriado substituir duas outras palavras: "dom e revelação". Finalmente, deve-se notar que esse tipo de construção retórica constitui uma endíade, uma figura retórica na qual uma única realidade é expressa por meio da justaposição de dois conceitos: a tradução mais clara poderia ser "o dom da revelação" ou "o dom que consiste na revelação".

Tornando-se carne, o *Logos* tornou-se a tenda da presença de Deus em meio à humanidade e as testemunhas oculares, que contemplaram sua presença, compreenderam sua qualidade essencial do Unigênito ligado ao Pai e por Ele enviado: o *Logos* é de fato todo revelação, é completamente – em sua vida e em sua palavra – o próprio dom da revelação.

Terceira parte: seção conclusiva (v. 15-18)

A novidade da última seção é o fato de considerar o mistério da revelação do ponto de vista atual dos crentes. Mais uma vez, o ponto de partida é o tema do início, isto é, a manifestação histórica de Cristo, e o testemunho do Batista também é retomado (v. 15): o valor permanente de seu testemunho de Cristo é particularmente enfatizado, enquanto o uso de verbos no presente (*martyréi* = "dar testemunho") e no perfeito (*kékragen* = "exclamou") mostra que aquele grito histórico permanece válido e supera os séculos.

Na perspectiva atual dos crentes encontramos (v. 16) outra expressão na primeira pessoa do plural: "todos nós temos recebido da sua plenitude". Com a adição de "todos", o pronome "nós" é estendido a toda a comunidade cristã: somente alguém viu Cristo em sua vida terrena e somente alguém, tocando sua carne, acreditou nele, mas todos os discípulos receberam o dom da revelação. O termo grego *pléroma* ("plenitude") é uma palavra frequentemente usada pelos gnósticos para indicar a esfera divina: nada disso, no entanto, está presente no pensamento de João. Ele quer dizer que o homem Jesus tem totalmente em si a revelação definitiva e dele todos nós recebemos. Antes de introduzir o objeto recebido, o autor insere uma partícula "e" (*kái*), que os gramáticos chamam de episegética, porque tem a função de explicar o que precede. A fórmula grega que expressa o objeto recebido, no entanto, não é muito clara: *chárin anti cháritos* se traduz literalmente como "graça contra graça" e pode ser entendida como uma fórmula de integração e plenitude, para indicar "um dom no lugar de um dom". O dom que é anunciado é a revelação completa de Jesus Cristo, que integra e completa a revelação de Moisés: mostra a novidade do dom divino e ao mesmo tempo reafirma a positividade do outro dom. A referência à história da salvação abrange as duas economias da revelação, sugerindo que as duas esferas, embora da mesma ordem, rumem progressivamente à plenitude. A comparação se torna explícita no versículo seguinte.

As duas seções do versículo 17 mostram qual seria a dúplice graça do versículo 16: a Lei de Moisés de um lado e a revelação de Jesus do outro. O contraste não está aqui entre graça e Lei (este é um conceito paulino), mas entre verdade e Lei. Trata-se de uma expressão tipicamente judaica, em que

"Lei" não tem valor jurídico, mas indica a Torá, entendida como a Palavra de Deus e, portanto, corresponde à "revelação"; "A verdade" é, por sua vez, a própria pessoa de Jesus Cristo, *Logos* de Deus. A Torá é, portanto, aquela revelação histórica do Antigo Testamento dentro da qual está inserida a plenitude de Jesus Cristo: não há antítese e contraste, mas sim um paralelismo sintético e progressivo. Dizendo que "a Lei foi dada" afirma-se que a revelação do Antigo Testamento é um dom genuíno. A Lei é vista por João como uma graça de Deus; o dom da revelação de Cristo, entretanto, implica um passo à frente, pois é a plenitude que completa a antiga revelação. Temos assim uma síntese da história da salvação: duas pessoas concretas – Moisés e Jesus – tornam-se dois símbolos, e dois verbos no aoristo resumem os momentos essenciais, "a Lei foi dada (*edóthe*)" e "a verdade veio (*egéneto*)". João frequentemente reproduz essa visão bipartida da história da salvação, em muitas de suas narrativas simbólicas (cf. 4,19-26; 6,30-35): a Lei mosaica preserva o valor da revelação, mas é entendida como voltada para a verdade escatológica de Jesus Cristo.

Somente no final do prólogo aparece o nome de "Jesus Cristo" (uma expressão que será usada em João somente em 17,3). Com esse nome, que é o objetivo do texto, chegamos ao ápice. Estamos no topo da cristologia de João, uma vez que o homem histórico Jesus, reconhecido como o Cristo, é identificado com o eterno *Logos* de Deus, *enfatizando* a impossibilidade humana de conhecer plenamente a Deus, reafirma o papel fundamental do único revelador que é Jesus: ninguém pode alcançar Deus, se Deus não desce ao homem. Justamente como Filho, Jesus está em íntima relação com o Pai: dele deriva ("Unigênito") e para Ele continuamente se orienta ("para seu seio"), sendo revelação em pessoa. Não é coincidência que o último verbo do prólogo (*exegésato*) seja um termo técnico que indica revelação e explicação; faltando propriamente o objeto, a melhor tradução poderia ser esta: "Ele foi a revelação". Como o *Logos* é Sabedoria, não revela Sabedoria, mas Ele mesmo é revelação. Aquele que na eternidade estava voltado para Deus foi, historicamente, o homem constantemente voltado e inclinado para o amor do Pai. Esse modo de vida – mostrado por Jesus – foi a revelação completa do amor de Deus.

No poema introdutório, portanto, João indica o sentido fundamental e global da missão de Jesus como revelador e resume os temas fundamentais do *Evangelho*, preparando a narrativa: o prólogo afirma *que* Jesus é o revelador, enquanto o *Evangelho* diz *como* Jesus foi o revelador e *qual* é o conteúdo dessa revelação de Jesus. A história (o *Evangelho*) explica a teologia (o prólogo), mas é a teologia que interpreta a história. Para entender o prólogo é necessário já ter lido o *Evangelho,* mas para entender bem o *Evangelho,* é necessário ter em mente o ensinamento do prólogo.

Primeira parte: o livro dos sinais (cap. 1–12)

Toda a narrativa joanina se distingue claramente em duas partes: a cesura é reconhecida no capítulo 12, que encerra a narrativa do ministério público e inicia o momento culminante da última Páscoa de Jesus, enquanto o capítulo 13 marca a hora decisiva da glória. O primeiro bloco narrativo foi designado há muito tempo como *livro dos sinais* (cap. 1–12), porque reconhece o movimento de Jesus do Pai para o mundo com uma obra progressiva de revelação por meio de sinais e discursos.

1,19-51: O prólogo narrativo, a semana inaugural

Ao poema lírico (1,1-18), está expressamente ligada a narrativa (v. 19) propondo uma espécie de *prólogo narrativo* que, em uma série de quatro dias consecutivos, descreve a passagem do Batista para Jesus com a escolha dos primeiros discípulos (1,19-51).

Tal seção é dividida em quatro perícopes, muito distintas pelo autor com uma indicação cronológica ("No dia seguinte") que se repete três vezes (1,29.35.43): é evidente a intenção literária de apresentar quatro cenas em quatro dias consecutivos, aos quais se acrescenta mais uma indicação em 2,1 ("Três dias depois") que completa o setenário. A estruturação das cenas iniciais ao longo de uma semana lembra o esquema de sete dias usado pelo primeiro capítulo de *Gênesis*: o Quarto Evangelho retoma, assim, em forma de narrativa, o tema da *arché*, com o qual o prólogo se abre, e com uma semana inicial evoca o evento épico da nova criação.

João anuncia aquele que "vem depois" (1,19-28)

A primeira perícope narrativa retoma as duas referências a João Batista feitas no prólogo poético (1,6-8.15) e especifica seu testemunho (*martyría*): ele não é o revelador, mas sua tarefa é a do mediador. No Quarto Evangelho, o precursor não é chamado Batista, mas sempre somente João; no entanto, para evitar confusão com o evangelista, é apropriado usar esse atributo. É interessante notar que a narrativa do evangelista João começa com o testemunho de outro João: o evangelista aparece como a testemunha ocular ao pé da cruz de Jesus (19,35), encarregado de continuar a obra de Cristo, enquanto no início dos eventos evangélicos é destacado o papel de outra testemunha, que leva o mesmo nome e é quem precede e introduz Jesus na história. Podemos falar de um "duplo literário": dois personagens simétricos e homônimos que – no começo e no fim – realizam a tarefa decisiva de dar testemunho de Jesus.

Tudo começa com uma pergunta: "Quem és tu?"; a mesma pergunta aparecerá novamente no final da história (21,12) para uma inclusão adicional. As autoridades de Jerusalém, preocupadas com esse estranho pregador, gostariam de saber quem ele é e perguntam-lhe que ideia ele fez de si mesmo. João nega ser o Messias; ele nem se identifica com Elias que, de acordo com a expectativa judaica, deveria ter precedido a vinda messiânica; não se vê nem mesmo como profeta. Ele se limita a simplesmente usar o versículo de Isaías (Is 40,3), também citado pelos sinóticos, e se qualifica como "uma voz", em contraste significativo com o que foi chamado de "o *Logos*". Ele então anuncia, de maneira enigmática, "Aquele que vem depois" e por meio da imagem bíblica da sandália a ser desatada (cf. Rt 4,7) alude ao noivo de Israel: Ele já está presente entre o povo, mas não é reconhecido (pré-anúncio irônico do drama que será narrado). A indicação geográfica original de Betânia, além do Jordão, fecha a passagem como um lugar onde João batizou, uma indicação de que será lembrada novamente na junção decisiva da trama (10,40).

João indica em Jesus o Cordeiro de Deus (1,29-34)

O segundo dia constitui a apresentação inaugural do personagem principal e propõe o testemunho de João sobre o Espírito que desce e permanece sobre Jesus. A passagem contém um mínimo de narração e é composta quase inteiramente de palavras pronunciadas pelo precursor. Pode ser facilmente dividida em duas partes. A primeira começa com uma nota narrativa que mostra o personagem Jesus se aproximando de João já em cena: "No dia seguinte, *vendo* que Jesus vinha em sua direção, João *disse*" (v. 29a). A perspectiva é a do Batista, porque é ele quem vê a vinda de Jesus e, consequentemente, pronuncia um discurso para ouvintes não especificados: é lógico imaginar que sejam seus discípulos, mas o silêncio do narrador ajuda a incluir todos os futuros leitores do *Evangelho*. Essa introdução é seguida por um breve discurso (v. 29b-31) apresentando Jesus, qualificado como "o Cordeiro de Deus". Tal fórmula soa como uma investidura solene: "Aqui está o plenipotenciário de Deus, Aquele que é capaz de salvar o povo do pecado!" Na cruz Ele se revelará como o "verdadeiro" Cordeiro e o evangelista João expressamente o dirá, observando o cumprimento das Escrituras naquele momento (19,36).

A segunda parte distingue-se da primeira por uma nota narrativa muito curta, que simplesmente retoma o nome do falante e acrescenta o verbo do testemunho para qualificar o significado de seu discurso: "E João testemunhou, dizendo" (v. 32a). As palavras que seguem aludem ao episódio do batismo de Jesus e o interpretam de acordo com a experiência pessoal de João Batista (v. 32b-34), definindo Jesus como "o Filho de Deus": o Cordeiro é o Filho de Deus e sua ação de remover o pecado é realizada como uma imersão no Espírito Santo.

Por duas vezes (v. 31.33) João Batista repete que não conhecia Jesus, antes de ter desfrutado da revelação divina: ele reconhece ter sido chamado por Deus para pregar um rito penitencial, para que o povo se preparasse para o encontro com o Messias, mas admite que não teve ideias claras imediatamente. Foi a descida do Espírito Santo que o fez entender a verdadeira identidade de Jesus: seu batismo não é narrado, mas toda a atenção é colocada no evento que o seguiu, porque precisamente a partir desse fato revelou-se o papel salvador daquele que se apresentou no Jordão.

Os primeiros discípulos permanecem com Jesus (1,35-42)

O terceiro dia constitui o momento decisivo em que acontece a passagem do Batista para Jesus, uma vez que os discípulos do precursor, aceitando seu testemunho, seguem aquele que lhes foi indicado como o Cordeiro de Deus. O evangelista intencionalmente usa o verbo do seguimento, para caracterizar desde o princípio a atitude correta dos discípulos: eles "seguiram" Jesus (v. 37). Trata-se de dois dos discípulos de João: um é nomeado mais adiante (v. 40) e identificado como "André, irmão de Simão Pedro"; o outro permanece anônimo e a identificação mais provável é com o autor do Quarto Evangelho, que é João, que nunca se apresenta usando o próprio nome. Ao contrário da narrativa sinótica (cf. Mc 1,16-20), aqui não é o Cristo que chama, mas alguns discípulos do Batista que tomam a iniciativa de ir e procurar por Jesus: a história joanina pressupõe outro contexto narrativo, que não contradiz a versão sinótica do chamado dos primeiros discípulos, mas integra-a e enriquece-a com detalhes históricos interessantes. Os pescadores da Galileia que seguem a Jesus são pessoas já interessadas no movimento religioso e de renovação despertado pelo Batista: é preciso pouco para encaminhá-los àquele homem que veio da Galileia e foi apresentado por João em um tom tão solene.

Mas, para Jesus, não basta tão pouco. A primeira palavra que o personagem principal pronuncia na narrativa joanina é precisamente uma questão colocada à queima-roupa aos dois que o seguem: "Que buscais?" (v. 38). É uma questão importante, que pretende aprofundar a intenção íntima dos discípulos; é uma questão que o evangelista enfatiza cuidadosamente, tanto que repetirá mais duas vezes no curso de sua narrativa (cf. 18,4; 20,15). Em vez de responder, os dois discípulos fazem uma contrapergunta, que não significa "Onde moras?"; mas sim "Qual é a tua posição e tua consistência?" Em grego, João usa o verbo *ménein* ("permanecer"), que é muito importante em sua linguagem teológica. No entanto, Jesus não dá uma resposta: aqui Ele se limita a propor aos discípulos que tenham pessoalmente a experiência de estar com Ele, a fim de poderem ver por si mesmos (v. 39). Os discípulos concordaram em seguir esse caminho: eles foram, viram e "permaneceram com Ele" (*émeinan*). Aqui está, em síntese simbólica, toda a experiência dos discípulos, seu caminho de fé. A plenitude do fato – e a importância do momento – é sublinhada pela hora do dia: a *hora décima*. Em nosso modo de falar corresponde às quatro da tarde, mas o que importa não é o detalhe cronológico, e sim o valor simbólico: a referência ao "dez" é importante, porque essa hora representou para os discípulos a realização da espera antiga, das dez palavras da criação e da Lei.

A descoberta do Messias é uma experiência contagiante, que gera entusiasmo e conduz à evangelização: assim João mostra a tarefa apostólica como algo já em andamento. André, o primeiro chamado, traz seu irmão Simão a Jesus, e o faz com uma declaração importante que sugere uma busca comum: "Encontramos o Messias" (v. 40-42). Mesmo nesse caso, no entanto, é Jesus quem toma a iniciativa com autoridade. A mudança do nome alude, de fato, a um relacionamento intenso e expressa a atribuição de uma designação: a *Cefas* (a "Rocha") abre-se um futuro inesperado, que diz respeito a toda a comunidade e que só no final ficará claro (cf. 21,15-17).

É interessante notar que, nesse episódio, o narrador traduz três vezes para o grego as palavras semíticas: *"Rabi* (que quer dizer Mestre)" (v. 38); "o *Messias* (que quer dizer Cristo)" (v. 41); *"Cefas* (que quer dizer Pedro)" (v. 42). Sendo palavras muito comuns e simples, sentimos que o leitor implícito parece ignorar os mínimos rudimentos da cultura judaica: é estranho, porque em outras passagens a discussão teológica sobre questões judaicas é muito refinada e profunda.

Dois outros discípulos encontram Jesus (1,43-51)

O quarto dia é introduzido com a fórmula usual, para continuar o mesmo esquema semanal, e é caracterizado pela presença de dois outros discípulos, Filipe e Natanael: a história é dividida em três cenas, brilhantes e animadas.

No primeiro quadro (v. 43-44), o esquema narrativo da vocação é semelhante ao usado pelos sinóticos: Jesus se dirige diretamente a Filipe e o convida a segui-lo. Esse personagem é apresentado como ligado aos dois já conhecidos (André e Pedro), porque oriundos da mesma cidade junto ao Lago da Galileia (Betsaida): evidentemente ele também estava na área além do Jordão, atraído pela pregação de João Batista.

Na segunda cena (v. 45-46), sem ter dito que Filipe ouviu o convite de Jesus e o seguiu, o narrador imediatamente passa a apresentar seu testemunho envolvente, determinado a levar ao Mestre outro discípulo, Natanael, tradicionalmente identificado com o Apóstolo Bartolomeu. Sua palavra retoma a de André e reitera, no plural, que ele alcançou o objetivo desejado. Reconhecido como o personagem de que falam as Escrituras de Israel, Jesus é, no entanto, indicado com uma conotação muito humana e apresentado como "Jesus, o Nazareno, filho de José". Natanael, que somente no final da narrativa do Evangelho (21,2) descobriremos ser de Caná da Galileia, deixa seu preconceito de aldeia emergir primeiro e expressa desprezo por um habitante de Nazaré, considerada um vilarejo insignificante e com uma pergunta retórica externa sua própria perplexidade em encontrar em Jesus "alguma coisa boa". Filipe já aprendeu com o Mestre e usa suas próprias táticas, propondo ao seu amigo conhecer pessoalmente aquele homem.

A terceira cena (v. 47-51), por muito mais tempo, narra o encontro de Natanael com Jesus, que imediatamente o apresenta de uma maneira muito honrosa: "Eis um verdadeiro israelita, em quem não há dolo!" É a única vez que João usa o título "israelita" e certamente serve para evitar o termo comum "judeu", que assume na linguagem joanina uma nuança negativa: assim Natanael é indicado como um autêntico e leal expoente do povo de Israel, sinceramente aberto para receber o Messias. Ele está surpreso por já ser conhecido por Jesus e o Mestre o surpreende ainda mais ao revelar um detalhe simbólico e pessoal, que os leitores não são mais capazes de entender, mas que tocou o coração daquele discípulo. Com entusiasmo, Natanael supera o preconceito inicial e formula uma primeira e solene profissão de fé: "Rabi, Tu és o Filho de Deus, Tu és o Rei de Israel!" (v. 49). A isso, Jesus responde com um oráculo profético (v. 51), prometendo a Natanael que ele verá coisas muito maiores. A fórmula deriva do sonho do Patriarca Jacó (cf. Gn 28,12), que havia visto uma torre escalonada como uma conexão entre a terra e o céu: aquele símbolo antigo é agora aplicado a Jesus, uma escada autêntica que une o céu e a terra, porque a promessa apocalíptica diz respeito ao céu aberto, que é a revelação completa de Deus. A narração alcança assim seu ponto culminante com uma palavra teológica de alto nível, mostrando em Jesus o escatológico Filho do Homem, que supera a mediação angélica e é o revelador de Deus em pessoa.

2,1–4,54: De Caná a Caná, o ciclo das instituições

O esquema da semana inicial termina com a narrativa das bodas em Caná, aberta com a indicação "Três dias depois" (2,1) que se refere – de acordo com a maneira de contar dos antigos – ao sexto dia da semana. Desse modo, o evangelista quis simbolicamente mostrar o início do ministério público de Jesus como obra da nova criação: o sinal de Caná é o arquétipo dos sinais e ocorre no mesmo dia que a criação do homem ("sexto dia"), que é uma antecipação da Sexta-Feira Santa, na qual Cristo entregará o Espírito para criar uma nova humanidade.

O ápice da semana inaugural encerra assim a introdução e, ao mesmo tempo, abre uma nova seção narrativa. O que determina essa unidade é a inclusão geográfica entre os dois primeiros sinais, os quais ocorreram em Caná: de Caná (2,1) a Caná (4,46); portanto, reconhecemos uma *primeira seção do livro dos sinais*.

O primeiro sinal de Caná, tendo como objeto a transformação da água lustral judaica em excelente vinho, símbolo da aliança e antecipação da Eucaristia, conota toda a seguinte seção como a obra de Jesus para levar as

instituições judaicas à conclusão com nova pessoa. Em resumo, podemos notar esta sucessão:
- 2,1-12: no primeiro sinal de Caná por meio do simbolismo do casamento e do vinho revela-se o tema da aliança;
- 2,13-25: na expulsão dos vendilhões, Jesus afirma ser Ele próprio o verdadeiro Templo;
- 3,1-21: no diálogo com Nicodemos, Jesus fala de um novo nascimento no Espírito, a única maneira de realizar a Lei;
- 3,22–4,3: o testemunho do Batista apresenta Jesus como o próprio Esposo, diante do qual os outros mediadores se retiram;
- 4,4-45: o encontro com a Samaritana permite desenvolver o tema do novo culto em espírito e verdade, ou seja, no Espírito Santo dado por Jesus-Verdade;
- 4,46-54: finalmente o segundo sinal de Caná, referente a uma pessoa, introduz a segunda parte da narrativa.

O primeiro sinal em Caná: a nova aliança (2,1-12)

O sinal realizado, feito em uma festa de casamento em Caná, é qualificado como o arquétipo dos sinais (v. 11: *archén ton seméion*), ou seja, o modelo simbólico da obra realizada pelo Messias. O episódio é de fato narrado por João de uma maneira altamente simbólica, de modo a comunicar uma mensagem teológica fundamental.

A imagem das bodas é comum no Antigo Testamento, em cuja linguagem o matrimônio se tornou o sinal do relacionamento de Deus com seu povo. No Quarto Evangelho, o casamento em Caná tem precisamente esse valor simbólico: a nova união de Deus com seu povo ou a nova aliança. O evento acontece em Caná da Galileia: *Caná* é um nome hebraico que significa "fundação" e a palavra *Galileia* indica o "distrito" habitado pelos pagãos. Dois nomes alusivos e significativos. Estamos, portanto, testemunhando o evento da fundação da nova aliança aberta a todos.

Nesse casamento a mãe de Jesus está presente; Jesus e seus discípulos foram convidados. João não nomeia sua mãe pelo nome, ele apenas a indica pelo título de função. Além da pessoa histórica de Maria, portanto, o evangelista quer mostrar uma figura simbólica: o Israel fiel à espera do Messias o acolhe e crê nele. Os esposos de Caná não são nomeados; a noiva está completamente ausente da história, mas sua função é levada a cabo simbolicamente pela mãe de Jesus, do mesmo modo que o noivo é considerado apenas como o único que conseguiu o bom vinho, mas o leitor sabe que não foi o noivo real que ofereceu esse excelente vinho. É Jesus quem cumpre o papel e a função do noivo: o casamento simbólico é celebrado entre Jesus e o povo fiel.

Por trás da imagem do vinho há também o simbolismo da Lei, isto é, da revelação do Antigo Testamento. Os textos bíblicos nos quais se fala de vinho são compreendidos pelo *Targum* (i. é, a popular tradução em aramaico) como relacionados à aliança com Deus, à Lei, à revelação, à alegria. Os comentaristas judeus na época de Jesus costumavam interpretar o dom da Lei no Sinai com as imagens e símbolos da vinha e do vinho. A relação entre casamento e vinho é, portanto, próxima: ambos evocam a aliança.

Também a palavra que Jesus pronuncia para sua mãe (v. 4: "Mulher, que tenho eu contigo?") aparece no Antigo Testamento em contextos de aliança: é uma fórmula retórica usada para indicar a existência de um relacionamento próximo. A questão serve então ao evangelista para destacar a transição da relação física, isto é, a relação que existe entre a mãe e Jesus, e a relação simbólica entre o povo fiel e o Messias. É por isso que Jesus chama a mãe de "mulher". Não é um modo atual de contato com a mãe, mas é a chave simbólica para evocar o tipo de Israel, a mulher-noiva de Deus. Jesus chamará novamente sua mãe de "mulher" do alto da Cruz: "Mulher, eis o teu filho" (19,26); Ele também se refere dessa maneira à mulher samaritana (4,21), à adúltera (8,10) e à Madalena (20,15), cada vez, portanto, no contexto de episódios importantes que lembram a hora e o cumprimento da salvação. A mulher, que representa a contraparte em relação a Jesus, é – no contexto do relacionamento com Deus – o símbolo do povo.

Em Caná "não é chegada a hora", porque a hora é a cruz e a glória. Portanto, o cumprimento da nova aliança não ocorre nesse momento; o que acontece agora é apenas um *sinal* da hora, uma antecipação de realização: o casamento em Caná é, portanto, o principal sinal da redenção, isto é, da nova aliança. A palavra que a mãe dirige aos servos é, de fato, a expressão técnica que indica a aceitação da aliança e segue o que os israelitas disseram diante da proposta da Lei de Moisés: "Tudo o que falou o Senhor faremos" (Ex 24,3.7). A relação entre a mãe e Jesus é, portanto, a da aliança: o povo fiel está pronto para fazer o que Jesus, como Deus, propõe que se faça.

A descrição detalhada dos seis vasos de pedra, chamados "talhas", que eram usados para purificação e que continham uma grande quantidade de água, é intencionalmente simbólica, construída dessa maneira para chamar a atenção do leitor. São "seis": número de imperfeição e tensão para a plenitude, figura do homem, criado no sexto dia. São de pedra: como as tábuas da lei, mas também como o coração humano que Deus prometeu transformar. Serviam para a purificação dos judeus: isto é, tinham uma função ritual, que na realidade não podiam cumprir. Desses símbolos da antiga aliança flui o excelente vinho da novidade evangélica (cf. Mc 2,12), o vinho novo que é trazido pelo "mestre-sala" (*archi-tríklinos*). Também é útil preservar o conceito de "chefe (mestre)" na tradução, porque mesmo esse personagem tem sua função simbólica, representando os líderes de Israel que não sabem de onde Jesus vem e o rejeitam: acreditam entender, formular juízos, mas não compreendem a natureza extraordinária da situação. O mestre-sala não sabe "de onde" vem o vinho; os servos sabem disso porque aceitaram a palavra de Jesus e nele confiaram.

"Guardaste o bom vinho até agora" (v. 10): o mestre-sala, embora não sabendo de onde vem, percebe que esse é "bom vinho", o vinho por excelência, o símbolo em sua plenitude de significado teológico. O gesto de Jesus não é, portanto, um milagre de generosidade; é muito mais. É o anúncio da criação do novo homem e do novo relacionamento com Deus tornado possível por Jesus Cristo. Nesse sentido Jesus "manifestou a sua glória" (v. 11): fez com que se sentisse o papel de sua pessoa que torna Deus presente. Sabemos, no entanto, que na narrativa joanina a glória de Jesus se manifesta na cruz e o que ocorreu em Caná foi somente uma antecipação: com esse elemento literário-teológico João indica o princípio dos sinais como protótipo da cruz, ou seja, propõe um modelo simbólico que permita entender o significado da cruz como uma manifestação da presença poderosa e ativa de Deus, que renova a aliança, isto é, que dá a possibilidade de uma nova vida em bom relacionamento com Deus.

Uma breve nota de deslocamento (v. 12) marca a passagem para o seguinte episódio: embora não se detenha para dar os detalhes, João conhece a tradição sinótica da estada de Jesus em Cafarnaum.

A expulsão dos vendilhões: o novo Templo (2,13-25)

O episódio do Templo começa com a referência a uma festa judaica: é a primeira Páscoa citada no Quarto Evangelho (a segunda em 6,4; a terceira em 11,55; 12,1; 13,1) e, nesse contexto, fala-se de uma viagem de Jesus da Galileia a Jerusalém. Essa referência serve para recordar o significado simbólico das festas de Israel, para criar a conexão com a tradição antiga e para mostrar como a obra de Jesus completa a obra de libertação. Até mesmo os sinóticos falam de um episódio semelhante, mas o colocam depois da entrada triunfal de Jesus em Jerusalém, alguns dias antes de sua prisão; para João, contudo, esse gesto provocador em relação ao Templo, que agora se tornou uma estrutura de mercado legalizada para fins religiosos, é um dos primeiros eventos narrados.

A primeira parte da narrativa (v. 14-16) descreve a ação de Jesus que coloca para fora do recinto as ovelhas e os bois. O verbo "lançar para fora" (*ekbállein*: 2,15) é o mesmo usado para se dizer que o bom pastor faz sair as ovelhas (10,4): simbolicamente o evangelista mostra-nos Jesus enquanto faz saírem as ovelhas do Templo, enquanto esses animais sacrificiais são uma figura do povo, vítima de um ambiente religioso opressor. Invertendo essa estrutura econômica, Ele pretende superar a mentalidade mercantilista que sufocou a "casa de seu Pai". A referência teológica é à ideia religiosa distorcida que acredita pagar uma prestação para comprar um serviço: Jesus propõe uma profunda mudança de mentalidade, superando a mentalidade religiosa mercantilista.

No versículo 17 o narrador intervém no texto, sugerindo uma primeira interpretação baseada na citação do Sl 68(69),10: "O zelo da tua casa me consumirá". O gesto de Jesus, no entanto, não foi um ato de fanatismo intolerante: o que veio à mente dos discípulos naquela época não constitui a explicação autêntica do evento simbólico. A sequência, na verdade, se encarrega de dar ao ocorrido uma explicação diferente.

A segunda parte da narrativa (v. 18-20) mostra a reação das autoridades judaicas, que questionam Jesus por sua atitude: João usa a linguagem do "sinal" e coloca na boca dos judeus o pedido de uma credencial, isto é, uma prova que permita acreditar na alegada autoridade. Jesus propõe-lhes como sinal a ressurreição do templo destruído. A fórmula usada é ambígua: não diz que pretende destruir o santuário, como, aliás, o acusarão durante o julgamento, mas sim promete reerguê-lo quando destruído. De acordo com o típico procedimento joanino, a frase se presta a um duplo significado: Jesus diz uma coisa, mas os judeus entendem outra.

Novamente, o narrador intervém no texto (v. 21-22) para anotar um esclarecimento importante: nem mesmo os discípulos da época entenderam o significado do que o Mestre estava dizendo. O que importa para o narrador, porém, não é o detalhe como fim em si mesmo dessa falta de compreensão inicial por parte dos discípulos, mas sim o crescimento progressivo do entendimento que, depois da Páscoa, os levará a entender proposta a alternativa por Jesus: o templo da presença divina é o próprio corpo do Cristo ressuscitado, que entregando-se generosamente a si mesmo supera a lógica do mercado.

A última parte da narrativa (v. 23-25) serve como uma transição entre o segundo episódio e o terceiro, o encontro com Nicodemos: Jesus recebe adesão de muitos, mas não se entusiasma nem confia. O evangelista pretende mostrar o conhecimento superior de Jesus, que sabe reconhecer as profundas motivações que guiam os gestos humanos: eles o seguiram porque o consideraram um revolucionário corajoso capaz de desafiar os poderosos. O problema, ao contrário, está na raiz, que está no coração: é o coração do homem que deve ser mudado. Esse é precisamente o episódio seguinte.

O encontro com Nicodemos: o novo nascimento (3,1-21)

O terceiro episódio do ciclo de instituições começa como um diálogo entre o fariseu Nicodemos e Jesus, mas continua como um monólogo doutrinário do Mestre, sem o fechamento narrativo. O personagem Nicodemos é apresentado no início (v. 1) de uma maneira essencial como um homem dentre os fariseus, um dos líderes dos judeus: sua visita noturna é particularmente enfatizada por João, tanto que ele a mencionará novamente no final (19,39), mas sem explicar o porquê. No entanto, é decisivo o valor simbólico da treva (cf. 1,5), contrastado com a identificação de Jesus com a luz (3,19.20.21). Nicodemos representa a tradição observante de Israel: é o homem religioso, praticante e devoto, que, no entanto, precisa de uma renovação do coração por causa de sua antiga religiosidade, firme na Lei.

A primeira parte da passagem (v. 2-12) é construída como um diálogo com três falas para cada um dos personagens: Nicodemos começa referindo-se ao episódio anterior do Templo, e esboça um elogio a Jesus, considerado como "um mestre vindo de Deus". Mas Jesus não parece apreciar esse título; em vez disso, abre outro discurso e propõe o tema do "nascimento", entendido como um novo começo e transformação da realidade humana, indispensável para poder ver o Reino de Deus (v. 3) e nele ingressar (v. 5). O nascimento é caracterizado inicialmente pelo advérbio grego *anothen*, que, tendo dois significados, determina o típico processo joanino do equívoco: na verdade, pode significar "de novo" ou "do alto". Nicodemos entende a proposta no sentido literal, como um novo nascimento físico e, portanto, expressa sua perplexidade, mas Jesus lhe explica que o nascimento do qual fala deve ser "da água e do Espírito", aludindo à teologia da regeneração batismal. É uma necessidade (*déi*) imprescindível (v. 7): nascer "do alto" não é o resultado do próprio esforço pessoal, mas obra do Espírito de Deus, que regenera e recria, completando a obra divino da criação, sem que o homem saiba como isso acontece. Nicodemos, portanto, expressa toda a sua perplexidade, perguntando como isso pode acontecer (v. 9): é sua última linha; logo após, a palavra passa para Jesus, que continua por si mesmo o discurso afirmando ser uma testemunha ocular que conhece diretamente o "coisas celestiais" (*epuránia*), isto é, o plano divino de salvação (v. 12).

A partir do versículo 13 o tom do discurso muda e Jesus se revela como o messias elevado. Não é absolutamente suficiente considerá-lo um mestre, é necessário crer nele como o Filho unigênito; a observância formal não é suficiente, o coração deve ser mudado. A fonte da vida não é a lei, é Jesus (v. 13-18), que primeiro falou do nascimento e agora fala de sua própria morte, que, no entanto, torna-se a causa do novo nascimento para aqueles que creem. É essa transformação que permite a vida. A imagem da serpente levantada por Moisés (Nm 21,8-9) lembra um paradoxo: o que nos fez morrer agora nos faz viver. Jesus interpreta essa imagem e a aplica a si mesmo: "Assim importa (em grego: *déi*) que o Filho do Homem seja levantado". Além disso, o verbo "elevar" ou "exaltar" (*hypsún*) é ambíguo, tendo um duplo sentido: mais uma vez, João intencionalmente joga com duplo sentido. Elevar o Filho do Homem significa entronizá-lo, mas também pendurá-lo na cruz: na perspectiva joanina, ambos estão corretos e devem ser integrados, não opostos, porque Jesus anuncia que seu destino será sua cruz, que se tornará seu trono. Dessa forma, Jesus cumpre o propósito da sua missão, que é comunicar a "vida eterna" (v. 15). De acordo com o estilo repetitivo e insistente de João, a mesma mensagem é proposta com outra fórmula: Deus o Pai deu o Filho em prol do mundo, já que o dom total de si mesmo é o estilo de Deus. Ele não é orientado para a morte, mas para a vida e a vida eterna; isto é, o objetivo não é condenar o mundo, mas salvá-lo (v. 16-17). Quem confia em Jesus e se confia a Ele supera o drama do fracasso e da ruína, não é condenado. Pelo contrário, no entanto, aqueles que rejeitam o dom de Deus se condenam por si mesmos, se colocam fora da possibilidade de realizar suas vidas. Não há espera pelo julgamento final – ensina João –, mas os efeitos negativos da sentença já são vistos agora, pelo simples fato de não ter acreditado no nome do Filho Unigênito de Deus (v. 18).

A última parte do monólogo especifica outro aspecto da mesma mensagem: não a Lei, mas Jesus é a norma de conduta (v. 19-21) enquanto luz que vem ao mundo para iluminar a humanidade. E, no entanto, deve-se notar que a luz está incomodando alguém: na verdade, as obras do mal fazem preferir a escuridão, porque "iluminar" significa reconhecer que há sujeira, admitir que há algo podre. Acolher Jesus nos torna conscientes da realidade da corrupção, mas a boa notícia está no fato de que a luz veio ao mundo para tirar o pecado. "Nascer do alto" equivale, portanto, a vir à luz: crer em Jesus como o Filho de Deus é acolher o dom divino da nova criação.

O discurso termina sem concluir a história do encontro com Nicodemos. Ele entendeu a mensagem de Jesus? Como vai reagir? Nesse momento o evangelista não diz nada, deixa o próprio ouvinte se colocar no lugar dele e tirar suas próprias conclusões. Na continuação da narrativa, o mesmo personagem reaparecerá duas vezes (7,50-52; 19,39-40), assumindo uma posição explícita em favor de Jesus: o visitante noturno virá à luz.

O testemunho final do Batista: a chegada do noivo (3,22–4,3)

O episódio seguinte é composto de material heterogêneo e não muito bem amalgamado, muito embora o editor tenha se comprometido a criar uma estrutura ordenada. A passagem inicial e a final contêm indicações de deslocamentos geográficos: Jesus deixa Jerusalém e se desloca para a região da Judeia (3,22-24), depois deixa a Judeia e retorna à Galileia (4,1-3). Além disso, esses versículos relatam algumas notícias relacionadas à atividade batismal de Jesus (3,22) ou de seus discípulos (4,2), o que provoca um contraste com os discípulos de João Batista (3,25-26).

O núcleo da perícope (v. 27-36) contém um discurso colocado na boca de João, embora os versículos 31-36 se pareçam mais com uma palavra de Jesus ou do evangelista: nesse caso, evidencia-se um problema de edição final que não fixou com precisão o material da tradição. O texto atual, no entanto, propõe o último testemunho do Batista antes de desaparecer da narrativa, um testemunho no qual ele reafirma sobretudo que não é o Cristo e introduz a importante imagem do noivo: segundo a tradição bíblica o esposo de Israel é o Senhor, mas aqui a imagem é aplicada de uma forma original ao Messias. João se apresenta como "o amigo do noivo", cuja missão é preparar o casamento, após o qual ele se retira diante do Messias e concorda em "diminuir" para que Ele "cresça" (v. 30): de acordo com o procedimento da ironia joanina pode-se reconhecer nessas expressões o anúncio do fim trágico de ambos: João, decapitado; Jesus, elevado na cruz.

Nos versículos seguintes, o evangelista compara Jesus que "vem das alturas certamente está acima de todos" e os outros mediadores da revelação – incluindo João – que "vem da terra é terreno e fala da terra" (v. 31): o messias-esposo, agora presente, é o revelador perfeito, porque atesta o que viu e ouviu, é capaz de dizer as palavras de Deus e principalmente dá o Espírito sem medida. A tarefa daqueles que prepararam o evento escatológico da revelação está completa: agora a vida eterna depende da obediência crente no Filho, o plenipotenciário do Pai.

O encontro com a mulher de Samaria: adoração no Espírito da Verdade (4,4-42)

A mulher de Samaria pertence a um grupo estrangeiro em relação a Israel, constituído de uma população mista e considerada bastarda; representa, portanto, uma religiosidade "herética", que por sua vez requer uma transformação. João tece uma história finamente simbólica para mostrar como até mesmo ao povo infiel, que se abandonou para seguir seus ídolos, o Messias se propõe como um verdadeiro esposo, autor da nova aliança, aquele que concede o Espírito (simbolizado pela água) para colocar o homem em comunhão perfeita com Deus. O longo episódio pode ser dividido em dois grandes diálogos, emoldurados por um prólogo e um epílogo, com um desenvolvimento central.

A introdução (v. 4-6) ambienta o encontro na região de samaritanos, relacionados com as antigas tradições patriarcais, e abre com um teológico "era necessário" para expressar a forma como o plano de Deus é necessariamente aberto a todos. A indicação da hora sexta (meio-dia) recorda a hora da cruz (cf. 19,14), a hora fundamental da plena revelação a que tende toda a vida de Cristo, como tempo do dom da vida. Jesus está cansado da jornada e se senta (v. 6): outro detalhe simbólico que se refere à paixão de Jesus como uma obra decisiva (o seu empenho) que fecunda a missão (messe) dos apóstolos (cf. v. 38).

O diálogo de Jesus com a mulher de Samaria (v. 7-26) pode ser dividido em duas partes, cada uma relacionada a um tema específico: o Espírito Santo como um dom de Deus (v. 7-15) e o local da adoração (v. 16-26). Jesus começa por pedir algo para beber, mas na realidade Ele se propõe como aquele que dá de beber: com o mecanismo do mal-entendido, habitual em João, o autor mostra a passagem da água como um elemento material para o seu significado simbólico, ou seja, o Espírito. Jesus, portanto, parece ser maior do que o Patriarca Jacó, porque, oferecendo água viva, diz que esta nos permite superar o estado de insatisfação de maneira definitiva: a água prometida por Jesus é o Espírito, que realiza plenamente a vida do homem colocando-o em comunhão com Deus. A mulher, sem entender plenamente, gostaria dessa água prodigiosa e então Jesus convida-a a chamar seu marido. Apesar da aparente inconsistência, o plano simbólico é perfeitamente consequente: a aceitação do dom de Deus requer uma conversão da vida. A mulher de Samaria, na verdade, é imagem da humanidade que se afastou de Deus, prostituindo-se com ídolos: os cinco maridos referem-se provavelmente aos cinco templos construídos em Samaria (cf. 2Rs 17) e o sexto pode indicar adoração ilegítima de YHWH praticada pelos samaritanos no Monte Garizim.

A mulher de Samaria reconhece Jesus como um "profeta" e pede sua opinião sobre a controversa questão do culto: Qual é o lugar certo para adorar a Deus, no Monte Garizim ou no Templo de Jerusalém? Jesus inesperadamente resolve a questão, anunciando que uma mudança de época chegou: a mulher falou de *Deus*, mas Jesus na resposta fala do *Pai*, concentrando assim a atenção na relação filial e afetuosa que liga o homem a Deus. A mulher colocava a questão do *lugar* de adoração, mas Jesus exclui qualquer lugar material – seja o monte (natureza) ou o Templo (estrutura religiosa) – e indica, como o único caminho possível de acesso a Deus, o Espírito e a Verdade. A fórmula joanina é trinitária e propõe uma adoração do Pai somente no Espírito Santo dado por Jesus que é a verdade em pessoa, isto é, o revelador. A mulher reage anunciando a vinda do Messias que explicará tudo, e Jesus a surpreende revelando: Eu o sou, eu que falo contigo" (v. 26).

Estamos, portanto, no centro da narrativa (v. 27-30), quando uma importante mudança acontece: a mulher samaritana, simbolicamente, abandona sua ânfora, sem tirar água, e corre para a aldeia para chamar as pessoas. Enquanto isso, chegam os discípulos de Jesus.

Também o diálogo com os discípulos (v. 31-38) começa com um mal-entendido: Jesus fala de comida e eles não entendem; Ele deve, portanto, explicar como seu alimento consiste em realizar a obra que o Pai lhe confiou. Com a imagem da messe preanuncia a missão dos discípulos, que colherão os frutos da Paixão de Cristo, simbolizada por seu trabalho (v. 38): Ele trabalhou para tornar possível a colheita, que é o conjunto de toda a humanidade em comunhão com Deus.

O final (v. 39-42) mostra uma mudança impressionante: aquela mulher, que tinha ido ao poço ao meio-dia para não encontrar ninguém, conheceu o homem de sua vida e se tornou a anunciadora de salvação para aquele mesmo povo que primeiro queria evitar; e os infiéis samaritanos aderem a Jesus e o reconhecem como "o salvador do mundo". Esta acolhida da fé reservada a Jesus pelos samaritanos constitui o ápice da história e deixa claro que o encontro com aquela mulher é um sinal da novidade trazida pelo Messias, revelador do Pai e doador do Espírito.

O segundo sinal em Caná: o filho que vive (4,43-54)

Alguns versículos de transição (v. 43-46a) narram a conclusão da viagem de Jesus que, através de Samaria, retorna à Galileia onde é acolhido favoravelmente. De maneira precisa, afirma-se que Jesus vai "de novo a Caná da Galileia", a mesma aldeia em que Ele realizou o arquétipo dos sinais. O destaque da narrativa é intencional, para criar uma ligação entre os dois sinais: isso completa um ciclo narrativo e abre outro. Notamos em primeiro lugar que o segundo sinal de Caná não diz respeito a uma instituição de Israel, mas a uma pessoa: assim, essa história, enquanto conclui a primeira parte, introduz a segunda, centrada na humanidade que recebe a vida em plenitude.

A história do milagre (4,46-54) é semelhante às narrações encontradas nos sinóticos (Mt 8,5-13; Lc 7,1-10), como revelado pela ambientação em Cafarnaum do "filho doente": João, porém, narra um prodígio à distância, no qual a única palavra de Jesus, que se encontra em Caná, é suficiente para dar vida ao doente que reside em Cafarnaum. Enquanto os sinóticos falam de um centurião, o Quarto Evangelho qualifica o protagonista como um *basilikós* (em latim: *regulus*), que podemos traduzir como "oficial real", com referência ao *Rei* Herodes Antipas: como Cafarnaum era um posto de fronteira, sede das alfândegas e das tropas militares, tudo indica que esse pai é estrangeiro, não um judeu. Ele recorre a Jesus, porque conheceu sua fama e confia em sua palavra: duas vezes é reiterado que esse homem "creu" (v. 50.53). Jesus não desce com o oficial real para sua casa onde está seu filho doente, mas simplesmente profere uma palavra de autoridade: "Vai, teu filho vive" (v. 50). E esse pai, confiando na palavra de Jesus, parte. O narrador repete insistentemente essa fórmula mais duas vezes (v. 51.53), a fim de fazer emergir como o tema dominante na narrativa: o "filho que vive" é, portanto, o centro temático deste episódio que serve como um elo entre os dois ciclos narrativos.

O autor não fala de cura, mas insiste no tema da vida, porque é precisamente esse o dom que Jesus pretende oferecer à humanidade. Além disso, aparece o outro tema significativo, o da hora, mediante a repetição dessa palavra por três vezes (v. 52-53): é a hora "sétima". Embora corresponda em nosso relógio a uma hora depois do meio-dia, é importante manter a referência simbólica ao número "sete": o encontro com a samaritana foi de fato colocado na hora sexta (4,6), enquanto se deve notar que neste caso é a sétima hora que permite recordar uma sensação de plenitude e conclusão, reconectando-se também ao primeiro sinal de Caná, ambientado no sexto dia e caracterizado pelas seis tralhas de água.

O episódio termina (v. 54) com um breve destaque, que designa a história como um "segundo sinal" e retoma a inclusão da jornada de Jesus da Judeia à Galileia.

5,1–12,50: De Caná a Jerusalém, o ciclo do homem

A narrativa do filho que vive inaugura a *segunda seção do livro dos sinais* (Jo 5–12), centrada na obra do Cristo que dá vida ao homem. Esse ciclo contém grandes blocos narrativos combinados com seções discursivas substanciais: geralmente podemos ver como um gesto feito por Jesus é a ocasião ou para um confronto dialético com os judeus ou para um discurso explicativo de Jesus. As unidades narrativas que compõem a seção são facilmente reconhecíveis, sobretudo porque seguem o ritmo das festas judaicas e rememoram temas importantes do êxodo, com o objetivo de mostrar a obra de Jesus em favor da humanidade. Os textos dessa seção podem ser resumidos da seguinte forma:

- 5,1-47: o sinal que Jesus realiza no paralítico mostra que Ele pode tornar o homem capaz de andar e, assim, começa o êxodo, enquanto o discurso que se segue revela a união de Jesus com o Pai, garantido por muitos testemunhos;
- 6,1-71: os sinais do pão e do caminhar sobre o mar ainda recordam o êxodo pascal e o grande discurso eucarístico propõe que Jesus, como doador de vida, a ser acolhido com fé e assimilado;
- 7,1–10,21: a Festa dos Tabernáculos dá unidade à grande seção na qual é narrado o sinal do cego de nascença, emoldurado por longos discursos que apresentam o sentido da ação de Jesus, suas relações com o Pai e sua missão como luz para os cegos e pastor para as ovelhas;
- 10,22–11,54: no contexto da Dedicação, Jesus completa o sétimo sinal, o mais semelhante ao ápice de sua obra, pois doa a vida a seu amigo falecido e esse dom lhe custa a vida;
- 11,55–12,50: a proximidade da última Páscoa inicia a última seção narrativa, caracterizada por breves episódios e ensinamentos sobre a dignidade messiânica de Jesus; as duas conclusões teológicas marcam o fim do livro dos sinais.

Em Jerusalém: o paralítico começa a andar (5,1-47)

O novo episódio começa com uma fórmula de transição genérica ("Passadas estas coisas") e é introduzido pela referência a uma festa não especificada dos judeus, por ocasião da qual Jesus retorna novamente a Jerusalém (v. 1), onde se ambienta toda história. Uma descrição precisa também é dada da piscina em que Jesus realiza o sinal em um homem enfermo: o texto começa dizendo que *"existe* ali [em Jerusalém], junto à Porta das Ovelhas, um tanque, chamado em hebraico Betesda" (v. 2), e isso sugere que o cenário da história é antigo e anterior à destruição do ano 70, porque – a partir dessa data – um narrador teria dito *"existia* ali".

A unidade literária é composta de diferentes elementos, narrativos e discursivos, que parecem ter crescido ao longo do tempo em torno da mais antiga narrativa do paralítico curado. O texto, portanto, começa com uma história de milagres, que determina uma série de discussões dos judeus sobre o homem curado e Jesus que violou o sábado. Começando do versículo 19 os diálogos dão lugar a um longo monólogo de Jesus, que fala de si mesmo como o Filho em relação ao Pai e apresenta a série de testemunhas que dão garantias a seu favor.

O sinal do paralítico (5,1-18)

A narrativa do milagre, que segundo o uso joanino chamamos de "sinal", se passa em Jerusalém, perto de um tanque cujo nome também é dado em aramaico: *Betzatá,* ou melhor *Bet-hesdá,* que significa "casa da misericórdia", isto é, uma espécie de lazareto ou hospício. O texto diz que essa piscina está localizada perto da porta da ovelha, através da qual os animais a serem sacrificados eram trazidos para o Templo: a tradição patrística conheceu esse lugar como uma piscina *Probática* (de *próbaton,* que em grego significa "ovelha") ou "das ovelhas". Além disso, diz-se que a piscina tem cinco pórticos "[sob os quais], jazia uma multidão de enfermos, cegos, coxos, paralíticos" (v. 3). A referência urbanística é preciosa e confirmada pelas escavações arqueológicas: a piscina com as cinco arcadas realmente existia. Contudo, João enfatiza o detalhe arquitetônico como uma referência simbólica à Lei, isto é, aos cinco livros da Torá, sob os quais o povo – comparado às ovelhas a serem sacrificadas – adoece por várias razões. O versículo 4 está faltando nos principais códices antigos e parece conter um brilho lendário, segundo o qual a agitação das águas era causada pela descida de um anjo: qualquer que fosse a explicação, havia que circular a crença de que as águas daquela piscina, conectadas ao Templo, seriam terapêuticas. Jesus, portanto, permanece como uma alternativa eficaz às instituições antigas: por sua própria iniciativa, Ele ordena a um paralítico que se levante e o torna capaz de andar. Então, ordena que ele pegue a maca em que estava deitado e saia: o narrador fecha a história, dizendo que aquele dia era um sábado (v. 9), então de acordo com a Lei tanto o cuidado dos doentes como o transporte da maca seriam proibidos.

Algumas discussões sucedem ao prodigioso evento. Os judeus repreendem o homem que está tirando sua maca, mas ele se justifica dizendo que o ordenou aquele que o curou; eles perguntam quem é, mas ele não sabe (v. 10-13). Então, é o próprio Jesus que se apresenta no Templo e o exorta a não pecar mais, porque o fechamento a Deus é pior do que a paralisia física (v. 14); em resposta, o homem curado denuncia Jesus aos judeus, que começam a persegui-lo por ter feito essas coisas no sábado (v. 16). Na trama do Quarto Evangelho, portanto, começa neste momento a oposição judaica a Jesus e o gatilho é identificado – como nos sinóticos – na violação do sábado. Diante desta acusação, Jesus se justifica, referindo-se ao próprio Deus como modelo: "Meu Pai trabalha até agora, e eu trabalho também" (v. 17). Mas a defesa agrava ainda mais a reação dos judeus, porque dessa forma fica evidente que Jesus, chamando Deus seu Pai, torna-se igual a Deus (v. 18): os judeus, agora que entendem a grande reivindicação de Jesus, decididamente recusam; ou melhor, tentam matá-lo.

O discurso que se segue (5,19-47)

Em sua própria defesa, Jesus mantém um longo discurso, que pode ser facilmente dividido em duas partes: em primeiro lugar, o Filho se apresenta em íntima relação com Deus Pai, de quem diz que recebeu a tarefa escatológica do julgamento; depois, em um rígido apelo judicial, ele cita todas as testemunhas a seu favor.

A primeira parte do discurso (v. 19-30) está incluída entre duas declarações parecidas, que sublinham a dependência de Jesus em Deus: "o Filho nada pode fazer de si mesmo" (v. 19), "Eu nada posso fazer de mim mesmo" (v. 30). Significa que Jesus não reivindica ser Deus em lugar de Deus ou contra Ele, mas revela a íntima comunhão que os une. Começa com a simples metáfora do filho de um artesão que aprende o trabalho do pai e faz o que aprendeu, mas imediatamente eleva o nível do discurso que se concentra nos temas da vida e do julgamento. Também aos sábados – diziam os rabinos do judaísmo – Deus dá vida e julga os mortos: assim Jesus se apresenta como o Filho do Homem, a quem Deus, o Pai, confiou a tarefa escatológica do julgamento. Os versículos 24-25, introduzidos por uma fórmula dupla de afirmação (*Amém, amém* [em verdade, em verdade]), constituem o centro do discurso: o Filho tem autoridade para passar da morte para a vida, para que quem ouve a sua palavra tenha vida eterna e não vai para o julgamento. O tempo de referência (v. 25) alude evento de Páscoa de Jesus, que determina desde já a posse de vida para os mortos que ouvem a palavra do Filho de Deus: surge neste livro uma visão da escatologia realizada já no presente, típica da teologia joanina, embora não absoluta. Logo a seguir (v. 28-29), a mesma ideia é proposta novamente, mas em uma chave da escatologia futura: frequentemente os exegetas viram nessas duas posições um contraste teológico e reconheceram inconsistências no trabalho do redator final, enquanto os dois os aspectos podem coexistir harmoniosamente e, de fato, oferecer uma visão mais completa tanto do juízo quanto da obra realizada pelo Filho, agora e no futuro.

A segunda parte do discurso (v. 31-47) apresenta as testemunhas que dão razão a Jesus, isto é, aqueles que garantem sua total obediência à vontade do Pai que o enviou. À implícita exigência de garantias, Jesus responde citando evidências em favor de sua própria reivindicação de ser como Deus, sabendo que sua palavra não pode ser suficiente: a primeira testemunha evocada é João Batista (v. 33-35), então a suas próprias obras (v. 36), enfim, o testemunho decisivo é o próprio Pai (v. 37-38). Finalmente, em estreita conexão com o testemunho de Deus, são citadas as Escrituras (v. 39): assim João reitera a ideia, muito difundida na primeira comunidade cristã, de que as Escrituras bíblicas falavam de Cristo e que em Jesus cumpriram-se todas essas promessas. O discurso termina (v. 40-47) com a dolorosa e desagradável observação de que os judeus não querem aceitar esses testemunhos nem se aproximarem de Jesus para ter a vida.

Sem qualquer indicação narrativa o capítulo termina deixando aberta a narrativa do paralítico curado: mais do que um discurso histórico de Jesus, foi colocada em seus lábios uma apologia polêmica que o grupo joanino elaborou no contexto do amargo choque com o judaísmo farisaico do final do século I. Talvez a passagem que pode ser encontrada em Jo 7,15-24 possa ser mais bem colocada neste ponto, uma vez que ela se refere explicitamente à cura do homem no sábado e retoma o tema de Moisés e da Lei; mas não podemos corrigir o texto que o redator final nos legou.

Páscoa na Galileia: o pão da vida (6,1.17)

Também este episódio começa com a mesma fórmula de transição ("Depois destas coisas") usada em 5,1 e é introduzido por uma nota de deslocamento geográfico: "atravessou Jesus o mar da Galileia, que é o de Tiberíades". Uma vez que, no entanto, que a história anterior se ambientava em Jerusalém, essa afirmação parece deslocada: a inconsistência foi observada por estudiosos e muitos argumentam que todo o capítulo 6 teve uma origem autônoma e foi posteriormente escrito, em um segundo período, em um ponto errado, porque – dado o cenário na Galileia e a referência aos sinais de que Jesus se apresentava com os doentes – ele seria melhor imediatamente após o capítulo 4. No entanto, não podemos fazer nada além de destacar essa informação, mantendo o respeito pela ordem da redação final.

Como o capítulo 5, também esta unidade literária é composta de diferentes elementos, narrativos e discursivos; ao contrário do capítulo 5 que não tem conclusão narrativa, o capítulo 6 termina com um final dramático. O texto começa com uma dupla narrativa de milagres (o sinal dos pães e a caminhada sobre o mar) e continua, no dia seguinte, com a busca frenética de Jesus por parte da multidão. No versículo 26 Jesus começa a falar e – apesar de algumas intervenções discursivas da multidão – faz uma longa e complexa homilia teológica sobre o tema do pão, que conclui com uma nota redacional: "Estas coisas disse Jesus, quando ensinava na sinagoga de Cafarnaum" (v. 59). Por fim, a última parte do capítulo narra as reações negativas e positivas suscitadas pelo discurso de Jesus: a primeira parte é, portanto, narrativa e inclui três cenas diferentes, além da estrutura introdutória.

Os sinais e a busca (6,1-25)

No início (v. 1-4) é oferecida a ambientação geográfica (perto do mar da Galileia, sobre o monte) e principalmente a temporal, com referência à proximidade da Páscoa: é a segunda Páscoa citada no Quarto Evangelho (a primeira, em 2,13.23, a terceira será mencionada em 11,55, 12,1, 13,1). Essa menção à Páscoa oferece a referência simbólica correta: a narrativa de João, na verdade, alude ao evento do êxodo, ao Monte Sinai, ao povo e aos líderes reunidos perto do Monte Santo, ao papel de Moisés que alimenta o povo no deserto; além disso, lembram-se ainda as peregrinações pascais ao monte do Templo em Jerusalém. O novo, no entanto, se opõe ao antigo: o evento do pão dado por Jesus à multidão antecipa a nova Páscoa da libertação e o líder que leva à liberdade é um tanto diferente de Moisés, mas principalmente se comparado às autoridades judaicas (herdeiros de Moisés), incapazes de realmente levar as pessoas à salvação. Tendo curado o paralítico na piscina (5,1-9), Jesus o tornou capaz de andar com suas próprias pernas e assim começou o novo êxodo: agora, ainda no quadro simbólico do êxodo, Ele sacia o povo com um pão prodigioso. Este é o "sinal" que João coloca no centro em sua série de sete sinais.

A primeira cena narrativa diz respeito ao sinal dos pães (v. 5-15) e é uma das poucas passagens joaninas paralelas aos sinóticos, semelhante na história, na forma e no conteúdo às passagens correspondentes de Mateus, Marcos e Lucas. João preservou uma narrativa tradicional sem modificá-la particularmente, mesmo que a coloque em uma estrutura de alto valor simbólico, rica como é com referências bíblicas. Jesus é apresentado na montanha, sentado e rodeado pelos seus discípulos (cf. Mt 5,1), para realçar o papel solene que o Mestre detém em toda a narrativa. Os olhos erguidos de Jesus, que observam a multidão desde o topo da montanha, também mostram ao leitor uma situação de necessidade: é Jesus quem primeiro toma consciência dessa necessidade, sem que ninguém o informe ou peça. Então, Ele faz ao discípulo uma pergunta baseada no advérbio "De onde?" (*Póthen*), que desempenha um papel importante no Quarto Evangelho para designar a própria origem de Jesus e a salvação (cf. 2,9; 4,11; 9,29-30; 19,9). O problema, portanto, não é trivial, mas diz respeito à causa, aos meios e ao caminho da possível redenção. No versículo 6 uma intrusão típica do narrador explica que sua pergunta serve apenas para verificar a reação do discípulo. A questão diz respeito ao dinheiro e suas possibilidades: João enfatiza, assim, que a salvação humana não pode ser comprada. Outro discípulo propõe como solução alternativa a solidariedade da partilha, e a generosa disponibilidade de um menino que Jesus deixa para cumprir o sinal. Sua ação (v. 11) é contada de maneira estreita, com alguns verbos essenciais, segundo o modelo das celebrações eucarísticas: em particular, o verbo que indica a oração de ação de graças (*eucaristia*) lembra a fórmula tradicional da Ceia. Finalmente, depois de coletar os pedaços que sobraram (sinal de quantidade superabundante), o povo reage, interpretando o sinal feito por Jesus, e o reconhece como "o profeta que devia vir ao mundo" (v. 14). Essa ênfase final é típica de João, que quer apontar o mal-entendido: a multidão gostaria de torná-lo rei, já que Ele oferece comida de graça, mas Jesus não aceita tal messianismo, foge e se retira solitário para o monte. A referência ao monte (v. 3.15) constitui a inclusão da primeira cena.

Na segunda cena (v. 16-21), os discípulos estão sozinhos no mar, quando já está escuro: o quadro é esboçado com algumas pinceladas simbólicas que evocam a escuridão, a agitação e a tempestade. A partir do relato joanino parece que os discípulos abandonaram Jesus, desapontados porque Ele se recusou a ser feito rei; mas então eles o veem andando no mar e se aproximando do barco (v. 19). O Mestre não os abandonou à deriva e com uma teofania noturna se apresenta a eles: "Sou eu. Não temais!" (V. 20) A palavra que pronuncia é mais do que um simples reconhecimento, é uma fórmula de autorrevelação: recorda o nome próprio de Deus (YHWH) e alude à identidade divina de Jesus, ao quererem levá-lo para o barco, isto é, quando aceitam sua pessoa, imediatamente o barco chega à costa para a qual rumavam. Também na narrativa dos sinóticos, após a multiplicação dos pães, narra-se a travessia do lago: João, portanto, preserva a tradição antiga comum, mas retoca sua narração com forte coloração simbólica. O "sinal" do mar é dirigido apenas aos discípulos e é para eles uma importante revelação sobre a pessoa de Jesus.

A terceira cena narrativa (v. 22-25) tem lugar no dia seguinte, quando a multidão percebe que Jesus não está mais onde o havia deixado na noite anterior: ela parte então a procurá-lo, até que o encontra do outro lado do lago. Essa pequena junção narrativa serve para criar um elo entre o sinal dos pães e o discurso sobre o pão da vida, feito por Jesus na sinagoga de Cafarnaum. O nome dessa cidade aparece no início (v. 24) e no final (v. 59) do discurso, como uma indicação da unidade literária.

O discurso sobre o pão da vida em Cafarnaum (6,26-59)

A longa parte discursiva que se segue parece ser uma homilia rabínica, inserida numa sinagoga, com a qual Jesus, partindo de textos bíblicos, revela o papel decisivo de sua própria pessoa como alimento verdadeiro. No entanto, este não é um discurso único e homogêneo, porque é marcado por muitas interrupções: trata-se de um debate bastante acalorado em que a multidão e os judeus também participam.

Uma discussão preliminar (v. 26-31) começa quando Jesus, encontrando a multidão fervorosa que o busca, não demonstra nenhum entusiasmo particular; de fato, com a fórmula da asserção (*Amém, amém*), Ele os repreende porque não entenderam o sinal, mas estão contentes em ter comido de graça e esperam que isso aconteça novamente. Ele, portanto, os convida a "trabalhar" por um alimento duradouro e, ao mesmo tempo, apresenta-se como o Filho escatológico do homem, aprovado pelo selo de Deus Pai, o único capaz de dar tal alimento duradouro. Para a questão moralista sobre as obras a serem realizadas, Jesus responde reduzindo tudo a uma única obra paradoxal: "que creiais naquele que por Ele foi enviado" (v. 29). Mais uma vez no centro do discurso está a pessoa do próprio Jesus: Ele não apenas dá o alimento, mas se apresenta como a própria comida. Demonstrando que não entendiam o sinal do pão, aquelas pessoas pediram-lhe um sinal como credencial e propuseram uma citação bíblica a Jesus (Ex 16,4: "Ele lhes deu pão de comer do céu") como ponto de partida para sua homilia bíblica (v. 31).

A primeira parte do discurso (v. 32-51), portanto, apresenta o próprio Jesus como o verdadeiro pão que desceu do céu e começa novamente com a fórmula da afirmação (*Amém, amém*): não há oposição a Moisés, mas a consequencialidade profética. O pão dado por Moisés, isto é, o maná, era a figura daquele "que desce do céu e dá vida ao mundo" (v. 33): Jesus, portanto, se autorrevela como capaz de dar a sua vida acima de tudo pelos seus ensinamentos. Nesta primeira parte do discurso, o pão alude à nutrição sapiencial da palavra: Jesus é o verdadeiro pão, na medida em que Ele é pessoalmente a Palavra de Deus que nutre e comunica a vida eterna. Como a mulher samaritana (cf. 4,15), também a multidão, sem compreender o significado pretendido por Jesus, pede esse pão especial (v. 34); ao qual o Mestre responde com uma das fórmulas de revelação típicas da teologia de João: *"Eu sou o pão da vida"* (v. 35; cf. v. 48.51). E como dissera à mulher samaritana sobre o símbolo da água do Espírito (cf. 4,14), agora repete a propósito do pão: quem quer que acolha a Jesus e nele crê sempre vencerá a fome e a sede, ou seja, encontrará plena realização. Em uma espécie de complicada digressão teológica (v. 36-40), especifica-se então que o plano de Deus para dar a vida eterna passa pela adesão do crente ao Filho, que é o único que pode garantir a ressurreição no último dia. Os judeus (v. 41-42), que de repente aparecem na narrativa, reagem polemicamente a essa afirmação de Jesus: como de costume com esse termo, o evangelista se refere às discussões desenvolvidas com a sinagoga farisaica no final do século I e assim reconhecemos que todo o discurso é o reflexo de um aprofundamento cristológico e sacramental que a comunidade joanina desenvolveu no período pós-pascal. Jesus recomeça a falar, convidando seus ouvintes a não imitar a atitude negativa dos antigos israelitas que murmuraram contra Moisés no deserto sem reconhecer os sinais realizados por Deus, depois reafirma fortemente sua íntima união com o Pai e seu papel decisivo como único revelador de Deus (v. 43-46): com uma frase extraída do Profeta Isaías (Is 54,13), Ele afirma que a atitude do verdadeiro discípulo é docilidade ao Pai, o que leva a reconhecer Jesus como o Filho de Deus. Enfim (v. 47-51), retomando com insistência algumas fórmulas já propostas, Jesus acrescenta uma nova que determina a passagem para a segunda parte do discurso, a mais expressamente eucarística: com o versículo 51, o pão é finalmente identificado com a própria carne do Cristo, dada para a vida do mundo.

A segunda parte do discurso (v. 52-59) está contida em duas notas narrativas: no começo os judeus são perturbados por esse discurso de Jesus e se perguntam como é possível que Ele dê sua carne para comer (v. 52); no final, o narrador fecha o discurso com a ambientação em

Cafarnaum (v. 59). No centro (v. 53-58), Jesus, sem responder à pergunta sobre o *como*, simplesmente reafirma que é necessário fazer essas coisas para ter vida em si mesmo. Aliás, desse momento, à fórmula "comer a carne" acrescenta-se, como uma divisão paralela, também "beber o sangue": a imagem torna-se assim mais realista e concreta, perturbando ainda mais aqueles que pensavam em uma simples metáfora, talvez ousada. Nesse final, em seguida, encontramos a enunciação de três importantes consequências produzidas pela participação "sacramental" da carne e do sangue de Cristo, o primeiro efeito é a "vida eterna", que é uma vida boa e bela, vida plena e realizada (v. 54); o segundo efeito pode ser definido como *imanência recíproca* e expressa um novo relacionamento interpessoal que liga o discípulo e Jesus (v. 56); enfim, o terceiro efeito diz respeito à conformação a Jesus, pois como Ele vive *por causa do* Pai e, ao mesmo tempo, vive *voltado* para o Pai, o discípulo que "come Jesus" encontra nele a causa e o propósito de sua própria existência (v. 57). O discurso se encerra (v. 58) com a retomada de três fórmulas já utilizadas anteriormente, quase que para resumir as principais ideias: Jesus, e não o maná, é o pão descido do céu e somente crendo nele e alimentando-se dele é possível alcançar a vida em plenitude.

O drama que se segue (6,60-71)

A reação final é dramática: o discurso pronunciado por Jesus é considerado "duro" por seus próprios discípulos e a reação de muitos é o abandono, marcando um momento de crise. A comunidade de João, a quem principalmente se destinava a narrativa, também é convidada a avaliar sua própria escolha e renovar a adesão à perspectiva de Cristo. Jesus tem consciência de que seu discurso "escandaliza" os discípulos (v. 61), isto é, cria um obstáculo e coloca obstáculos, sobretudo porque eles entenderam que o Mestre alude à sua própria morte e não estão prontos para aceitar um messias que vai ao encontro da falência da morte. No entanto, Jesus está convencido de que sua morte implica uma "ascensão" na glória (v. 62), e não uma "descida" ao poço; por isso Ele explica aos seus discípulos que as palavras que falou são "espírito e vida" (v. 63), que "Espírito é o que vivifica". Jesus é o Verbo feito carne e, portanto, Ele é pessoalmente a comunicação da vida de Deus.

Nesse contexto de crise, quando muitos dos seus discípulos voltam atrás, Jesus coloca a alternativa também aos discípulos mais íntimos, o colégio dos Doze: João apresenta o momento discriminatório do seguimento apostólico, em paralelo com a tradição sinótica que fala da pergunta decisiva colocada por Jesus aos discípulos sobre sua própria identidade (cf. Mc 8,29). Em nome de todos, Simão Pedro responde com o verbo no plural, formulando sua profissão de fé em Jesus, reconhecido como "o Santo (*hágios*) de Deus" (v. 69). Os Doze confiaram e agora sabem com certeza que Jesus é o enviado de Deus e por isso Ele certamente tem razão. Não podem ir a mais ninguém: reconhecem que sua palavra comunica a vida eterna. E, no entanto, apesar dessa profissão de fé, o capítulo termina com uma nota negativa (v. 70-71): até mesmo entre os Doze há "um diabo", isto é, aquele que se opõe ao projeto divino. A referência a Judas, que está prestes a traí-lo, não apenas faz alusão ao drama da incredulidade, mas sobretudo se refere antecipadamente ao evento decisivo da morte e ressurreição que ocorrerá na próxima Páscoa.

Em Jerusalém para a Festa dos Tabernáculos (7,1–10,21)

A retomada da mesma fórmula de transição ("Passadas estas coisas") que abre os capítulos 5 e 6 inicia uma nova unidade literária, fixada em Jerusalém durante a Festa dos Tabernáculos: somente em Jo 10,22 há outra indicação cronológica e, portanto, todo o material que vai de 7,1 a 10,21 deve ser considerado como coletado intencionalmente em um único bloco. O conteúdo dessa longa seção, no entanto, é muito heterogêneo.

A vinda de Jesus a Jerusalém (7,1-52)

A Festa dos Tabernáculos caracteriza o capítulo 7, que contém várias perícopes ligadas à presença de Jesus nessa celebração. Podemos distinguir pelo menos cinco.

O início do capítulo (7,1-9) denuncia um grave perigo para Jesus, porque "os judeus procuravam matá-lo" (v. 1). Por esse motivo, Ele prefere permanecer na Galileia e, quando a Festa dos Tabernáculos se aproxima, uma ocasião típica de peregrinação a Jerusalém, escolhe não ir com seus parentes e permanecer na Galileia. É evidente nessa passagem a contraposição de Jesus a "seus irmãos", isto é, os membros de sua família: Ele se afasta deles, porque percebe que não acreditam nele e gostariam apenas de usá-lo como uma atração.

Então, em vez disso, Ele sobe a Jerusalém, não aberta, mas secretamente (7,10-13). Nessa cidade os judeus o procuram e a multidão fala a seu respeito, com opiniões diferentes: alguns o consideram bom, outros o consideram um trapaceiro. Esse tipo de observação, que se repete em várias partes do Quarto Evangelho, reflete a situação em que a comunidade joanina se encontrava no final do século I.

Uma nova perícope (7,14-36) começa com uma indicação cronológica: na metade da semana da Festa dos Tabernáculos, Jesus aparece no Templo e ensina o povo: primeiro a atenção é focada nas Escrituras, depois se reproduz a multiplicidade de opiniões que circulavam sobre a verdadeira identidade do Cristo. Finalmente, vãs tentativas de prendê-lo destacam como os líderes são incapazes de compreender as palavras de Jesus.

Uma outra indicação cronológica introduz a passagem mais importante do capítulo (7,37-39): no último dia da festa, o mais solene, Jesus, em pé, solenemente se propõe como o doador do Espírito. Naqueles dias festivos em Jerusalém, procedia-se uma procissão que acompanhava os sacerdotes para tirar água na piscina de Siloé, levá-la ao Templo e torná-la uma libação simbólica: a intenção era lembrar as profecias sobre a fonte que jorra do Templo (cf. acima de tudo Ez 47) e invocar o dom da chuva para a nova estação. Em estreita ligação com essa prática litúrgica judaica, Jesus convida os sedentos a crerem nele, a se aproximarem e beberem: anuncia que – de acordo com as promessas bíblicas – "do seu interior fluirão rios de água viva". No versículo 39 o evangelista entra com força no texto e explica ao leitor o significado enigmático das palavras de Jesus: a água viva é o sinal do Espírito Santo que será dado pelo próprio Jesus no momento de sua glorificação, ou seja, quando Ele dará vida na cruz. Dessa forma, o significado do que será contado sobre o crucificado é antecipado e explicado, quando do seu lado aberto sairão o sangue e a água (19,34).

A última passagem dessa seção (7,40-52) contém uma reação variada do povo diante do anúncio profético de Jesus: alguns acreditam que Ele é de fato o messias, mas outros objetam que a procedência da Galileia nega tal realidade, porque – de acordo com as Escrituras – o Cristo deveria vir de Belém, a aldeia de Davi. Os guardas, enviados para prendê-lo, voltam de mãos vazias ao chefe e se justificam dizendo que esse homem fala como ninguém jamais falou: os fariseus os acusam de se terem deixado enganar, citando como evidência o fato de que nenhuma pessoa instruída acreditaria nele, mas o narrador, com ironia, desmantela esse argumento, introduzindo novamente o personagem de Nicodemos, mestre em Israel, que os convida a superar um juízo preconcebido, ouvindo seriamente o que Jesus ensina. No entanto, eles o calam com uma piada, reiterando o preconceito popular de que não pode surgir um profeta da Galileia.

O juízo sobre a mulher adúltera (7,53–8,11)

Esta perícope está faltando nos manuscritos mais antigos e confiáveis e, quando aparece, também é colocada em outros pontos e não somente deste *Evangelho*: portanto, mesmo atestada desde o século II, motivos textuais e literários nos levam a considerar essa passagem como estranha à tradição joanina. A origem é a tradição oral comum também aos sinóticos e, qualquer que seja sua origem, o texto é considerado inspirado e canônico.

A narrativa, ambientada no Templo, se assemelha a outras disputas às quais, de acordo com os sinóticos, Jesus foi submetido pelas autoridades judaicas durante seus últimos dias em Jerusalém. O principal interesse da perícope não diz respeito ao adultério; antes, quer oferecer uma perspectiva mais ampla e complexa sobre o tema do pecado e sobre a relação entre Jesus e os pecadores. O objetivo dos acusadores é testá-lo e encontrar um pretexto para acusá-lo: com habilidade, Jesus elude a questão e propõe um veredito sapiencial: "Aquele que dentre vós estiver sem pecado seja o primeiro que lhe atire pedra" (v. 7). Jesus escapa da alternativa que os adversários lhe queriam impor e seu pedido obtém o efeito desejado, de modo que todos vão embora. Ao contrário dos adversários, Jesus não considera a mulher um objeto de discussão e toma a iniciativa do diálogo: na verdade, Ele a interpela com o título "mulher", que une essa passagem com outras passagens significativas do Quarto Evangelho (2,4 e 19,26: a mãe; 4,21: a samaritana; 21,15: Maria de Mágdala). Jesus, portanto, não ignora o fato de que houve pecado, mas não formula um julgamento de condenação, mas expressa seu completo desejo de recuperação e salvação.

A controvérsia com os judeus (8,12-59)

Após o parêntese da adúltera, uma breve nota narrativa no versículo 12 cria a conexão com o ensinamento anterior de Jesus em 7,37-38: o cenário continua sendo o Templo, no solene momento final da Festa dos Tabernáculos. Todo o capítulo 8 contém uma coleção de palavras de Jesus dirigidas aos judeus em um clima de forte tensão. No conjunto dos discursos podemos distinguir três momentos: a princípio Jesus se proclama a luz do mundo, depois reafirma sua origem do Pai e finalmente se envolve com os judeus num violento contraponto sobre as respectivas origens.

A primeira parte do discurso (8,12-20) se coloca em continuidade ideal com o anúncio do dom do Espírito e começa com a autorrevelação de Jesus como a luz do mundo, inspirada pelas outras características da Festa dos Tabernáculos: o acendimento de grandes luzes no pátio do Templo. A imagem bíblica da luz está geralmente ligada à Palavra de Deus que ilumina o caminho e é apropriada pela linguagem apocalíptica para caracterizar a revelação divina que supera a treva do mundo: assim João reitera que Jesus é o revelador do Pai, capaz de levar toda a humanidade à plenitude da vida. Os fariseus contestaram o valor de seu testemunho e, assim, a discussão retoma temas já abordados: as testemunhas que creditam a Jesus (cf. 5,31-47) a origem divina ("de onde – *póthen*") e, sobretudo, sua íntima união com Deus o Pai. A seção é fechada por uma nota que ambienta "estas palavras no lugar do gazofilácio [...] no Templo" e o narrador repete que "e ninguém o prendeu, porque não era ainda chegada a sua hora" (8,20; cf. 7,30).

Na segunda parte do discurso (8,21-30), introduzida por uma fórmula muito curta ("De outra feita, lhes falou, dizendo"), Jesus anuncia sua partida e a impossibilidade de segui-lo, o que é malcompreendido pelos judeus: primeiro pensaram em uma missão aos gregos, agora eles sugerem suicídio. Jesus não explica, mas aumenta a dose, repetindo que eles morrerão em seu pecado, se não estão dispostos a reconhecê-lo como "EU SOU" (v. 24), em estreita união com o próprio YHWH; Ele fala do Pai, mas os judeus não o compreendem e pedem esclarecimentos. Em seguida, retorna a imagem ambígua da elevação (já proposta a Nicodemos em 3,14), que indica tanto a elevação na cruz quanto a exaltação celestial: João insiste que somente na glória da cruz será possível reconhecer Jesus como "EU SOU" (v. 28), em união pessoal com Deus o Pai. A seção é fechada por uma breve nota que menciona a reação positiva de muitos que "creram nele" (v. 30).

A última parte do discurso (8,31-59) é endereçada primeiramente "àqueles judeus que creram nele", mas imediatamente se degenera em amarga controvérsia e se concentra no tema da origem. Jesus anuncia que sua palavra é revelação autêntica ("verdade") e quem a aceita como um discípulo se tornará livre: o homem é escravo do pecado e somente o Filho pode tornar-se verdadeiramente livre. Mais uma vez, a ênfase está no papel decisivo que Jesus tem como Filho de Deus, capaz de tornar o Pai conhecido e dar verdadeira liberdade (v. 31-36). A menção de Abraão, como o pai do povo, desencadeia uma discussão acalorada sobre a autêntica paternidade: os judeus reiteram que eles são "filhos de Abraão", mas Jesus afirma que eles não têm Abraão como pai, porque não fazem as mesmas obras que o patriarca, e nem sequer têm Deus como seu pai, porque não reconhecem seu enviado; finalmente é dito que eles têm por pai o diabo (v. 44), porque, como ele, são assassinos e mentirosos, uma vez que não aceitam a verdade dita por Jesus e conspiram matá-lo (v. 37-47). Também esses versículos de amarga controvérsia, como outros já identificados, refletem as tensões experimentadas pela comunidade joanina e pela sinagoga rabínica: grupos que, em todo caso, se situam no judaísmo e destacam diferentes posições hermenêuticas em relação a Jesus, posições que devem ser lidas no contexto literário do Quarto Evangelho e não extrapoladas como uma polêmica antijudaica. A seção final desse embate (v. 48-59) enfoca a afirmação de Jesus, que reitera ser capaz de dar a vida eterna. Eles perguntam-lhe expressamente: "Quem, pois, te fazes ser?" (v. 53). E Jesus alcança o ápice de sua autorrevelação, repetindo pela terceira vez nesse capítulo a referência ao nome próprio de Deus: "Em verdade, em verdade eu vos digo: antes que Abraão existisse, EU SOU" (v. 58; cf. v. 24.28). Diante de tal afirmação, que para os judeus soa como blasfêmia, não resta nada além da tentativa de apedrejamento; "mas Jesus se ocultou e saiu do templo" (v. 59). A ruptura trágica tem uma sequência narrativa imediata no sinal do cego de nascença.

O sinal do cego de nascença (9,1-41)

A narrativa do "sexto sinal", embora estruturada como um texto completo, não deve ser considerada como uma passagem isolada, mas deve estar literal e teologicamente ligada ao que a precede e ao que a segue: aos discursos (Jo 8) de fato, segue uma ação simbólica (Jo 9) que, por sua vez, determina um novo discurso (Jo 10). Depois de um preâmbulo teológico que aborda o tema da luz, o evento miraculoso é descrito de maneira essencial, seguido de uma série de opiniões conflitantes; o centro do episódio é, portanto, ocupado por três interrogatórios conduzidos pelos fariseus contra o cego e seus pais; finalmente, Jesus volta à cena para encontrar o homem miraculado e formula uma sentença conclusiva e explicativa para seus oponentes.

A primeira parte da narrativa (9,1-12) se relaciona com o final dramático do episódio anterior, em que Jesus foge do Templo para evitar o apedrejamento: "Caminhando, Jesus viu um homem cego de nascença" (v. 1). Parece, portanto, que o fato ocorreu próximo do Templo, no mesmo dia solene que conclui a Festa dos Tabernáculos. A iniciativa é de Jesus, que vê um homem que não podia ver: o esclarecimento de que a cegueira é "de nascença" (*ek genetés*) tem uma implicação teológica, para designar uma incapacidade congênita e estrutural que alude à condição no procedimento joanino natural do homem, incapaz de ver Deus. Um diálogo inicial com os discípulos concentra-se no tema do *pecado* (v. 2-5), mas Jesus desloca a atenção da causa para o fim, anunciando a intenção simbólica de manifestar as obras de Deus: antes de fazer um sinal demonstrativo, Ele reitera ser "a luz do mundo" (v. 5; cf. 8,12).

O sinal da luz (v. 6-7) é narrado o mais breve possível com uma série de verbos em parataxe, mas com a intenção de sublinhar o valor simbólico dos detalhes. A lama que Jesus produz misturando terra e saliva lembra a história de Gn 2, onde se narra a criação do homem da terra: não se trata de um milagre de cura, mas de criação, pois um homem cego não pode ser curado, mas precisa de uma intervenção "criativa". Depois de espalhar a lama sobre os olhos, Jesus ordena que o homem vá e se lave na piscina de Siloé: o narrador intervém para explicar ao leitor que o nome semítico *Siloám* significa "enviado". Esse particular, aparentemente insignificante, pode transformar-se aliás na chave simbólica de todo o episódio: esse termo, na verdade, deriva de um texto do Gênesis (49,10), já interpretado pelo judaísmo em chave messiânica, e o evangelista o relaciona explicitamente com Jesus como "aquele que o Pai enviou". Dessa forma, a água da piscina, em meio às procissões durante a Festa dos Tabernáculos, alude o evento sacramental do batismo cristão: o cego de nascença, pobre e inerte mendicante, torna-se uma imagem da humanidade recriada pela obra do Messias Jesus, desde que aceite o que lhe é ordenado e o execute docilmente.

Uma série de diálogos curtos (v. 8-12) marca a reação das pessoas que conheciam aquele homem: não têm certeza de que seja ele, mas ele confirma sua identidade e narra brevemente como seus olhos foram abertos. Ele fala de seu benfeitor simplesmente como "o homem chamado Jesus" e declara não saber onde este se encontra. De fato, Jesus deixou a cena e no centro da atenção narrativa resta apenas o homem que nasceu cego, mas agora vê.

A parte central do episódio (9,13-34) é ocupada por três interrogatórios, com os quais os fariseus querem esclarecer o fato; a questão do sábado é proposta novamente, já que naquele dia de festa Jesus não deveria misturar barro. Um primeiro interrogatório (v. 13-17), depois de ouvir a versão daquele homem, determina uma dissensão (*schísma*) entre os fariseus, que discutem se Jesus vem ou não de Deus: se ele viola o sábado, ele é um pecador, mas se é um pecador, como pode realizar tais gestos? A solução hipotética que surge é a de uma farsa: eles duvidam que realmente se trate de um cego de nascença e, portanto, convocam seus pais. O inquérito suplementar (v. 18-23) constitui o coração de todo o episódio com o testemunho frio dos pais, que afirmam que seu filho nasceu cego, mas não sabem nada sobre a maneira como ele adquiriu sua visão. Nesses personagens podemos reconhecer aqueles judeus temerosos que não tiveram a coragem de reconhecer Jesus como o Cristo, por medo de perder sua posição na sinagoga. De fato, no final do século I, as autoridades farisaicas decidiram excomungar todos os judeus que acreditavam em Jesus como messias; João os define com o termo técnico *aposynágogoi*, isto é, "expulso da sinagoga" (v. 22; cf. 12,42; 16,2). Intervindo na história o narrador estigmatiza o comportamento covarde dos pais, emblemático do modo de proceder de seus contemporâneos que, por medo dos judeus e para não perder os privilégios, negam a fé no Messias Jesus.

A hipótese investigativa dos fariseus mostrou-se errada, mas no terceiro interrogatório (v. 24-34) eles se voltam novamente para o ex-cego, afirmando com muita presunção saber que Jesus é um pecador. O homem, que antes o chamou de "profeta" (v. 17), agora se defende e propõe uma série de argumentos lógicos que mostram como a autoridade divina daqueles que a executaram pode ser reconhecida a partir do evento prodigioso. Mas os fariseus não querem ouvir argumentos: eles se declaram discípulos de Moisés e admitem que não sabem "de onde é (*póthen*)" (v. 29) esse Jesus, até que – irritados pela lógica rigorosa daquele homem – o expulsam. Acontece-lhe justamente o que seus pais temiam: o ex-cego de fato se comprometeu em favor de Jesus, assumiu uma posição de fé para com Ele e sofreu as consequências dessa escolha.

Neste ponto começa a cena final (9,35-41), na qual Jesus volta à cena e, justamente porque aquele homem agiu de modo a ser expulso dos fariseus, vai procurá-lo e lhe faz explicitamente uma pergunta de fé. Ele não sabe quem é o Filho do Homem, mas quando reconhece em Jesus aquele que lhe deu a oportunidade de vê-lo, se prostra diante dele e pronuncia a fórmula essencial da fé: "Creio, Senhor!" (v. 38). O itinerário "catecumenal" está concluído e a experiência vivida pelo homem cego de nascença representa uma transição da treva à luz. Com habilidade simbólica, João mostra, então, como o homem em geral, cego de nascença, é incapaz de estar em bom relacionamento com Deus; mas Jesus oferece a vista, cria a possibilidade de um verdadeiro encontro com Deus. Esse evento de salvação, no entanto, não é automático: exige do homem antes de mais nada a consciência de sua própria impotência e, então, sua disposição de cooperar; portanto, somente aqueles que não se reconhecem necessitados de salvação se excluem. No final, de fato, o cego é contrariado pelos fariseus, que acreditam ver, mas na realidade são eles os realmente cegos: Jesus especifica o significado de sua missão (v. 39) como uma reversão da situação, abrindo os olhos aos cegos e tornando cegos aqueles que veem. Por fim, retorna como inclusão o termo "pecado" (v. 41; cf. 9,2-3), que qualifica a atitude de fechamento de quem não quer ver e, fingindo já conhecer tudo, acaba não entendendo nada.

O discurso sobre o bom pastor (10,1-21)

A ação simbólica do cego de nascença determina um novo discurso, que continua, sem qualquer nota narrativa, o que Jesus começou a dizer aos fariseus em 9,41. Eles são os verdadeiros cegos: viram as obras de Jesus e, no entanto, não querem reconhecer o significado profundo e divino de sua ação. A eles se direciona a similitude da porta e do pastor, que apresenta Jesus como o modelo a ser acolhido e seguido.

O próprio texto articula o discurso de Jesus em dois momentos e é a breve nota narrativa do versículo 7 que funciona como separador, reforçado pela repetição nos dois princípios (v. 1.7) da fórmula de afirmação (*Amém, amém*): o primeiro bloco, portanto, estabelece o discurso metafórico sobre o tema do pastor, enquanto o segundo desenvolve o sentido da imagem e propõe a dupla identificação de Jesus com a porta e com o pastor. Para entender o valor simbólico desse discurso de revelação, é necessário deixar claro que no Antigo Testamento o termo "pastor" é usado para designar os chefes (especialmente os reis de Israel), os responsáveis pela comunidade e várias autoridades (civis, políticas, militares, religiosa), mas a reflexão teológica levou os profetas a reconhecerem que o próprio Senhor seria o verdadeiro pastor. Portanto, Jesus reivindica para si um título divino e, de maneira complementar à linguagem sinótica do Reino de Deus, apresenta sua pessoa como a presença poderosa e ativa do próprio Deus, como rei e pastor de seu povo e de toda a humanidade.

A primeira parte do discurso (10,1-6) introduz os termos de uma similitude. Jesus descreve um curral, consistindo de uma cerca com uma porta de entrada, e esboça uma cena de vida pastoril no centro do discurso (v. 2-4): quando o pastor chega, o porteiro abre a porta e ele entra no recinto, ele chama todas as suas ovelhas, recolhe-as e as conduz para fora, depois anda à frente delas. O termo grego para cerca é *aulé*, o mesmo usado para indicar a corte do sumo sacerdote (cf. 18,15): é desse ambiente fechado (símbolo de toda estrutura religiosa que não liberta, mas escraviza) que o pastor, como libertador, tira as ovelhas e então se torna o seu guia. Essa cena positiva é enquadrada por dois *frames* negativos: um ladrão ou um bandido não passa pela porta, mas sobe a cerca (v. 1); um estranho não poderia conduzir as ovelhas, porque – não reconhecendo sua voz – elas fugiriam (v. 5). Os fariseus, destinatários do discurso (cf. 9,40), não entendem o significado profundo dessas imagens (v. 6) e, em seguida, se requer uma intervenção de Jesus para explicá-las.

A segunda parte do discurso (10,7-21) contém, portanto, a explicação da similitude com duas identificações duplas de Jesus, que dividem o texto em duas seções adicionais, uma vez que Jesus primeiro se identifica com a porta e depois com o pastor. Consideremos então os versículos 7-10 que desenvolvem a metáfora da porta e os versículos 11-18 que descrevem o bom pastor.

Em relação à porta, a importante fórmula de autorrevelação é usada duas vezes: "EU SOU a porta" (v. 7 e 9). As duas frases oferecem duas explicações distintas. No primeiro caso, Jesus lembra o fato de que o ladrão não passa pela porta, mas passa por outra parte: assim Ele define como "ladrões e mercenários" todos aqueles que "vieram antes dele", aludindo aos maus pastores de seu judaísmo contemporâneo. A dura contraposição é entendida no clima polêmico experimentado pela comunidade joanina em relação à sinagoga farisaica no final do século I: aqueles que não passam por Jesus não são verdadeiros pastores. No segundo caso, em vez disso, Jesus se propõe como o autêntico revelador: só quem passa por Ele pode "entrar" no Reino de Deus (cf. 3,5), isto é, chegar ao encontro com Deus que coincide com a salvação escatológica e é lembrada a imagem do "encontrar pastagem". No final da explicação, há uma ênfase adicional nos fins divergentes: o objetivo do ladrão (ou seja, o mau pastor) é apanhar e destruir, enquanto o objetivo de Jesus (o bom pastor) é dar vida, como Ele já disse várias vezes (cf. 3,16; 5,24). Aqui Ele acrescenta uma nota de grandiosidade: "em abundância" (v. 10).

A mesma fórmula de autorrevelação é usada duas vezes para especificar o valor simbólico do pastor: "Eu sou o bom pastor" (v. 11 e 14). Em grego é usado o adjetivo *kalós* ("belo"), que não tem significado estético, mas de valor: Jesus é o pastor "autêntico, justo, válido", Ele é o pastor por excelência, comparado à figura negativa dos outros pastores. Como já antecipado, o objetivo de Jesus é dar sua própria vida para salvar a da humanidade: o ladrão é agora substituído pela figura negativa do "mercenário", que está interessado na paga, não nas ovelhas, não pretende dar, ele quer tomar. No versículo 14 Jesus repete a mesma fórmula de autorrevelação e acrescenta uma nota sobre o tema do conhecimento mútuo: na linguagem bíblica, o verbo "conhecer" indica uma relação de afeto profundo, uma amizade autêntica, um laço forte e apaixonado. Mesmo que o termo "ovelha" ainda seja usado, essa imagem está desatualizada e a discussão claramente diz respeito às pessoas e seu envolvimento com o próprio Deus: a profunda relação afetiva que une Jesus aos seus é semelhante àquela que une as pessoas divinas (v. 15) e é precisamente em virtude desse conhecimento de amor que Jesus dá a sua vida com uma perspectiva universal que diz respeito a toda a humanidade. Na verdade, "este aprisco" (v. 16) designa a estrutura religiosa de Israel e Jesus declara não parar por aí, mas ser pastor também de outros povos: também a estes "convém" (*déi*) que Ele conduza à plena liberdade. Jesus, revelador do Pai, é o único capaz de realizar o projeto divino, porque é capaz de "retomar" a vida e "comunicá-la" aos outros. No ápice do discurso (v. 18), o evangelista especifica que a morte de Jesus não foi um acidente, nem a vitória de poderes mais fortes, mas a livre-escolha do Filho que cumpre a missão que lhe foi confiada pelo Pai.

Os últimos versículos dessa parte (10,19-21) concluem a longa seção estabelecida em Jerusalém durante a Festa dos Tabernáculos e retomam as discussões dentro do grupo de judeus que interpretam a própria pessoa de Jesus de maneiras muito diferentes: mais uma vez o narrador reafirma a presença de dissensão (*schísma*) entre eles (v. 19; cf. 7,43; 9,16) e destaca como alguns sabem como perceber a realidade de uma pessoa extraordinária a partir dos sinais realizados.

A peripécia decisiva (10,22-11,54)

Em 10,22, uma nova indicação cronológica determina a referência a outro contexto litúrgico de Israel e cria o ambiente para uma nova seção narrativa: "Celebrava-se em Jerusalém a *Festa da Dedicação*". A história ligada a este momento inclui uma polêmica escancarada dos judeus que acusam Jesus de blasfêmia porque Ele pretende se fazer Deus e tentam capturá-lo: mas Ele escapa de suas mãos, deixa Jerusalém e se refugia além do Jordão. A essa seção (10,22-42) se segue no capítulo 11, sem indicações precisas de tempo, o longo episódio sobre Lázaro, o amigo que morreu e foi trazido de volta à vida: para realizar este sinal, Jesus teve de deixar seu refúgio seguro além do Jordão e retornar à Judeia, onde corre o risco de ser preso e condenado à morte (cf. 11,8). A história de Lázaro termina em 11,45-46 com uma dupla reação dos presentes: muitos creem, mas alguns vão denunciar Jesus aos fariseus. Consequentemente, é narrada a reunião do Sinédrio (11,47-53), na qual é tomada a decisão oficial de matar Jesus enquanto Ele se retira na região próxima ao deserto (11,54). O versículo seguinte, o 55, introduz a referência à terceira Festa da Páscoa, a decisiva para a morte e ressurreição. Vale a pena, portanto, distinguir os textos que preparam a Páscoa do que precede e mantém unida a seção narrativa que vai de 10,22 a 11,54, pois apresenta episódios decisivos no emaranhado narrativo de João: dar vida ao amigo morto custará a vida de Jesus.

A grande reivindicação de Jesus (10,22-42)

Além da referência à Festa da Dedicação, esta seção é introduzida por uma nota sazonal ("Era inverno") que serve para evocar o clima gelado em que o diálogo com as autoridades judaicas ocorre na esplanada do Templo. O conflito é dividido em duas partes, com uma importante nota final.

No início (10,22-30), provocado pelos judeus em sua messianidade, Jesus retoma a imagem das ovelhas pertencentes ao pastor e não responde ao pedido de uma declaração explícita sobre sua própria identidade messiânica, mas refere-se às obras que realizou como provas credíveis em seu favor. Ele então dá um passo à frente na revelação e afirma sua identidade com Deus, dizendo que sua mão coincide com a de Deus, para garantir que nada será capaz de tirar seus discípulos do poder do amor divino. O discurso atinge seu ápice com uma solene declaração teológica: "Eu e o Pai somos um" (v. 30).

Neste ponto (10,31-39), Jesus deve defender-se da reação dos judeus, que o acusam de blasfêmia: aqueles ouvintes frios entendem muito bem a sua afirmação sem precedentes e, por essa razão, trazem pedras para lapidá-lo. A acusação é clara: "sendo tu homem, te fazes Deus a ti mesmo" (v. 33; cf. 8,53). A partir dessa acusação, o Mestre se defende com um típico raciocínio rabínico, partindo de um versículo bíblico (Sl 82,6) e assumindo o tema do novo Templo: Jesus em pessoa é o santuário da presença de Deus, enviado a este mundo para revelar a vida do pai. Também essa segunda parte do discurso chega ao ápice com uma declaração solene: "O Pai está em mim, e eu estou no Pai" (v. 38). Novamente a reação é de rejeição e mais uma tentativa de detê-lo falha.

A nota geográfica final parece encerrar o círculo com o início do ministério de Jesus, quando João Batista batizou do outro lado do Jordão. Apesar dos repetidos fracassos com os judeus, a passagem termina com uma observação positiva, lembrando que muitos eram aqueles que creram em Jesus (v. 42).

O sinal de Lázaro (11,1-44)

A longa história que gira em torno da história de seu amigo Lázaro está na inserção narrativa de João o "sétimo" sinal, que é o ápice de gestos taumatúrgicos que significam a intervenção de Deus em favor do homem, o mais próximo da realidade da obra realizada por Jesus: "dar a vida" à humanidade. Como o termo "ressurreição" se aplica corretamente somente a Jesus, vale a pena usar neste caso outra palavra, por exemplo "reanimação", porque o que acontece com Lázaro é diferente do que acontecerá com Jesus. O que ocorre com Lázaro, de fato, é um retorno à vida anterior, enquanto a ressurreição de Jesus será o começo de uma nova vida, a superação definitiva da morte, a conquista da glória eterna. No entanto, o dom da vida física ao seu amigo Lázaro é um sinal muito próximo da realidade, porque significa tão explicitamente quanto possível que a missão de Cristo consiste em dar a sua vida para comunicar a vida ao mundo.

A narração é articulada em várias cenas com breves notas de conexão: começa com a notícia da doença de Lázaro que chega a Jesus em seu refúgio além do Jordão, onde Ele se safou dos perigos dos judeus. É, portanto, uma questão de decidir se retorna e arrisca a vida ou se permanece em segurança: um diálogo de Jesus com seus discípulos leva à decisão de retornar à Judeia. Terminada a introdução, sem narrar a viagem, logo é narrado, primeiro, o encontro com Marta e, depois, com Maria, sendo este marcado por vários comentários dos judeus; então ocorre o prodigioso evento de Lázaro, já morto há quatro dias, chamado para fora do sepulcro. A narrativa se conclui com a reação dos presentes e a denúncia de alguns coloca em movimento no episódio seguinte, decisivo na trama do Evangelho.

A introdução (11,1-16) apresenta em primeiro lugar a situação familiar de Lázaro, Marta e Maria de Betânia, enfatizando com insistência as relações de amizade e benevolência que unem os três irmãos entre si e a Jesus e seus discípulos: a doença de Lázaro é comunicada ao Mestre, sem qualquer pedido explícito, definindo a pessoa doente simplesmente como "aquele a quem amas (*filéis*)" (v. 3). Ao ouvir as notícias, Jesus não se afasta do seu refúgio e com um tom profético explica aos seus discípulos que essa doença destina-se à "glória de Deus" e a glorificação do Filho de Deus (v. 4): Ele quer dizer que tal evento mostrará a uma presença poderosa e ativa de Deus em favor do homem e, ao mesmo tempo, levará à crucifação de Cristo, o cume de sua revelação. Depois de dois dias, Jesus convida os discípulos a retornarem à Judeia, mas eles mencionam o grave perigo que se aproxima de Jerusalém, onde fica Betânia. Com um discurso simbólico (v. 9-10) de natureza apocalíptica, Jesus se apresenta como a luz que ilumina o dia, em que Ele realiza sua obra, e se opõe à treva da noite quando não se pode agir (cf. 8,12; 9,4-5); então anuncia sua intenção de ir e despertar Lázaro, que dorme. Os discípulos não entendem o significado real dessas palavras e Jesus deve intervir para explicá-lo, antecipando o significado do evento futuro.

O encontro com Marta (11,17-27), irmã do falecido, é precedido por algumas notas descrevendo a situação em Betânia e caracteriza-se como um diálogo maduro da fé cristológica. Jesus anuncia com certeza que Lázaro ressuscitará e desviará a atenção da futura escatologia do último dia para a escatologia atual; Ele também propõe a Marta uma nova fórmula de autor-revelação, mediante a qual se identifica com a vida escatológica: "Eu sou a ressurreição e a vida" (v. 25). Tudo depende de crer em Jesus, e Marta exprime uma solene profissão de fé, um dos pontos altos em que o evangelista condensa o objeto do crer cristão: "Eu tenho crido que Tu és o Cristo, o Filho de Deus que devia vir ao mundo" (v. 27).

O encontro com Maria (11,28-37), a outra irmã do morto, segue imediatamente e é caracterizado por diferentes reações dos judeus presentes em sua casa, que comentam criticamente sobre a obra de Jesus. Tendo alcançado o Mestre, Maria repete as mesmas palavras que sua irmã e Ele não responde, mas fica comovido e perturbado, até que começa a chorar (v. 35). A cena é particularmente bem-sucedida e marcou a imaginação dos leitores ao longo dos séculos: à emoção normal de um ente querido, pode-se acrescentar como motivo para o choro de Jesus uma consideração profética com a qual Ele reage ao seu drama iminente, entendendo que esse poderoso gesto será a causa direta de sua própria morte.

A história do milagre (11,38-44) é introduzida por uma nota de deslocamento diante do sepulcro e sua descrição essencial: ao mandar remover a pedra que bloqueia a entrada do sepulcro, Marta reage instintivamente, pensando que agora – tendo estado morto por quatro dias – o corpo está se decompondo e, portanto, cheira mal. Jesus deve chamá-la de volta à profissão de fé e reafirma firmemente os dois elementos teológicos que governam toda a história: "Se *creres*, verás *a glória de Deus*" (v. 40). Uma vez que a pedra do sepulcro foi removida, a narração é retardada por uma oração que Jesus dirige ao Pai, agradecendo por tê-lo ouvido e ressaltando mais uma vez que o principal objetivo do sinal é "crer" na missão do Filho (v. 41-42). Nesse momento o evento prodigioso é narrado com poucos detalhes: Jesus chama em voz alta o homem morto para fora e Lázaro sai, levando consigo todas as ataduras, ainda firmemente amarradas ao seu corpo, de modo a bloquear os pés e as mãos (v. 43-44). O detalhe é importante, se comparado com o que João dirá sobre as panos fúnebres deixados na tumba de Jesus (cf. 20,6-7): assim, fica clara a diferença entre a ressurreição de Lázaro, destinado a morrer novamente, e a ressurreição de Cristo, que não morre mais. A história termina com a ordem que Jesus comunica aos presentes para "desatar" o morto, lembrando a imagem de um prisioneiro retirado da prisão.

Na final (11,45-46) nenhuma reação do falecido e das irmãs é apresentada, mas anota-se a consequência diferente que o sinal produziu nos presentes – como de costume nestes casos: muitos creram, mas alguns vão denunciar Jesus aos fariseus.

A decisão de matar Jesus (11,47-54)

A decisão do Sinédrio é apresentada pelo relato joanino como uma consequência do sinal de Lázaro: os principais sacerdotes e fariseus admitem que Jesus faz muitos sinais, mas não querem interpretá-los positivamente.

Eles estão preocupados que sua fama atrairá muitos seguidores e que isso possa resultar numa revolta popular contra os romanos: seu medo é de tipo político e a busca de uma solução diz respeito à defesa de seu poder. O narrador, limitando-se a anotar os medos dos judeus e as medidas com que eles tentam intervir na situação, mostra a habitual ironia que o leitor percebe facilmente: as maquinações não serviram para nada, todos creram em Jesus e os romanos destruíram o templo e a nação.

A proposta oficial do sumo sacerdote Caifás é enfatizada pelo narrador e exposta com ironia renovada. Na verdade, ele começa seu discurso com uma avaliação que João compartilha plenamente: "Vós nada sabeis!" (v. 49). Prossegue então argumentando a conveniência "convém que morra um só homem pelo (*hypér*) povo e que não venha a perecer toda a nação!" (v. 50). Como de costume, o narrador entra nessa história e acrescenta uma explicação teológica muito importante: precisamente por causa da função sagrada que desempenhava, o sumo sacerdote não falava por si mesmo, mas profetizava ao dizer "que Jesus estava para morrer pela nação" (v. 51); então amplia o horizonte e afirma que o objetivo da morte de Jesus é a reunião escatológica dos "filhos dispersos de Deus" (v. 52). A sentença capital, emitida pelo Sinédrio, é assim interpretada como uma profecia sobre o significado messiânico da morte de Jesus, que reunirá *éis hén* (*in unum* – "em uma coisa") a humanidade (cf. 17,23).

"Desde aquele dia, resolveram matá-lo" (v. 53). Essa afirmação constitui o ponto de virada decisivo na vida terrena de Jesus, porque agora seu destino da morte é fixo. A narratologia moderna derivou de Aristóteles o termo *peripeteia*, que desembocou na palavra *peripécia*, para indicar o enredo de uma história do momento em que há uma grande mudança com a transição de uma situação para outra: a palavra grega, que vem preposição *perí* ("ao redor") e da raiz do verbo *píptein* ("cair"), designa uma "ocorrência" que faz girar o destino. Portanto, podemos usar essa palavra narratológica para definir o ponto de virada decisivo na narrativa joanina: Jesus, que havia se deslocado da Judeia, voltou para dar sua vida a seu amigo Lázaro e isso lhe custou a vida, porque justamente "daquele dia" eles decidiram matá-lo. Mas a história ainda está nas mãos do protagonista, que decide livremente quando ser preso: então, por ora, Ele se retira para a região próxima ao deserto (11,54), aguardando a ocasião simbolicamente mais adequada, que é a Festa da Páscoa.

Em Jerusalém: para a última Páscoa (11,55-12,50)

O anúncio da proximidade da Páscoa marca o início da última seção narrativa, que serve de preâmbulo à segunda grande parte do Quarto Evangelho, centrada na glória da cruz. Por três vezes essa Festa da Páscoa é citada, quase uma lenta contagem regressiva, que introduz o momento decisivo:

- "Estava próxima a *Páscoa* dos judeus" (11,55);
- "Seis dias antes da *Páscoa*" (12,1);
- "Antes da *Festa da Páscoa*" (13,1).

Dado que o capítulo 12 desempenha uma função de "acoplamento" entre as duas partes principais, assumindo ao mesmo tempo o papel de conclusão e introdução, distinguimos a seção 11,55-12,50 como um momento de transição, caracterizado por episódios curtos com ensinamentos sobre a dignidade messiânica de Jesus e duas conclusões teológicas que marcam o fim do livro dos sinais.

Uma breve nota introdutória (11,55-57) anuncia a proximidade da Festa da Páscoa: é a terceira vez que essa festa é mencionada no relato de João (a primeira em 2,13.23; a segunda em 6,4) e esta é a Páscoa decisiva, a de Jesus. Enquanto isso, a multidão que sobe a Jerusalém para a festa se pergunta se Jesus vai participar (como em 7,11), enquanto os líderes estão planejando prendê-lo.

A unção de Betânia (12,1-11)

Com esta cena abre-se a última semana, como especifica a referência cronológica inicial. Jesus deixa o lugar seguro onde se retirou (11,54) para retornar a Betânia, onde participa de uma ceia na casa de seus amigos Lázaro, Marta e Maria. O relato joanino pertence à tradição sinótica comum a Mateus e Marcos, em que desempenha um papel simbólico de introdução à história da paixão: mais uma vez João utiliza, num contexto semelhante, um texto tradicional, mas traz algumas mudanças significativas, integrando-o na narrativa do sétimo sinal com referências deliberadas a Lázaro revivido. O gesto de Maria não se relaciona à cabeça de Jesus (como em Mt e em Mc), mas aos seus pés: ela versa uma libra (300 gramas) de nardo muito precioso e depois seca-os com o próprio cabelo "e encheu-se toda a casa com o perfume do bálsamo" (v. 3): uma provável referência ao Cântico dos Cânticos dá ao gesto de Maria um valor simbólico de grande afeição, e esse amor que une os amigos de Jesus é o perfume da vida que enche toda a comunidade dos discípulos de Cristo. A crítica pelo desperdício, que nos sinóticos vem dos discípulos em geral, é atribuída pelo narrador joanino a Judas Iscariotes, com o acréscimo de um julgamento severo sobre seu comportamento como ladrão (v. 4-6). Como nos sinóticos, a intervenção de Jesus em defesa da mulher realça seu gesto em referência a seu próprio enterro: como o vinho de Caná foi preservado até a época do noivo, assim o nardo de Betânia é um símbolo do amor fiel que o os discípulos devem preservar para o evento salvífico da morte de Jesus (v. 7-8).

A cena é concluída por outra nota descritiva (v. 9-11), que retoma a referência a Lázaro e acrescenta como muitas pessoas estavam curiosas para ver a pessoa que Jesus ressuscitara dos mortos; portanto os principais sacerdotes decidem eliminar também Lázaro, porque, por causa dele, muitos judeus creram em Jesus.

A recepção da multidão em Jerusalém (12,12-19)

Imediatamente a seguir, vem a história da chegada de Jesus em Jerusalém, que é introduzida com uma nota cronológica ("No dia seguinte"), semelhante àquelas que marcam a semana inaugural (cf. 1,29.35.43): dado que também neste caso há uma referência a uma semana anterior à Páscoa, é possível pensar que o narrador queira reproduzir de maneira espelhada uma abordagem lenta ao *gran finale*.

Esse episódio também depende da tradição sinótica comum, que João preserva e reduz ao essencial, eliminando muitos detalhes. Ele não fala, por exemplo, do ingresso na Cidade Santa, mas simplesmente observa como a multidão "tendo ouvido que Jesus estava de caminho para Jerusalém" (v. 12), saiu ao encontro dele com ramos de palmeiras, gritando a aclamação típica tirada do Sl 118,25-26. Em relação ao jumentinho, o narrador diz apenas que Jesus o encontrou e o montou (v. 14): o que mais importa para ele é anexar a referência profética a Zc 9,9 (v. 15). A essa altura, encontramos uma das inserções mais importantes do narrador (v. 16), com a qual especifica o crescimento da compreensão de que a comunidade joanina viveu no tempo: na época dos fatos, seus discípulos não entendiam o significado do que seu Mestre estava fazendo, nem pensavam na frase de Zacarias; somente após a Páscoa da Ressurreição a memória dos fatos e das Escrituras permitiu uma compreensão plena do projeto divino, revelado nos textos bíblicos e realizado pela experiência histórica de Jesus.

Nenhum outro detalhe da vinda de Jesus a Jerusalém é ilustrado, mas a razão que levou a multidão a encontrá-lo é explicada: o sinal de Lázaro foi corretamente interpretado e, portanto, o povo deu testemunho dele, isto é, atestou o valor positivo de Jesus (v. 17-18). Os fariseus, por outro lado, olham amargamente para a multidão que segue Jesus e o narrador – com boa ironia – coloca em sua boca a percepção de seu fracasso: "Vede que nada aproveitais! Eis aí vai o mundo após ele" (v. 19).

É chegada a hora da glória (12,20-36)

A última seção narrativa antes da Páscoa é apresentada por outra referência à festa: alguns estrangeiros, vindos do mundo helenístico, expressam o desejo de "ver" Jesus e os que agem como mediadores são apenas dois discípulos que usam nomes gregos, Filipe e André. No pedido desses peregrinos que subiam a Jerusalém para a festa sintetiza-se o anseio de toda a humanidade que aspira a encontrar Aquele que pode salvar. Os discípulos relatam esse desejo ao Mestre, mas Jesus responde com um discurso (v. 23-28) que a princípio não parece coerente com o pedido, ao mesmo tempo que revela em profundidade um nexo importante e significativo.

Em primeiro lugar, Jesus anuncia que sua hora chegou (v. 23): depois de ter dito várias vezes no curso do relato que a hora ainda não tinha chegado (cf. 2,4; 7,30; 8,20), agora o narrador faz o próprio Jesus dizer que é chegado o momento culminante de sua glorificação como "Filho do Homem", entendido como um personagem celestial e escatológico, no qual o Pai revela a grandeza de seu amor com o dom da vida. Essa revelação alude à imagem parabólica da semente (v. 24), com a qual Jesus apresenta a eficácia de sua missão mediante a dinâmica da morte e ressurreição, reafirmando que o mesmo princípio também regulará a vida dos discípulos (v. 25): isso significa "servir a Jesus" (v. 26), porque envolve uma imitação concreta de seu estilo existencial. O que esta conversa tem a ver com o pedido dos gregos? De fato, Jesus não vai ao encontro daqueles estrangeiros e parece ignorar seu desejo, mas com sua resposta Ele quis dizer que a abertura universal e o encontro com todos os homens serão possíveis para Cristo após o evento de sua glorificação, isto é, depois de sua morte e ressurreição. Esta é a hora a que toda a sua vida tende: este é o cumprimento de sua missão.

Embora conheça o grande efeito positivo de sua morte, como homem, Jesus também teme o sofrimento. De fato, logo após o evangelista propõe um fragmento narrativo em que se refere à angústia que os sinóticos mostram em Jesus no momento do Getsêmani: "Agora, está angustiada a minha alma" (v. 27). João insiste em reiterar que Jesus tem plena consciência de ter chegado exatamente àquela hora para dar o passo decisivo e, portanto, não volta atrás. A sua oração contém uma fórmula de João com o paralelo sinótico do Pai-nosso: "Pai, glorifica o teu nome" (v. 28a), que significa: mostra quem és, faz que se veja teu poder divino, revela o teu amor de Pai justamente na concreta e dolorosa situação que enfrento.

Além da angústia no Getsêmani e da oração de Jesus ao Pai, podemos também reconhecer uma versão joanina da transfiguração, que parece sugerir o fato extraordinário da voz que vem do céu confirmando a opção escolhida por Jesus: "Eu já o glorifiquei e ainda o glorificarei" (v. 28b): de acordo com o vocabulário usual do Quarto Evangelho, a revelação celestial de Deus Pai confirma que Jesus está certo e promete solenemente mostrá-lo com uma intervenção poderosa. Essa voz do céu, embora exclusiva do Quarto Evangelho, assemelha-se muito, na mensagem que transmite, à narrativa sinótica da transfiguração: o Pai manifesta com uma intervenção mística a sua complacência para com Jesus e anuncia a entrada na glória divina como objetivo da obscura viagem do sofrimento.

A multidão percebeu um fato extraordinário, mas não entendeu nem as palavras nem a mensagem: não foi um trovão nem um anjo que falou; o evangelista conhece a explicação correta, porque coincide com o ponto de vista do próprio Cristo: a voz do céu é dirigida aos ouvintes, a quem é revelado como no mistério da cruz se realiza a entronização do verdadeiro rei (v. 32) e ao mesmo tempo a derrota do império demoníaco (v. 31). A cruz de Cristo, o trono do verdadeiro rei, torna-se o instrumento que arranca do poder as forças obscuras.

Um último fragmento dialógico (v. 34-36) mostra a multidão perplexa diante da perspectiva de um Filho do Homem ressuscitado, porque, de acordo com a interpretação bíblica comum, o Messias deveria "permanecer eternamente"; no entanto, Jesus não dá novas explicações, mas sim aborda um apelo final a "crer na luz, para se tornarem filhos da luz". A evidente nota de encerramento (v. 36) reafirma (cf. 8,59) a saída de Jesus da cena pública e a sua ocultação.

Reflexão teológica do narrador (12,37-43)

Enquanto Jesus se retira na solidão, o próprio narrador toma a palavra para propor uma reflexão bíblico-teológica, capaz de interpretar as razões da falta de fé. Os sinais de Jesus foram muitos grandes, mas não deram conta de convencer a todos. Para esta situação, dolorosa e angustiante, a comunidade joanina encontrou algumas respostas nas Escrituras (cf. Is 53,1; 6,10). João acredita que o texto antigo, falando do fracasso do profeta, anunciou um resultado semelhante também para o futuro Cristo, e por isso acrescenta que "não podiam crer" (v. 39): ele quis dizer que era inevitável que terminasse assim, já que a revelação profética já havia delineado esse caminho de olhos cegos e coração endurecido. No entanto, a recusa não é total: a conclusão, de fato, afirma que "muitos creram nele" (v. 42), mesmo entre os líderes, embora não abertamente por medo de serem "expulsos da sinagoga". Nessa conclusão retorna a palavra tipicamente joanina *aposynágogoi*, já usada na narrativa do cego de nascença (9,22; cf. tb. 16,2), e isso permite que salte aos olhos a intenção que move o narrador ao dirigir-se a seus leitores contemporâneos: encorajar aqueles que hesitam em aderir abertamente a Jesus, para que possam escolher a glória de Deus, como fizera Isaías.

Monólogo final (12,44-50)

Esse discurso parece fora de contexto, porque pouco antes (v. 36) foi dito que Jesus deixou a cena pública: alguns intérpretes pensaram em um fragmento solto e sem contexto, enquanto pode-se considerar que o redator final tenha intencionalmente colocado nesta seção conclusiva um grito de Jesus que, dirigido aos leitores do Quarto Evangelho, reafirma a todo tempo o valor de sua Palavra, enquanto proposta fiel do que o Pai lhe ordenou dizer. Neste último apelo a crer nele, Jesus resume os elementos fundamentais de sua missão: declara solenemente ser o autêntico enviado de Deus, para salvar o mundo e não para julgá-lo, portador da Palavra divina que é luz e dá vida eterna.

Segunda parte: o livro da glória (cap. 13–21)

A segunda parte do Evangelho segundo João encontra o seu centro de interesse no tema da hora do Messias, que coincide com a sua glorificação, isto é, o momento decisivo em que se realiza a obra da salvação e Deus demonstra em Jesus a sua presença poderosa e atuante; portanto, com a terminologia que se tornou habitual, podemos indicá-lo como o *livro da glória*

(cap. 13–21). Sua estrutura é muito mais simples e evidente do que a do primeiro livro, porque contém grandes blocos literários homogêneos e bem definidos. De fato, além do epílogo, distinguem-se três seções:
- discursos de despedida (cap. 13–17);
- a história da paixão (cap. 18–19);
- a narração das reuniões da Páscoa (cap. 20);
- o epílogo narrativo (cap. 21).

13,1–17,26: Os discursos de despedida

Um breve prólogo teológico (13,1-3) constitui um novo início solene que imediatamente introduz a terceira e decisiva Páscoa de Jesus: antes dos eventos pascais, porém, o evangelista propõe a coleta das últimas palavras do Mestre, que – dada a importância do momento – assumirão a função de um testamento espiritual. A grande seção, na qual João recolhe discursos de despedida durante a ceia, é precedida pela narrativa do lava-pés (13,4-12) que, como prólogo narrativo, revela antecipadamente o significado da obra pascal de Jesus. A partir de 13,13 – seguindo o gesto simbólico do lava-pés com a intenção de explicá-lo – inicia-se não um único, mas uma série de discursos, muitas vezes interrompidos por breves notas narrativas que relatam reações ou questionamentos dos discípulos. A nota presente em 14,31 ("Levantai-vos, vamo-nos daqui") parece ser uma conclusão, enquanto a coleção de ditos continua por mais três capítulos. Portanto, constitui uma ruptura evidente que separa uma primeira parte dos discursos (13,13–14,31) de uma segunda (cap. 15–16). Também o início do capítulo 17 contém uma nota editorial ("Tendo Jesus falado estas coisas, levantou os olhos ao céu e disse") que marca o fim da segunda parte e o início da terceira, diferente do gênero anterior, por conter a oração dirigida por Jesus ao Pai (cap. 17). Em 18,1 – depois dos discursos – começa o relato da paixão.

A introdução (13,1-12)

Os discursos de despedida são introduzidos de duas maneiras: a partir de uma nota teológica sintética e de um relato de gesto simbólico.

O grandioso exórdio (13,1-3) finalmente apresenta a hora de Jesus que é chegada: coincide com a Páscoa e consiste na passagem deste mundo para o Pai. O momento culminante de sua vida é caracterizado pelo amor total, "até o fim (*éis télos*)". As últimas palavras de Jesus, que na narrativa de João são pronunciadas na cruz, determinam uma importante inclusão literária, assumindo precisamente esta expressão: "Está consumado! (*tetélestai*)" (19,30). Assim, afirma-se que o cumprimento chegou, que o objetivo final foi alcançado: não apenas se indica *o* fim, mas sobretudo chega-se *ao* fim. O evangelista quer dizer que Jesus demonstra seu amor no momento extremo de sua existência, mas principalmente que, com o dom generoso de si mesmo, alcança a meta de unir o ser humano a Deus. Além disso, o Quarto Evangelho enfatiza fortemente que Jesus enfrenta o drama da paixão com plena consciência, como uma doação livre e voluntária de si: a morte não o surpreende como um acaso nem como uma situação fatal e inevitável, mas é Ele quem com plena liberdade e generosa determinação escolhe oferecer sua vida. E Ele o demonstra com um gesto eloquente, uma vez que – de acordo com o estilo de João – os sinais profeticamente anunciam algo mais. Assim, o lava-pés antecipa (como as palavras relatadas pelos sinóticos sobre pão e vinho) o significado do que acontecerá em breve a Jesus: sua morte é um ato de amor que transforma a humanidade, tornando-a capaz de um amor semelhante.

Nessa introdução narrativa (13,4-12) o evangelista narra o significado da Eucaristia, sem narrar sua instituição, porque expressa a ideia do dom total de si mesmo para os outros. A ceia não é descrita, mas deliberadamente deixada no genérico para dar um valor arcano e exemplar. O narrador esboça uma cena humildemente solene com verbos no presente (no original grego), para dar uma noção da pertinência perene de seu gesto: Jesus, plenamente consciente de sua dignidade divina, ergue-se da mesa, retira sua bela túnica, veste uma toalha e se ajoelha no chão, lavando os pés de seus discípulos (v. 4-5). O gesto expressa o sentido dos fatos e diz o que vai acontecer: ser lavado antecipa a partilha da glória com Cristo, porque a purificação com água é um símbolo de nova vida e recorda o dom batismal do Espírito, que torna possível a união com Deus e dá início a uma nova criação.

Ajoelhando-se e fazendo um gesto de escravo, Jesus corre o risco de perder sua dignidade e honra: portanto, Pedro, o porta-voz habitual da mentalidade corrente, repreende o Mestre e não quer aceitar tal atitude (v. 6). A resposta de Jesus evidencia uma situação diferente: *agora* ele não pode compreender, mas *depois ele* entenderá (v. 7). O "depois" se refere à Páscoa e significa que, quando o discípulo recebe o dom da vida do Senhor, ele também será capaz de tal amor. Confrontado com a possibilidade ameaçada de não ter parte com Jesus, Pedro repentinamente muda de ideia e se declara disponível para aceitar uma "lavagem" completa da parte do Mestre: a alusão aos sacramentos do Batismo e da Eucaristia (v. 10) indica que a salvação plena e definitiva só pode vir da comunhão confiante com Cristo. Como no início da narrativa (v. 2) houve a referência ao projeto diabólico de Judas, retorna também na final (v. 11) a referência àquele que vai entregar Jesus: não é puro quem, em vez de se envolver do amor divino, se fecha e se opõe a ele.

Com uma breve referência à retomada das vestes (v. 12), Jesus é apresentado sentado, no papel de Mestre e Senhor: com uma pergunta sobre a compreensão do gesto que acabou de completar, Ele inicia seu testamento espiritual.

A primeira parte dos discursos (13,13–14,31)

Mesmo que algumas notas narrativas interrompam as palavras de Jesus, podemos considerar como unitária essa seção discursiva, na qual se reconhece a articulação de importantes ensinamentos teológicos.

O drama da entrega e a hora da glória (13,13-38)

Jesus começa (13,13-20) explicando o significado do lava-pés: esse gesto constitui o exemplo (*hypódeigma*), isto é, o paradigma existencial que o Mestre e Senhor oferece aos seus discípulos para que façam como Ele. Com duas fórmulas de afirmação (v. 16.20) reitera-se um duplo princípio concernente ao enviado (*apóstolos*) e ao mandante (*ho pémpsas*): quem é enviado é como um servo diante do mestre, portanto inferior (v. 16, a única ocorrência do termo "apóstolo" em João); no entanto, acolher os enviados de Jesus é como receber a Ele próprio, aliás, significa acolher a Deus Pai (v. 20). Entre esses dois princípios, se introduz de maneira enigmática (com a citação do Sl 40,10) o drama do discípulo que se coloca contra o Senhor: os outros discípulos, que conhecem essas coisas, são bem-aventurados enquanto cumprem com docilidade o ensinamento do Mestre (v. 17-18). Avisados antecipadamente, eles poderão crer na divindade de Jesus, reafirmada com a fórmula teofórica "Eu Sou" (v. 19).

Ao anúncio enigmático, segue-se uma seção (13,21-30) na qual o "entregador" é revelado. Uma nota narrativa interrompe o discurso e apresenta Jesus profundamente perturbado (cf. 11,33; 12,27) que, com outra fórmula de asserção, anuncia: "Um dentre vós me trairá" (v. 21). Geralmente, o verbo grego *paradídomi* (correspondente ao latim: *trádere*) é traduzido por "trair" que João usa para indicar a obra de Judas. Corretamente, entretanto, significa "entregar", e é um verbo que o Quarto Evangelho emprega com um rico valor teológico tanto para indicar a ação de entregar Jesus nas mãos dos homens para matá-lo, como para designar a ação de Jesus que entrega seu Espírito divino para que a humanidade viva (19,30). Diante do anúncio explícito da traição, os discípulos não sabem de quem Jesus está falando e, nessa conjuntura, aparece pela primeira vez a expressão "o discípulo que Jesus amava" (v. 23): ele está "conchegado a Jesus" (cf. 1,18), isto é, o lugar de honra mais próximo do Mestre e pode reclinar-se sobre o peito para pedir esclarecimentos (v. 25). O gesto amistoso feito por Jesus para entregar um bocado a Judas revela quem é o discípulo traidor: junto com aquele bocado o evangelista afirma que satanás entrou nele, isto é, tomou posse do seu coração para o voltar contra o Mestre. Então, Jesus convida-o a concluir rapidamente o que está prestes a fazer (v. 27) e o narrador, enfatizando mais uma vez como os discípulos não entendem o significado dessa expressão, se detém com ironia para propor duas falsas interpretações que paradoxalmente revelam-se ambas verdadeiras, porque Judas vai comprar o cordeiro para a verdadeira festa e oferece algo aos pobres (v. 28-29). "Ele, tendo recebido o bocado, saiu logo. E era noite" (v. 30): a observação trágica da noite é muito mais do que uma observação temporal, porque simbolicamente lembra tanto o drama cósmico da treva que quer suplantar a luz, como a tragédia pessoal do discípulo que, diante de toda a proposta de Jesus, se tornou ele próprio a escuridão que também rejeita a última oportunidade.

Uma nova seção (13,31-35) é introduzida pela retomada da saída da cena de Judas, explicada por Jesus como o momento decisivo da glorificação do Filho (v. 31-32). Essa típica terminologia joanina deriva do conceito hebraico de *kabód* (habitualmente traduzido "glória") entendido como a qualidade de quem "é pesado": a glória de Deus é, portanto, seu influente peso na história, ou sua presença que pode operar e de fato opera. Portanto, a glorificação do Filho consiste precisamente na demonstração de que Deus está presente e ativo em Jesus: esse evento é identificado por João com o drama da cruz, que agora – com a saída de Judas – já está inevitavelmente iniciado. Por isso, Jesus, usando para os discípulos o afetuoso vocativo "filhinhos" (*teknía*, usado apenas aqui no Evangelho, mas frequente em 1Jo), reafirma, como já dissera aos judeus (cf. 7,34; 8,21), que aonde Ele vai, eles não podem ir: Ele quer dizer, de uma maneira enigmática, que "vai para o

Pai" e somente Ele, sendo o Filho, pode alcançar Deus através da morte, algo impossível para qualquer outra pessoa.

Neste ponto (v. 34-35), o tema do *ágape* aparece como um breve parêntese, proposto com a definição de "novo mandamento" (*entolé kainé*): como Jesus amou os seus, assim eles possam amar-se uns aos outros, como sinal distintivo e revelador de seus discípulos. A novidade não está no mandamento, mas no dom do *ágape*: o amor do Pai foi dado ao Filho e Jesus o deu aos homens, tornando-os participantes do mesmo vínculo divino e capazes de tecer novos e bons laços humanos.

Pedro intervém (13,36-38) para pedir explicações sobre o destino de Jesus, que simplesmente lhe repete que ele "por enquanto" não pode segui-lo, mas que o fará "mais tarde". Isso significa que o discípulo não é capaz, com suas próprias forças, de fazer como Jesus, mas depois do evento decisivo da Páscoa receberá a força para imitá-lo e alcançá-lo na glória. Pedro não entende o significado dessas palavras e protesta a sua intenção de seguir o Mestre, declarando-se disposto também a dar sua vida por Ele. Mas Jesus o desanima, anunciando com uma fórmula de asserção que ele logo negará conhecê-lo por três vezes.

"Vou [para o Pai] e volto para vós" (cap. 14)

Sem qualquer nota narrativa, recomeça o discurso de Jesus (14,1-4) com o convite: "Não se turbe o vosso coração" (v. 1a), que retornará idêntico como uma inclusão no final do capítulo (v. 27). De fato, os discípulos estão turbados porque Jesus anunciou sua partida, a traição de um discípulo, a negação do outro e sua impossibilidade comum de segui-lo. Nesse ponto, portanto, suas palavras oferecem consolo e revelam o profundo significado do que acontecerá; antes de mais nada, no entanto, Ele reitera que a atitude fundamental dos discípulos deve ser a da fé. O Quarto Evangelho nunca usa o substantivo "fé" (*pístis*), mas sempre o verbo correspondente *pistéuein* ("crer"); logo no início desta parte discursiva encontramos uma frase emblemática da teologia joanina, que, com um perfeito quiasma literário, propõe a identidade entre Jesus e Deus: "credes em Deus, também em mim crede" (v. 1b). Jesus então revela que ir ao Pai envolve preparar um lugar para os discípulos, para que todos possam estar juntos novamente (v. 2-3), e termina com uma alusão provocativa à sua capacidade de compreensão (v. 4).

O discípulo Tomé o interrompe, admitindo que eles não sabem para onde Jesus está indo, então não podem conhecer o caminho (v. 5). Essa intervenção oferece a possibilidade de uma nova autorrevelação de Jesus com outra solene fórmula teofórica: "Eu sou o caminho, a verdade e a vida" (v. 6). Jesus em pessoa é o caminho para alcançar o Pai e é a revelação que se fez carne e é também o objetivo para o qual tudo tende, isto é, a própria vida divina. A teologia joanina enfatiza fortemente que somente "por intermédio de Jesus" podemos alcançar o Pai e somente por Ele podemos conhecer a Deus. Com uma outra alusão provocatória ao conhecimento dos discípulos (v. 7) o discurso habilmente envolve os interlocutores.

Desta vez é Filipe quem intervém com um pedido revelando que também ele ainda não entendeu a mensagem de Jesus: "Senhor, mostra-nos o Pai, e isso nos basta" (v. 8). A resposta de Jesus continua por um longo tempo sem interrupções (14,9-21), abordando diferentes temas. Em primeiro lugar, Jesus afirma firmemente que, quem o viu, viu o Pai (v. 9) e, portanto, insiste no relacionamento íntimo que o liga a Deus, referindo-se às obras que realizou como garantia para que se acredite nessa revelação inaudita (v. 10-11). Com a fórmula de asserção, Ele introduz outra ideia, explicitando o objetivo de sua jornada em resposta às perguntas dos discípulos: aqueles que creem em Jesus realizarão as mesmas obras, na verdade farão coisas ainda maiores precisamente porque Ele "vai para o Pai" (v. 12; cf. 14,28; 16,28). Logo depois, Ele formula uma promessa (v. 13-14), que retornará mais duas vezes na sequência (cf. 15,16; 16,23-24): toda oração que os discípulos fizerem "em nome de Jesus", isto é, em íntima união de intenção com Ele, será ouvida.

Nesse ponto (14,15-17), aparece na tessitura dos discursos de despedida a primeira das cinco profecias sobre o dom do Espírito Santo, chamado *parákletos*: a tradução da Conferência Episcopal Italiana (CEI)[10] de 1974 traduzia essa palavra como "Consolador", enquanto a versão atual da CEI, de 2008, mantém a palavra grega, que indica o advogado de defesa, aquele que foi *que está ao lado* para defender e apoiar. Em 1Jo 2,1 o mesmo título é atribuído ao Cristo ressuscitado como fiador oficial defendendo nossa causa diante do Pai. É um termo que recorda o grande esquema processual da

---

10. No original italiano, o autor se refere à tradução da CEI (Conferência Episcopal Italiana). Do ponto de vista bíblico, o cenário italiano é bastante diverso do brasileiro: lá são poucas as traduções à disposição do grande público. Edições consagradas no mundo, como a *Bíblia de Jerusalém*, trazem sempre o mesmo texto da CEI com as notas próprias de cada edição.

narrativa joanina: o ataque contra Jesus continua também contra seus discípulos, mas eles não estão sozinhos. Após a glorificação de Jesus, eles serão assistidos por um "outro" Paráclito (v. 16): o primeiro foi o próprio Jesus e os discípulos o conhecem porque Ele vive com eles. Depois da ressurreição, porém, Ele estará dentro deles: não mais uma companhia externa, mas uma presença interna. Esse advogado é definido o "Espírito da verdade": uma vez que na linguagem joanina Jesus é a verdade, no sentido etimológico grego de *a-létheia,* isto é, "não escondimento", ou "revelação", segue-se que o Espírito da verdade é o Espírito de Jesus, intimamente unido com sua pessoa e continuação de sua obra.

Essa promessa é confirmada por uma outra (14,18-21), com a qual Jesus anuncia que não deixará órfãos os discípulos, mas "voltarei para eles" (v. 18): essa expressão indica a presença, misteriosa e real, do Cristo ressuscitado naqueles que nele creem. Em virtude da experiência pós-pascal, a comunidade joanina manifesta a sua consciência da íntima união do Filho com o Pai, da qual também a humanidade pode participar (v. 19-20), com o esclarecimento de que tal vínculo de amor requer a aceitação e observância dos mandamentos de Jesus (v. 21).

O discurso é interrompido por Judas, não o Iscariotes (14,22), que pergunta por que Jesus não se revela ao mundo, mas apenas aos discípulos: assim ele oferece a oportunidade para uma nova seção discursiva (14,23-31), como uma sinfonia sobre uma série de temas já mencionados. O Mestre refere-se ao que já disse (v. 21) para reiterar como, no relacionamento amoroso que une os crentes, o Pai e o Filho "farão morada" no discípulo que mantém a palavra (v. 23). A resposta à questão colocada pelo discípulo explica, ainda que veladamente, que é o amor que possibilita o encontro e que o mundo que não reconhece Jesus coincide com aqueles que não o amam e não observam suas palavras (v. 24).

Uma segunda profecia do Paráclito (14,25-26) explica que as palavras ditas por Jesus durante seu ministério histórico serão mantidas vivas pela presença do Espírito Santo que o Pai enviará no lugar de Jesus e em estreita continuidade com Ele. A tarefa do Paráclito é caracterizada por diferentes verbos nas várias profecias e, nesse caso, são atribuídas a Ele as ações de "ensinar" e "lembrar". É importante observar o uso enfático do pronome masculino (*ekéinos,* "aquele") concordado com o substantivo neutro *pnéuma*: essa estranheza gramatical tem uma implicação teológica, pois pretende ressaltar a natureza do Espírito atuando como pessoa, não como força genérica. De fato, é uma tarefa pessoal realizada pelos *parákletos* que, como mestre, ensina todas as coisas: isto é, ajuda a entender todas as palavras de Jesus, recordando-as para torná-las compreensíveis.

O primeiro discurso já está chegando ao fim e Jesus saúda os seus com a típica fórmula hebraica que deseja *shalóm*, isto é, "paz" (v. 27), e afirma que sua palavra realiza de modo divino a paz que Ele deseja: é por isso que o coração dos discípulos não deve se perturbar (inclusão com 14,1). Jesus vai ao Pai (cf. 14,12) e ao mesmo tempo vem aos discípulos (v. 28): não é correto traduzir o grego *érchomai* com "voltarei", porque se trata de um verbo presente e não indica retorno, mas a vinda. O Cristo, ascendendo, vem ao Pai e, em virtude disto, entra em estreita comunhão com os discípulos: portanto eles devem se alegrar. O que está prestes a acontecer – a tragédia da cruz – é bem conhecido por Jesus (v. 29), o qual atribui seu assassinato ao "príncipe do mundo" (v. 30; cf. 12,31; 16,11), embora este não tenha poder sobre Ele: o que está prestes a acontecer é de fato destinado a deixar o mundo saber que Jesus ama o Pai e faz a obra que lhe foi confiada (v. 31a). A breve nota de encerramento determina uma clara pausa na série de discursos de despedida: "Levantai-vos, vamo-nos daqui" (v. 31b).

A segunda parte dos discursos (cap. 15-16)

É muito provável que no início o texto dos discursos tenha terminado assim e que a redação final tenha acrescentado outra seção, composta de material pertencente à tradição joanina e adaptada ao contexto da ceia, porque dizia respeito à vida da própria comunidade após a partida de Jesus. A nota final de 14,31 não ficou no texto por engano, mas foi deixada como uma indicação de adição editorial. Nessa segunda parte dos discursos, podem ser reconhecidos três blocos principais: primeiro, o ensino alegórico sobre a videira e os ramos; depois uma série de palavras relacionadas às dificuldades com o mundo; e, finalmente, uma antologia de temas semelhantes aos da primeira parte.

A vida interna da comunidade (15,1-17)

O primeiro bloco temático inclui a alegoria cristológica da vinha, caracterizada pelo verbo "ficar" (v. 1-11), e o mandamento do ágape mútuo (v. 12-17). Sem qualquer introdução, a discussão começa com a fórmula típica de autoapresentação, à qual se adiciona uma referência a Deus Pai: "EU SOU a verdadeira videira, e meu Pai é o agricultor" (v. 1). De acordo com o esquema simbólico comum no Antigo Testamento, Deus é apresentado como o dono da vinha, que representa o povo: mas agora Jesus se identifica com a videira, revelando que não se pode ser um povo de Deus à parte de Cristo. Como na definição de si mesmo como "pastor" (cf. 10,11.14) acrescentou o adjetivo *kalós* ("belo"), agora, ao termo "videira", Ele acrescenta o adjetivo *alethiné* ("verdadeira"): especificar que Jesus é a *verdadeira* videira significa dizer que essa alegoria é uma imagem de revelação, isto é, nos ajuda a entender que Deus o Pai é a origem e o curador de toda a história humana, enquanto o Filho se revela como o autêntico Israel, pois realiza as promessas proféticas em favor da humanidade e torna possível dar muito fruto. A fórmula da autoapresentação é repetida com referência aos discípulos: "EU SOU a videira, vós, os ramos" (v. 5). O cenário de todo o discurso é de tipo alegórico, na medida em que cada detalhe da imagem agrícola corresponde a um elemento análogo da realidade pessoal: o agricultor é o Pai, a videira é Jesus, os ramos são os discípulos.

No centro das atenções está o fruto da vinha e, portanto, algumas ações típicas do viticultor são apresentadas: a eliminação de brotos malsucedidos e a poda de brotos fecundos. Significado do fruto é esclarecido no versículo 8: a ação efetiva do Pai é revelada no fato de que os homens se tornam discípulos do Filho. Por essa razão, insiste-se no verbo "permanecer" (*ménein*), que expressa a plena imagem da comunhão entre Jesus e o Pai, entre Jesus e os discípulos: essa linguagem, que atravessa o Quarto Evangelho, diz respeito à relação pessoal de cada discípulo com Jesus, revelando que, somente em íntima união com Ele, será possível chegar ao Pai e realizar a própria vida. Outra operação evocada pela alegoria é a poda, que possibilita maior produção: o verbo grego usado para definir esse trabalho é "purificar" (*katháirein*), para mostrar como a palavra de Jesus torna "puros" (v. 3) os discípulos, removendo o desperdício e possibilitando um fruto mais abundante. Ao convite "Permanecei em mim" (v. 4) acrescenta-se outro que ajuda ainda mais a compreensão: "Permanecei no meu amor" (v. 9). A origem de tudo é o ágape do Pai, derramado sobre o Filho, que o demonstrou para com os discípulos, que por sua vez experimentaram pessoalmente sua autêntica capacidade de relacionamento.

A próxima perícope é incluída pelo comando do ágape (v. 12 e 17). A palavra "mandamento" traduz o grego *entolé*, que na verdade tem uma nuança mais delicada. Composta pela preposição *en* ("na") e pela raiz do verbo *tellein* ("colocar"), o termo mais próximo em italiano [e no português] seria "proposta" ou – melhor ainda – o inglês *input*: Invoca um empurrão para a ação, a oferta de uma boa possibilidade de vida. O mandamento de Jesus, de fato, coincide com a proposta de seu amor e não é uma imposição externa de preceitos a serem executados pelas próprias forças humanas: é o amor com o qual o Filho amou os discípulos a torná-los capazes de fazer o mesmo. A forma plural ("meus mandamentos": 14,15.21; 15,10) pode aludir às várias palavras faladas por Jesus e às várias maneiras pelas quais Ele mostrou o seu amor, mas certamente coincide com a fórmula singular (15,12) usada anteriormente na fórmula "novo mandamento" (13,34). Os discípulos são solicitados a "guardar" (*teréin*) o dom recebido: não se trata simplesmente de obedecer a ordens, mas de preservar a relação de amizade, tornada possível pela generosidade de Cristo.

O amor de Jesus não é apenas "modelo", mas acima de tudo "causa" do afeto mútuo entre os discípulos: o ágape revelado pelo Messias faz com que quem o acolha seja capaz de um estilo semelhante. E aponta que o maior amor está em dar a sua vida e Jesus morreu por aqueles que nada mereciam: o amor de Cristo transforma os inimigos em amigos (v. 13). Tendo se tornado amigos pela graça, os discípulos são exortados a guardar o dom e permanecer nessa disposição, vivendo de fato o que lhes foi proposto (v. 14). Jesus, revelador do Pai, deu a conhecer os segredos do coração de Deus e, a partir disso, os discípulos entenderam que Ele os tratava como amigos (v. 15). Na origem dessa relação de amizade existe a livre-escolha do Senhor, a iniciativa é dele e o fim desejado é um fruto duradouro (v. 16): a imagem da vinha retorna e, como já dito (v. 8), o fruto está em se tornar discípulos, ou amigos; o grande fruto consiste em uma vida profundamente ligada a Cristo com todos os benefícios decorrentes dessa condição, porque se alguém permanece em Cristo, pede ao Pai o que quer e, então, obtém tudo (cf. 14,13-14; 16,23-24).

A vida comunitária em conflito com o mundo (15,18–16,4a)

O segundo bloco temático enfatiza a atitude hostil do mundo para com os discípulos de Jesus e o discurso toca de perto a comunidade joanina, que na época da elaboração do Quarto Evangelho passou por uma situação de difícil conflito. O convite para lembrar as palavras pronunciadas por Jesus (v. 20) é uma indicação de uma exortação dirigida ao grupo de discípulos em dificuldade. Em primeiro lugar, propõe-se um princípio geral (15,18-19): o mundo, entendido no sentido negativo como uma "estrutura terrena corrupta", odeia o que não é seu. Jesus não pertence ao mundo e, portanto, foi odiado; consequentemente, até mesmo seus discípulos devem levar em conta a mesma reação de ódio. Por meio do convite para lembrar o que Jesus disse, a comunidade joanina é chamada à memória fundante da experiência de Cristo, que serve para interpretar também a história dos discípulos (15,20-25). Com a citação significativa de um versículo bíblico ("Odiaram-me sem motivo": Sl 35,19; 69,5) Jesus resume o drama de seu próprio ministério: mesmo tendo revelado fielmente o Pai em palavras e obras, não foi aceito, mas perseguido e odiado. Aqueles que o rejeitaram, no entanto, "não têm desculpa do seu pecado" (v. 22): são intencionalmente cegos, pois fecham os olhos para não ver a luz. A mesma situação dolorosa de conflito se repete, na história, para os discípulos de Jesus.

Nesse ponto, é inserida a terceira profecia no Paráclito (15,26-27), que retoma algumas fórmulas já usadas anteriormente (14,16–17,26), mas antes de Jesus dizer que o Pai enviará o Espírito Santo, agora afirma que Ele mesmo o mandará da parte do Pai. Com essas pequenas modificações, o editor quer destacar a riqueza e a complexidade do mistério divino, que nunca pode ser esgotado por uma única fórmula. O Espírito, intimamente unido com Jesus-verdade, é agora apresentado também em relação ao Pai, visto que dele "procede" (*ek-poréuetai*). A tarefa do Paráclito é descrita como um testemunho em estreita correlação com a obra dos discípulos: o evangelista quer destacar como, por trás das declarações da comunidade, o Espírito de Deus e de Jesus está em *ação*. O mesmo termo *parákletos* na verdade se refere a um contexto judicial: no julgamento contra Jesus no curso da história, a testemunha fundamental é o Espírito, que dá aos discípulos a força e a capacidade de testemunhar a experiência que viveram.

O bloco temático sobre a difícil relação com o mundo acaba por enfatizar o propósito profético das palavras de Jesus (16,1-4a), para evitar que os discípulos se escandalizem quando se tornarem *aposynágogoi* (16,2; cf. 9,22; 12,42), isto é, expulsos da sinagoga e perseguidos por motivos religiosos. É apropriado dividir o versículo 4 em duas partes: a primeira (v. 4a), de fato, encerra o discurso anterior com a inclusão do tema da recordação, enquanto a segunda parte (v. 4b) abre o próximo bloco, com o tema da partida de Jesus.

"Convém-vos que eu vá" (16,4b-33)

O terceiro bloco literário não se concentra em um tema específico, mas se apresenta como uma antologia de fragmentos joaninos que a redação final organizou sabiamente, ocupando algumas questões importantes já abordadas no capítulo 14. Em primeiro lugar, Jesus repete a afirmação cardinal que justifica um discurso de despedida: "Vou para junto daquele que me enviou" (v. 5); e essa notícia encheu de dor os corações dos discípulos (v. 6). Mas Ele acrescenta uma nova revelação que explica por que sua partida é um bem.

Encontramos, assim, a quarta profecia sobre o Paráclito (16,7-11), na qual Jesus promete que, uma vez que tenha ido ao Pai, poderá enviar o Espírito aos discípulos: assim o evangelista teólogo une intimamente o dom do Espírito Santo ao mistério pascal, pois este consiste precisamente em "dar a vida", no duplo sentido de que Jesus ao mesmo tempo a perde e a comunica aos outros. A tarefa do *pará-kletos* nessa passagem é estritamente processual, porque consiste em "provar a culpa" do mundo: o verbo usado (*elénchein*) indica o papel do advogado para provar a culpa de alguém e, assim descreve a ação de Espírito que convence o mundo acerca "do pecado, da justiça e do juízo" (v. 8). Essas três palavras técnicas são então explicadas com três versículos que parecem ser um glossário interpretativo: o pecado consiste em não crer em Jesus (v. 9); a justiça é a demonstração de que Jesus estava certo, como evidenciado por sua ida ao Pai (v. 10); finalmente, o juízo é realizado em desmascarar a falsa vitória do diabo, que de fato é derrubado com a morte de Jesus (v. 11).

Um versículo de transição editorial (16,12) reitera que o ensinamento de Jesus cresceu ao longo do tempo, porque durante a ceia histórica os discípulos não poderiam ter entendido tudo o que compreenderam nas décadas seguintes, graças ao Espírito de Jesus que continuou a instruí-los.

Assim segue a quinta profecia sobre o Paráclito (16,13-15), que insiste nas funções do Espírito Santo como a continuação da obra de Jesus, revelador do Pai. Aos verbos "ensinar" e "recordar" (14,26), acrescentam-se mais quatro: "guiará" à verdade toda, "dirá" tudo o que tiver ouvido, "anunciará" as coisas futuras e "glorificará" Jesus. A obra de Cristo, de fato, precisa ser entendida e, sem o Espírito da verdade, os discípulos não podem alcançar a plena compreensão do Evangelho e do significado da história: o Espírito glorifica a Cristo, pois mostra sua real presença e seu poder em todos os eventos temporais, mantendo viva a sua palavra e tornando-a eficaz.

Um breve fragmento dialógico (16,16-19) apresenta a discussão dos discípulos sobre a enigmática sentença de Jesus: *"Um pouco*, e não mais me vereis; outra vez *um pouco*, e ver-me-eis" (v. 16). Eles não entendem o que significa "Vou para o Pai" (cf. 16,5.10), nem a expressão "um pouco": a passagem não acrescenta mensagens, mas age como um interlúdio, que sublinha as dificuldades de compreensão dos ouvintes e prepara uma intervenção esclarecedora do Mestre.

Como explicação, introduzida pela fórmula de asserção, Jesus propõe um esplêndido quadro apocalíptico (16,20-22), que evoca a mudança da situação de dor em alegria. A imagem da parturiente, que passa das dores do parto à alegria de dar à luz uma pessoa, antecipa com emoção o drama pascal: na verdade, a morte de Jesus será como um parto doloroso que dará à luz o novo homem. O próprio Messias passará por essas dores e seus discípulos, em solidariedade com Ele, experimentarão uma inversão análoga: mas a mesma dinâmica se repetirá no futuro no embate com o mundo, quando a comunidade joanina poderá experimentar como, apesar do sofrimento, a tristeza se transformará em alegria. A perspectiva pascal de "ver novamente" o Cristo ressuscitado também tem uma dimensão escatológica e alude à plena alegria que ninguém poderá tirar.

Um breve acréscimo sobre a oração (16,23-24) reitera que no dia escatológico os discípulos não pedirão mais nada, mas no que diz respeito ao curso da história, o que já foi dito duas vezes é válido (cf. 14,13-14; 15, 16): tudo o que for pedido "em nome de Jesus", isto é, em plena união com Ele, será concedido pelo Pai, para que os discípulos sejam pessoas felizes e realizadas.

Finalmente encontramos uma última unidade literária (16,25-33) cercada pela repetição: "Estas coisas vos tenho dito". Nesse texto final, Jesus anuncia que vem a hora da revelação, na qual se passa do falar "por meio de comparações" (*en paroimíais*, "em provérbios") ao falar "claramente" (*parresia*, "francamente"). Depois da Páscoa, de fato, os enigmas e semelhanças serão superados e, guiados pelo Espírito da verdade, os discípulos entenderão claramente a revelação de Jesus sobre o Pai, mas acima de tudo viverão com Ele uma autêntica relação de filhos, que se amam e são amados. A última palavra do discurso de despedida é um encorajamento decisivo aos discípulos, para que tenham a força para enfrentar as tribulações causadas pelo mundo: a coragem dos discípulos, portanto, consiste em participar da luta de Cristo, que com sua Páscoa já ganhou o mundo, para serem, por sua vez, vencedores.

A oração "sacerdotal" (cap. 17)

No final dos discursos ambientados durante a ceia, o Evangelista João coloca uma longa oração de Jesus que, a partir do comentário de Cirilo de Alexandria, tem sido chamada de "oração sacerdotal". Esse título é principalmente devido à expressão central, na qual Jesus afirma que se santifica a si mesmo (17,19) como o ato sacerdotal supremo realizado por aquele que, sendo verdadeiro Deus e verdadeiro homem, é o mediador perfeito, capaz de realmente conectar Deus e humanidade.

A oração de Jesus é literalmente bem estruturada, segundo um procedimento – típico de João – que se chama paralelismo-concêntrico: de fato, algumas pistas textuais mostram uma articulação em cinco partes em relação uma à outra. A primeira e a quinta partes correspondem, marcadas pelo tema do conhecimento e da glória; da mesma forma, a segunda e quarta partes começam com expressões similares ("É por eles que eu rogo" – "Não rogo somente por estes") e contêm a intercessão orante em favor dos discípulos; finalmente, a parte central, com referência à consagração sacerdotal, constitui o coração teológico da oração.

A primeira parte (17,1-8) é marcada pelo tema do conhecimento e da glória. A oração começa com o vocativo "Pai", que retorna com insistência também nas seguintes frases (v. 1.5.11.21.24.25.): por isso esse texto foi considerado o *Pai-nosso* segundo João, uma vez que expressa a mesma relação filial que une Jesus a Deus e que é comunicada por Jesus aos seus discípulos. Em primeiro lugar, Ele afirma que é chegada a hora há muito esperada; então, aponta que seu objetivo é o dom da "vida eterna", que consiste em conhecer os relacionamentos divinos. Com variações sobre esse tema, a oração reitera como Jesus completou (cf. 13,1; 19,30) a obra que lhe foi confiada pelo Pai para manifestar aos homens o seu nome: agora os discípulos conhecem a revelação, a aceitaram e creram.

A segunda parte (17,9-16) começa com uma fórmula explícita de oração: "É por eles que eu rogo". Jesus propõe ao Pai a diferente situação em que seus discípulos se encontrarão após a Páscoa e, portanto, não implora pelo mundo descrente, mas pelos discípulos crentes, e pede que continue a mantê-los em comunhão consigo, "para que eles sejam um", isto é, que participem da mesma vida divina. No início e no final dessa unidade, a ênfase é colocada particularmente no tema do mundo, que – em um sentido propriamente joanino – indica a estrutura terrena corrupta: Jesus especifica que os discípulos não pertencem a esse sistema negativo, mas, porque vivem concretamente nesse ambiente, eles precisam ser guardados do maligno, justamente como na última invocação do Pai-nosso (cf. Mt 6,13).

A parte central (17,17-19), o coração teológico da oração, contém a importante referência à consagração sacerdotal. No centro de tudo está a missão em seu duplo aspecto: Jesus foi enviado pelo Pai ao mundo e, por sua vez, envia os discípulos ao mundo. O sentido e a força dessa missão encontram-se na "consagração": três vezes em poucos versículos o evangelista usa o verbo grego *hagiázein*, que é traduzido "santificar" e deriva de *hágios* ("santo"). Em harmonia com a linguagem bíblica, presente sobretudo na tradição sacerdotal, João usa o conceito de "santidade" como uma qualificação essencial de Deus para designar seu modo extraordinário de existir e agir. Se a santificação da parte de Deus consiste em capacitar a missão, Jesus acrescenta sua aceitação pessoal e realização à obra do Pai. Como a preposição *hypér* ("em favor de") tem uma conotação sacrificial e é usada para indicar a vantagem derivada do sacrifício de expiação, a fórmula de João alude à morte de Jesus como o evento culminante de sua missão, prova definitiva de seu amor obediente pelo Pai.

A quarta parte (17,20-23) retoma a fórmula de oração com a qual a segunda parte começa, mas expande seu horizonte: "Não rogo somente por estes". Jesus também pensa em todos os futuros discípulos e pede o dom de que sejam "um", isto é, que sejam unidos no mesmo amor que une o Pai e o Filho. Característica desta seção é a insistência na unidade mística que envolve aqueles que creem na relação das pessoas divinas: a expressão aperfeiçoados na unidade" (em grego: *teteleioménoi eis hén*; em latim: *consummati in unum*) indica um processo de amadurecimento que leva os homens a se tornarem partícipes da vida divina, unificados pelo ágape (v. 23). Essa condição dos discípulos, ao mesmo tempo mística e social, torna-se o meio pelo qual o mundo pode conhecer e crer que Jesus foi enviado pelo Pai.

Finalmente a quinta parte (17,24-26) volta, como a primeira, a insistir no tema do conhecimento. Também a glória é retomada e evocada como condição primordial do Filho: Jesus quer que seus discípulos também participem dessa mesma glória. Ao contrário do mundo, eles conheceram o nome – isto é, a realidade pessoal – do Pai e creram que o Filho foi enviado por Ele: a tarefa do Filho como revelador é reafirmada no final, com a intenção de derramar nos discípulos o mesmo amor que une pessoas divinas.

18,1–19,42: O relato da paixão

Ao narrar os eventos pascais de Cristo, João segue a narração antiga – nascida do testemunho apostólico direto – também presente nos sinóticos, mas dando ao todo uma conotação adequada e particularmente original: a imagem que o quarto evangelista oferece não pretende ser a descrição dos sofrimentos de uma pessoa condenada, mas sim mostrar na cruz, através do uso de pinceladas simbólicas, a glória do rei e do juiz universal. Apesar de ser um texto historicamente fundado, apresenta-se, no entanto, como uma descrição teológica, que indica a morte de Cristo como um momento de exaltação e triunfo.

A estrutura do relato é facilmente reconhecível com base nas cenas que se formam graças a tantas mudanças de lugar, para as quais cinco configurações diferentes determinam cinco imagens narrativas distintas:

- 18,1-11: a prisão *em um jardim*;
- 18,12-27: o interrogatório na casa de Anás;
- 18,28–19,16: o processo no pretório de Pilatos;
- 19,17-37: a crucificação no Gólgota;
- 19,38-42: sepultamento *em um jardim*.

A ambientação em um jardim, que marca o início (18,1) e o final (19,41) da narrativa, determina uma inclusão, visando a imprimir no todo um curso concêntrico: a imagem central – o processo romano – é o maior e mais complexo, centrado no tema central da realeza de Jesus.

No jardim, a busca (18,1-11)

O primeiro quadro não descreve propriamente a prisão de Cristo, mas sim o confronto de dois grupos distintos e opostos: Jesus com seus discípulos e Judas com os soldados. Após a introdução apresentada pelos dois grupos (v. 1-3), segue-se um primeiro diálogo entre Jesus e os adversários (v. 4-6), e então um segundo diálogo em que Jesus destaca o relacionamento com seus discípulos (v. 7-11).

O início da narrativa contém uma fórmula transicional ("Tendo Jesus dito estas palavras") que serve como um gancho editorial para combinar discursos de despedida com o bloco narrativo de paixão, que devia ter uma autonomia original. O local onde a cena acontece é apresentado imediatamente: um jardim (*képos*), que lembra o jardim primordial do Éden. A peculiaridade joanina das "lanternas e tochas" evoca um contexto sombrio, que se refere ao simbolismo da luta entre a luz e a treva. O personagem de Jesus domina o evento com majestosa autoridade: Ele está ciente do que está prestes a acontecer, então livremente toma a iniciativa e dá ordens.

O primeiro diálogo começa com uma pergunta significativa de Jesus ("A quem buscais?", v. 4), a mesma feita aos primeiros discípulos no começo (1,38) e que fará novamente à Madalena no final (20,15): por trás da aparente banalidade, o evangelista quer lembrar o grande tema da "busca" como um motivo fundamental para o desejo humano. Jesus não se esconde, mas se apresenta com a fórmula típica da autorrevelação ("Sou Eu", v. 5.6.8). A reação dos adversários ("recuaram e caíram por terra") é descrita com uma imagem tirada dos salmos (cf. Sl 9,4; 27,2; 56,10), para apresentar antecipadamente o triunfo de Jesus e evocar a luta escatológica entre bem e mal.

Depois dessa cena teológica e proléptica, o segundo diálogo, que começa da mesma maneira que o primeiro, concentra-se na relação de Jesus com seus discípulos: inicialmente, Ele opera pela salvação de si mesmo e mantém o que prometeu (cf. 17,12); então, diante da violenta reação de Simão Pedro, Ele o corrige, falando novamente de sua livre-aceitação do cálice que o Pai lhe deu. Com essa imagem fortemente simbólica, João introduz a narrativa teológica da paixão.

Na casa de Anás, o interrogatório e a negação (18,12-27)

O segundo quadro apresenta um duplo interrogatório que ocorre na casa de Anás: enquanto do lado de dentro Jesus é interrogado (v. 19-24), do lado de fora é Pedro quem é questionado (v. 17-18.25-27). A cena começa com um relato de transição, que menciona a prisão de Jesus (v. 12) e seu comparecimento perante o tribunal judaico (v. 13-14), para então também descrever a entrada da outra pessoa (v. 13-14. 15-16). Após a introdução, portanto, o interrogatório de Jesus é enquadrado por dois interrogatórios a Pedro; a cena central é, por sua vez, estruturada em cinco quadros concêntricos:

a) Anás questiona Jesus;
   b) Jesus responde;
      c) um servo *dá uma bofetada* em Jesus;
   b') Jesus responde;
a') Ana envia Jesus a Caifás.

O Quarto Evangelho conhece o julgamento judaico diante do sumo sacerdote Caifa, mas não o narra: ao invés disso, propõe um encontro com o poderoso sogro de Caifás, que realmente governou o Sinédrio; no entanto, não narra um processo, mas um choque que diz respeito à doutrina de Jesus e seus discípulos. Depois de introduzir o personagem principal, o narrador prossegue descrevendo como até mesmo Pedro conseguiu entrar no pátio do sumo sacerdote: o papel decisivo é desempenhado por outro discípulo anônimo, conhecido do sumo sacerdote, a quem os leitores identificaram desde os tempos antigos com o Discípulo Amado, testemunha dos fatos e autor da narrativa do Evangelho.

O assunto do interrogatório diante de Anás é a doutrina de Jesus: Ele não resume um conteúdo teológico, mas responde descrevendo seu ensinamento como público e não esotérico; Ele então se refere a seus discípulos como testemunhas autoritativas. É um dado importante da tradição joanina: para conhecer a doutrina de Jesus é necessário perguntar à comunidade viva que dela deriva. No centro de toda a imagem está o gesto simbólico da bofetada que um servo dá em Jesus: é um sinal de indignação e humilhação, que representa a rejeição da revelação pelas autoridades judaicas. A essa recusa, Jesus reage com uma pergunta, implicitamente endereçada a todos os judeus incrédulos, que pode ser parafraseada da seguinte maneira: "Se a revelação que eu trouxe é ruim, prova. Se é boa, por que a rejeitas?"

O drama de toda a cena, no entanto, está condensado no quadro em que se narra a negação de Pedro. Enquanto Jesus se refere aos seus discípulos como o fruto de seu próprio ensino, Pedro nega ser seu discípulo. O Mestre respondera "Sou Eu"; já o discípulo, responde agora com uma atitude "antidivina": "não sou" (v. 17.25). O contraste é notável e a capacidade narrativa de João faz com que a atitude do discípulo pareça uma autêntica bofetada moral no Mestre. De fato, por duas vezes o narrador insiste que Pedro se "aquentava" (v. 18.25): um detalhe simbólico que lembra a frieza interior do discípulo, incapaz de seguir e imitar o Mestre. Neste segundo quadro, portanto, Jesus é apresentado como o revelador rejeitado: tanto pelos judeus com a bofetada quanto por seus próprios discípulos com a negação.

No pretório de Pilatos, o processo romano (18,28-19,16)

O terceiro quadro constitui a seção central: situada no pretório de Pilatos, é estruturada em sete cenas, determinadas pelos verbos de movimento ("sair" e "entrar"), que nos permitem distinguir quatro cenas externas e três internas. Uma breve introdução (18,28) narra o deslocamento da casa de Caifás para o pretório e afirma que a ação começa "de manhã cedo" na véspera da Páscoa. As cenas se sucedem de maneira rápida e coerente, permitindo vislumbrar uma estrutura paralela e concêntrica:

a) Pilatos sai e fala com os judeus;
   b) *Pilatos entra e fala com Jesus*;
      c) Pilatos sai e fala com os judeus;
         d) *a coroação*;
      c') Pilatos sai e fala com os judeus;
   b') *Pilatos entra e fala com Jesus*;
a') Pilatos sai e fala com os judeus.

No centro da seção está a coroação de espinhos: em virtude de sua posição, portanto, essa cena é o coroamento de todo o relato da paixão. A dinâmica da narrativa, no entanto, também tem um desenvolvimento progressivo que culmina na última cena, onde encontramos outra indicação de tempo (19,14: "cerca da hora sexta" [i. é: meio-dia]): todo o episódio está contido em seis horas, o que coincide com a ascensão do sol. É bastante provável a referência simbólica ao triunfo pascal da luz de Cristo.

A primeira cena (18,29-32) simplesmente introduz os personagens: os judeus entregam Jesus a Pilatos e pedem que ele o sentencie à morte como um "criminoso", já que não lhes é permitido emitir uma sentença de morte. João está interessado sobretudo no significado teológico desse fato: se a sentença for emitida pelos romanos, Jesus será ressuscitado na cruz e o narrador intervirá (v. 32) para sublinhar que assim se cumpre o que Ele próprio predissera (cf. 12,33).

Então Pilatos entra no pretório e começa a segunda cena (18,33-38a), ocupada por um diálogo entre Jesus e o governador. Nesse diálogo João destaca o tema da realeza, que parte do título "Rei dos judeus", uma fórmula equívoca que pode ser entendida de diferentes maneiras: Jesus reelabora, aceitando o título mas, ao mesmo tempo, interpretando-o em um sentido original. Seu poder real não se origina da estrutura terrena, mas seu reinado consiste na revelação, em comunicar Deus aos homens. Para João, de fato, o Reino de Deus consiste precisamente na comunicação da vida de Deus. Pilatos faz uma pergunta fundamental ("O que é a verdade?"), mas não espera resposta: os leitores do Quarto Evangelho sabem que Jesus em pessoa é a verdade, porque revela o Pai. Nesse sentido teológico, Ele é rei; mas isso não constitui nenhum crime contra Roma; e Pilatos sabe muito bem disso.

A terceira cena (18,38b-40) retorna para o exterior. Pilatos anuncia aos judeus que o interrogatório não revelou nenhuma falha grave, por isso propõe como saída a libertação do preso de acordo com o costume pascal; os judeus recusam e pedem a libertação de Barrabás. Com uma breve intervenção, o narrador o chama de "salteador" (*lestés*): o termo poderia aludir a um zelote, ou a um falso messias revolucionário, que os judeus escolhem em vez do verdadeiro rei.

Estamos assim no centro da seção (19,1-3) que coloca em cena ações altamente simbólicas: o escárnio dos soldados que vestem Jesus como rei e o saúdam como tal, por meio da paradoxal ironia joanina, acaba por expressar a mais profunda realidade. Os três temas régios (a coroação, o manto púrpura e a saudação) são emoldurados por dois gestos de violência (o flagelo e os bofetões): do fato realista o evangelista captou um aspecto simbólico, no qual reconhece uma primeira entronização real de Jesus.

Na quinta cena (19,4-7), Pilatos sai de novo e, reiterando não ter encontrado falha alguma nele, apresenta Jesus com os atributos do rei (coroa e púrpura): "Eis o homem!" Poderia ser uma afirmação trivial, como, "Aqui está, este trapo de um homem. Tanto barulho por um assim?" Mas em João nada é trivial, por isso é conveniente ler nesta fórmula a apresentação do modelo ideal do *homem*. Talvez subjaza a essa imagem até mesmo o conceito do Filho do Homem, uma figura escatológica do soberano destinado a reinar para sempre. Os judeus contestam essa apresentação e pedem vigorosamente a crucificação do prisioneiro; Pilatos se recusa, porque não consegue encontrar uma razão válida para a sentença de morte. Portanto, os judeus são forçados a finalmente explicitar a acusação teológica: a culpa de Jesus é a de fazer-se "Filho de Deus".

Pilatos retorna ao pretório com Jesus e começa a sexta cena (19,8-12): o governador, colocado diante do divino, sente uma sensação de medo e questiona o réu sobre sua origem. Dessa vez, a questão não é a realeza de Jesus, mas a sua natureza ou essência. Usando o advérbio interrogativo *póthen* ("de onde?"), que ocorre em passagens significativas do Quarto Evangelho, Pilatos formula a questão decisiva para realmente entender Jesus, mas o réu não responde e o juiz, aborrecido, ostenta seu poder. É nesse ponto que Jesus fala com ele, não para sustentar a origem divina do poder, mas para afirmar o projeto divino que Pilatos está realizando sem saber: por essa razão, aqueles que recusaram a revelação são responsáveis por um pecado mais sério, consciente. Enquanto Pilatos pensava em libertar o prisioneiro, uma sub-reptícia ameaça dos judeus o forçou a ceder: não correr o risco de ser acusado de conivência com um desordeiro, escolheu ser "amigo de César" (v. 12), contrastando assim com a testemunha por excelência. João Batista, que escolheu ser "amigo do noivo" (3,29).

Na cena final (19,13-16) encontramos o ponto culminante do processo, no qual não há menção de condenação, mas do solene anúncio da realeza de Jesus Pilatos conduz Jesus para fora para apresentá-lo à multidão: se o verbo grego *ekáthisen* (v. 13) for entendido em um sentido transitivo, a cena é mais eficaz, como o governador *fez* Jesus *sentar-se* na tribuna (*béma*), a cadeira de pedra em que deveria sentar-se o juiz, e o propõe aos judeus como "o seu rei". O narrador oferece quatro detalhes preciosos sobre esse fato, que ele evidentemente considera muito importante: afirma que o lugar é chamado *Lithóstrotos* (como o piso do Templo em 2Cr 7,3 e o trono de Salomão em Ct 3,10); também adiciona o nome aramaico *Gábata* (que significa "altura" e corresponde ao Gólgota); observa que a cena ocorre no dia da *parasceve* ("preparação") e registra que é a hora *sexta* (a imperfeição que tende à plenitude). De acordo com a usual maneira joanina de narrar, esses detalhes também têm um valor simbólico e dão solenidade ao evento: Jesus está sentado em um trono e, apesar de a intenção de Pilatos estar previsivelmente mostrando, dessa maneira, desprezo tanto por Ele quanto pelos judeus, o fato constitui uma imagem significativa do julgamento escatológico que está acontecendo. Prepara-se assim a autêntica Páscoa, a definitiva. Os judeus rejeitam duramente a proposta do governador e invocam a sentença de morte do réu: sua última palavra, colocada explicitamente na boca dos "chefes dos sacerdotes", soa como uma verdadeira blasfêmia, já que – reconhecendo

César como seu único rei – negam o Senhor como rei e assim rompem o compromisso da aliança. Dessa forma, o juízo está consumado. Sem que se fale em sentença e condenação, a cena termina com a entrega de Jesus e o narrador, ironicamente, aponta que neste caso os judeus o acolheram (*parélabon*: cf 1,11).

No Gólgota, a crucificação (19,17-37)

Sem narrar qualquer detalhe da *via crucis*, João menciona apenas o deslocamento e com uma breve passagem (19,17-18) introduz o quarto quadro (19,17-37), ambientado no lugar que em grego se denomina "da Caveira" (*Kraníou*), enquanto em aramaico é chamado "Gólgota", que significa igualmente "caveira", aludindo à forma da colina fora da cidade onde as crucificações aconteceram. Até mesmo o relato da crucificação é reduzido ao essencial, com a ênfase exclusiva no fato de que Jesus assume a posição central no meio dos "outros dois", sem melhores identificações. No quadro geral, não é possível perceber uma estrutura específica, mas simplesmente são identificados cinco episódios sucessivos, os quais, com diferentes nuanças, caracterizam o mesmo evento decisivo da cruz.

A primeira cena (19,19-22) é dedicada à *inscrição* colocada na cruz, para retomar o tema da realeza de Jesus. A atenção do narrador é colocada no verbo "escrever" e o fato histórico é reproposto com valor simbólico: os judeus, de fato, propõem escrever que a realeza de Jesus é subjetiva, como apenas sua opinião, enquanto Pilatos afirma querer manter a afirmação de que Ele é objetivamente o rei dos judeus. O documento romano continua sendo um alerta perene para aqueles que rejeitaram a realeza de Jesus.

A segunda cena (19,23-24) diz respeito à *túnica inconsútil*. A insistência nesse particular revela um valor simbólico, que o leitor é convidado a reconhecer: na verdade, na Bíblia, a laceração da vestimenta era um símbolo de divisão (cf. 1Rs 11,29-31), enquanto aqui o caso é exatamente o oposto. É importante notar o uso do verbo *schízein* ("despedaçar"), do qual deriva o substantivo *schísma* ("divisão"): enquanto entre os judeus houve divisão em relação a Jesus, o manto de Jesus tecido em uma única peça não está dividido, assim como permanece intacta a rede cheia de peixes (21,11). A releitura patrística, portanto, parece estar efetivamente presente na intenção simbólica do texto: aquela túnica preservada intacta faz alusão à unidade que

Cristo produz com sua morte (cf. 11,51), realizando a reunião escatológica da humanidade.

Na terceira cena (19,25-27) são protagonistas *a mãe e o discípulo*: esse episódio constitui o centro da seção e representa o vértice da obra messiânica, na conclusão da qual se reconhece que tudo está consumado. Na dinâmica da narrativa, é reconhecível o padrão de revelação, com o qual Jesus manifesta o novo relacionamento que liga a mãe ao discípulo. O título "mulher" refere-se ao símbolo feminino por excelência que na tradição profética indicava a comunidade da aliança, redimida e resgatada: a mãe, portanto, personifica o "resto santo de Israel" que precedeu o messias e o gerou; por outro lado, o Discípulo Amado é uma figura da comunidade joanina, isto é, a realidade eclesial que deriva de Jesus e continua sua obra. A palavra de Cristo, portanto, expressa uma transferência de propriedade e significa o elo fundamental entre o passado e o futuro, entre o antigo e o novo povo. Nesse evento, João reconhece a reunião escatológica da humanidade e a expressão "daquela hora", sublinhando um novo começo, indica o cumprimento da missão de Jesus. Finalmente, a especificação do discípulo que acolhe a mãe indica como a comunidade do discípulo, tendo aceito a aliança feita por Jesus, seja legitimamente herdeira da antiga aliança.

A quarta cena (19,28-30) relaciona *a sede de Jesus* com o *dom do Espírito*. O narrador indica que o cumprimento da Escritura não consiste na sede, mas sim no evento messiânico, há pouco narrado, da mãe e do discípulo: portanto a sede física de Jesus é sinal de outra sede, que é o grande desejo de realizar a obra do Pai bebendo seu cálice. Como pediu de beber à mulher samaritana mas prometeu-lhe dar água viva (4,10), agora na cruz é Jesus quem dá de beber, isto é, dá o Espírito. A reação dos presentes não compreende o profundo significado e se detém na sede física; a esponja, no entanto, não é colocada em uma cana, mas em um feixe de hissopo, aludindo ao sangue do cordeiro pascal (cf. Ex 12,22). A última palavra que João coloca na boca de Jesus ("Está consumado – *tetélestai*") indica que se alcançou o fim (*télos*, cf. 13,1) e o cumprimento definitivo do plano divino. Nesse ponto, o narrador não diz que Jesus morreu, mas "entregou o espírito" (v. 30): não é uma fórmula usual para indicar a morte, mas uma construção original, que usa o verbo de entrega e tradição para dizer que Jesus, morrendo, nos faz viver. Este é o cumprimento da revelação: comunicar à humanidade a própria vida de Deus.

Na quinta cena (19,31-37), *o sangue e a água* indicam o cumprimento da nova aliança com um forte simbolismo cristológico. Uma breve introdução (v. 31-32) lembra o que os soldados não fizeram ("não lhe quebraram as pernas") e o que eles fizeram ("um dos soldados lhe abriu o lado com uma lança"): dessa forma uma testemunha ocular pode relatar que "logo saiu sangue e água" (v. 34). Essa reação física deve ser entendida, de acordo com o simbolismo joanino, como o cumprimento da promessa de água viva: há, de fato, uma correspondência clara entre o fluxo da água e o dom do Espírito. Estritamente unido com a água, no entanto, está o sangue, o sinal da vida doada, para revelar que o Espírito Santo está ligado à vida de Jesus. Nesse ponto (v. 35), o evangelista intervém diretamente no texto para sublinhar a importância dos eventos e para garantir a plena confiança do testemunho discípulo – que narra os fatos e oferece uma verdadeira interpretação – especificando também que o propósito de tudo é a fé dos destinatários do Evangelho (cf. 20,30-31). Portanto, à luz das Escrituras, ele explica os dois fatos mencionados (v. 36-37): a alusão ao rito pascal em que não se quebram os ossos do cordeiro (cf. Ex 12,46) nos permite reconhecer novamente em Jesus o verdadeiro cordeiro pascal (inclusão com o testemunho de João Batista em 1,29), enquanto o texto de Zc 12,10 ("Eles verão aquele a quem traspassaram") ajuda a entender o crucificado como a fonte do espírito da graça e consolação, o objeto da fé a ser contemplado por todas as futuras gerações de crentes.

No jardim, a sepultura (19,38-42)

O quinto quadro retrata a sepultura de Jesus: ambientado novamente em um jardim, inclui o começo e conclui a narrativa com uma grande calma. Antes de mais nada, aparece o personagem de José de Arimateia, descrito como discípulo de Jesus, que até agora se escondeu por medo dos judeus: agora encontra coragem para se comprometer, recuperando o corpo de Jesus para evitar a vala comum.

Então retorna à cena Nicodemos, o visitante noturno, que agora vem a público e está definitivamente comprometido por Jesus: é ele que traz uma enorme quantidade de óleos perfumados para oferecer ao crucificado um sepultamento digno da realeza. São eles, portanto – e não os discípulos mais íntimos – que realizam os ritos fúnebres, envolvendo o corpo de Jesus com panos de acordo com os costumes judaicos: com essa ênfase o narrador se prepara para descrever a posição das faixas fúnebres encontradas no sepulcro vazio (20,5-7).

Finalmente, a atenção da história se volta para o ambiente em que a cena termina, com uma nota finamente simbólica (v. 41): o lugar onde Jesus foi crucificado e onde Ele está enterrado é identificado com um jardim, imagem do jardim primordial em que a humanidade perdeu a amizade com Deus. Agora, nesse novo jardim, a cruz ocupa o lugar da árvore da vida e, graças a ela, o homem encontra plena comunhão com Deus: em um sepulcro "novo", da morte jorra a vida. Pela terceira vez o narrador lembra que era a parasceve (v. 42; cf. 19,14.31), que é a "preparação", no sexto dia, véspera do grande sábado: assim termina o dia da nova criação do homem, com uma atmosfera de paz, esperando a novidade absoluta que supere a morte.

20,1–21,25: Os encontros pascais

Nada é dito sobre o sétimo dia, mas a história recomeça com o primeiro dia, o começo da nova era: os relatos pascais (cap. 20-21) narram os encontros com o Cristo ressuscitado que dá o Espírito e se faz conhecido como Senhor e Deus. Os dois capítulos têm uma estrutura linear e simples: a presença de uma conclusão do narrador no final do capítulo 20, no entanto, identifica duas seções distintas. A primeira seção (cap. 20) contém em primeiro lugar a história da visita ao sepulcro vazio por parte de Maria de Mágdala e dos discípulos, com a consequente aparição à mulher que permaneceu perto da tumba; segue então a narração de um duplo encontro com os discípulos, em casa, no mesmo primeiro dia da semana e – oito dias depois – também com a presença de Tomé; finalmente, uma intervenção explícita do narrador fecha essa seção e a distingue do que segue.

De fato, embora contenha o relato de outro encontro pascal, o último capítulo (cap. 21) tem toda a aparência de um epílogo resumido, necessário para fechar todo o texto com intenção teológica. Abre-se a história da terceira aparição do Cristo ressuscitado aos discípulos, no contexto de uma pesca milagrosa e de um almoço comunitário, seguida de um intenso diálogo entre Jesus e Pedro com a intenção de reavaliar esse discípulo e especificar seu papel eclesial, particularmente em relação ao outro discípulo, aquele que Jesus amava; os últimos versículos contêm uma segunda conclusão.

A visita ao sepulcro vazio (20,1-9)

Nenhum Evangelho descreve o evento da ressurreição, mas somente o encontro com o Ressuscitado e, acima de tudo, com os sinais da ausência do corpo: a narrativa da visita ao sepulcro vazio é comum aos quatro evangelistas e constitui a experiência fundadora da comunidade pascal. O que João diz mais do que os sinóticos é o estado dos panos mortuários dentro do sepulcro. A perícope é introduzida pela experiência de Maria de Mágdala que, tendo encontrado o túmulo aberto, corre para avisar os discípulos (v. 1-2): Pedro e o Discípulo Amado correm para o sepulcro, veem o estado dos panos e notam a ausência do corpo de Jesus (v. 3-7). O ápice é constituído pela observação de que o Discípulo Amado "viu, e creu" (v. 8): o narrador finalmente vê como os discípulos ainda não tinham compreendido as Escrituras (v. 9).

A narrativa começa com o contraste tipicamente joanino entre a luz e a treva: enquanto, fora, já despontou a luz; dentro do coração e da mente dos discípulos, ainda há escuridão. Assim, Maria Madalena, que desempenha um papel simbólico e corporativo, tendo visto a pedra removida da tumba, imagina que alguém roubou o corpo de Jesus; corre para soar o alarme e propõe uma explicação incorreta do fato. Alarmados por esse anúncio, dois dos discípulos correm para o túmulo: o Discípulo Amado chega primeiro, mas deixa que Simão Pedro entre antes. Ambos veem os lençóis e o sudário enrolado no mesmo lugar. João chama *othónia* o grande lençol que envolveu todo o corpo e, para descrever sua posição, usa o particípio do verbo "repousar" (*kéimena*), dando a entender que os panos teriam se esvaziado: embora tudo tenha permanecido intacto, colapsa, porque o corpo se foi. Além disso, o sudário, isto é, o lenço que havia sido amarrado ao redor do rosto para manter a boca fechada, permaneceu enrolado e está no mesmo lugar.

O que os discípulos veem é, portanto, uma situação que nenhum agente humano poderia ter produzido: ninguém poderia ter tirado o corpo e deixado os lençóis naquele estado. Enquanto Lázaro havia saído do sepulcro carregando consigo os sinais da morte, com as mãos e os pés ainda atados pelas "faixas" e o rosto "circundado" pelo sudário (cf. 11,44), Jesus deixa dentro do túmulo todos os panos fúnebres e simplesmente "desaparece". Essa inteligente observação permite que o Discípulo Amado acredite. Nesse ponto, o evangelista intervém diretamente no texto para dizer que os discípulos ainda não haviam entendido; assim, ele reitera como a plena e madura compreensão do evento de Cristo pode ser obtida somente após a Páscoa da ressurreição.

O encontro com Maria de Mágdala (20,10-18)

Enquanto os discípulos voltam para casa (v. 10), Maria permanece perto do túmulo para chorar (v. 11) e a ela se dedica o relato da primeira aparição do Ressuscitado. Inicialmente fechada em sua tristeza e inclinada em direção ao túmulo, ela vê dois anjos em vestes brancas perguntando-lhe o motivo de seu choro: Maria repete novamente sua interpretação errada da ausência do corpo de Jesus (v. 11-13).

Nesse momento, o narrador observa um movimento da mulher, que "voltou-se para trás" e, sem reconhecê-lo, vê Jesus, que lhe faz novamente a pergunta essencial: "Mulher, por que choras? A quem procuras?" (v. 15). O uso do vocativo "mulher" sugere a última figura feminina como uma imagem humanidade renovada pela Ressurreição de Cristo, compartilhando a nova aliança esponsal com o Messias ressuscitado. O narrador explica que a mulher, não reconhecendo Jesus, pensa que o homem é "o jardineiro" (em grego: *ho kepurós*): de acordo com o típico procedimento joanino, o mal-entendido tem um valor teológico, porque – aludindo ao símbolo do jardim primordial em que o primeiro casal humano foi colocado – ele mostra em Jesus o homem que dá nova possibilidade de aliança, embora Ele não seja aquele que materialmente cultiva aquele jardim. Pela terceira vez Maria repete sua explicação errada e é nesse ponto que Jesus a chama pelo nome, despertando nela a possibilidade de reconhecê-lo (v. 16): a reação da mulher, diante de uma palavra, é representada pelo gesto de "voltar-se". Como já tinha se voltado (v. 14), essa indicação adicional tem uma nuança simbólica e interior: Maria se converte, muda mentalidade, aceita deixar-se transformar por aquele que reconhece como seu Mestre.

A palavra que Jesus lhe dirige (v. 17), traduzida como "Não me detenhas" (literalmente traduzida para o latim como *Noli me tangere*, significando "não me toques"), é um convite para não parar nos fatos do passado e não querer retornar à situação anterior. O que se segue (*"porque* ainda não subi para meu Pai") diz respeito ao pensamento incorreto da mulher, convencida de que Jesus ainda não foi para o Pai: Maria não precisa pensar que Jesus não morreu nem voltou dos mortos para retomar a vida de antes; a conversão para ela consiste em reconhecer que é precisamente através da sua morte que Cristo vai ao Pai e, ao mesmo tempo, vem para os seus (cf. 14,28). Ela deve se tornar a mensageira desse evento entre os discípulos, agora chamados apenas "irmãos" de Jesus. A reação de Maria (v. 18) é a execução do comando: além de relatar aos discípulos o que Jesus lhe disse, ela anuncia que viu o Senhor, o ápice do caminho de fé de todo discípulo.

O encontro com os discípulos (20,19-25)

Uma nova indicação cronológica (v. 19), que evoca a noite do mesmo primeiro dia da semana, marca o início de outro relato de aparição pascal. João não especifica o lugar onde ela ocorre, mas a denota como um ambiente fechado, no qual os discípulos se retiraram devido ao medo dos judeus. Embora as portas estejam bem fechadas, o narrador afirma que Jesus entrou e "pôs-se no meio". O Ressuscitado é colocado "no meio", marcando visualmente seu papel central e decisivo, então, duas vezes Ele dirige aos discípulos a saudação típica judaica "Paz seja convosco!" (v. 19,21). A possibilidade de uma plenitude de vida (isso é *shalóm*) está intimamente ligada ao evento da morte e ressurreição: as palavras de Jesus enquadram o gesto de mostrar as mãos e o lado, ou as partes do corpo que levam os sinais – agora inofensivos – da sua morte. Essas marcas, de fato, não são chagas (feridas que não podem curar), mas cicatrizes, feridas curadas: testemunho de um fato histórico, que foi superado e transformado da causa da morte em uma fonte de vida.

A paz messiânica é um dom e um compromisso: envolve a continuação da obra confiada pelo Pai a Jesus. Desse modo, os discípulos tomam o lugar do próprio Cristo e são enviados para continuar a obra de "perdoar os pecados" (v. 21-23). Essa obra de cura só pode ser realizada pelo Espírito Santo, que é dado pelo Ressuscitado através do gesto simbólico do "sopro": O uso do mesmo verbo (*enefýsesen*), usado em Gn 2,7 para indicar o hálito vital infundido pelo Criador ao homem moldado pela terra, alude à obra da nova criação realizada pelo Ressuscitado.

A única reação apresentada dos discípulos é a alegria ao ver Jesus (v. 20): o relato é omisso sobre como terminou o encontro, mas em vez disso observa a ausência de um dos Doze, que é chamado pelo nome (v. 24). Também se explica (como em 11,16 e 21,2) que Tomé significa "gêmeo": a palavra grega (*Dídymos*) traduz a aramaica (*Tomá*) e ambas significam "gêmeo". Os discípulos presentes no encontro com o Ressuscitado contam então ao ausente sua experiência, usando a mesma fórmula usada por Maria Madalena: "Vimos o Senhor!" (v. 25). Tomé respondeu então com um requisito indispensável: para crer ele acreditava ser necessário ver o sinal dos cravos e colocar a mão no lado do Ressuscitado. Mais do que incredulidade é uma busca por segurança, um desejo de garantia que lhe dê a certeza de que o crucificado se identifica com o Ressuscitado. O pedido parece correto, porque Cristo o satisfaz e lhe dá satisfação.

A experiência de Tomé o Gêmeo (20,26-29)

A perícope seguinte está intimamente ligada à anterior, mas se distingue graças a uma importante indicação cronológica: "Passados oito dia" (v. 26). O foco recai sobre o discípulo "Gêmeo" e o narrador, que quer destacar como o Ressuscitado está familiarizado com as palavras ditas pelo discípulo na sua ausência, faz repeti-las a ele quase literalmente, com a adição de um imperativo decisivo: "não sejas incrédulo, mas crente!" (v. 27). No original grego esse imperativo (*me gínu*) é expresso com o verbo "tornar-se" e o tempo presente lhe dá uma conotação de continuidade para o futuro: é portanto uma exortação à dinâmica da fé, que se move da condição de quem é "sem-fé" (*á-pistos*) para tender a realidade de quem é "crentes e confiado" (*pistós*). Dessa forma, João resume a sua própria intenção enquanto teólogo narrador que se propõe a ajudar a sua comunidade a crer em Jesus. Por isso, ele coloca nos lábios de Tomé a mais alta profissão de fé de todo o Quarto Evangelho: "Meu Senhor e meu Deus!" (v. 28). À luz dessa confissão, podemos buscar alguma solução para o significado do nome "Gêmeo": do ser "duplo", típico de dúvida, passou, de fato, a uma clara adesão; precisamente graças à fé ele se torna "semelhante" ao próprio Jesus, permitindo-se conformar-se a Ele; finalmente – melhor ainda – o narrador quer sugerir ao leitor que reconheça em Tomé o seu próprio representante, fazendo com ele o itinerário de crescimento na fé em Cristo Jesus. Com a bem-aventurança do crente João conclui sua narrativa (v. 29), convencido de que todos os futuros crentes podem efetivamente encontrar o Cristo ressurreto pela mediação eclesial do "livro", um depósito escrito do testemunho apostólico.

A primeira conclusão (20,30-31)

O capítulo termina com um epílogo, no qual o autor claramente passa da narrativa para o comentário: ele se dirige diretamente aos seus destinatários ("vós") falando de Jesus como um personagem do passado, já que como narrador se coloca no tempo histórico em que a elaboração do Evangelho é concluída. Ele especifica, em primeiro lugar, que escreveu um livro no qual narra apenas alguns dos "sinais" (*semeia*) realizados por Jesus na presença de seus discípulos (v. 30): dentre os muitos outros eventos significativos dos quais eles foram testemunhas, esses foram escolhidos no intuito de ajudar os leitores a crerem que "Jesus é o Cristo, o Filho de Deus" (v. 31). Este é o objetivo do Quarto Evangelho, que é assim proposto como uma unidade cristológica: o livro deve ser lido como uma revelação de quem Jesus é, e é por isso que o epílogo segue imediatamente a profissão de fé do discípulo Tomé, que reconhece como Deus o crucificado ressurreto. E, no entanto, a intenção do autor não para por aí, porque o objetivo final do Evangelho é a vida: crer em Jesus permite que se tenha vida, isto é, a possibilidade de viver de uma maneira plena e realizada, participando da própria vida do Pai e do Filho, tema decisivo em toda a narração joanina.

O epílogo narrativo como releitura eclesial (21,1-25)

No final de tudo, o capítulo 21 cumpre a função de um epílogo, que resume toda a história, retomando alguns temas teológicos e enfatizando a perspectiva eclesial relativa ao tempo intermediário entre a ressurreição de Jesus e sua vinda gloriosa. Esse texto tem causado muita discussão entre os estudiosos, e a maioria acredita que se trate de uma adição posterior, incorporada no texto com a última intervenção editorial, que encerrou definitivamente o longo processo de elaboração do Quarto Evangelho. De acordo com o método da "releitura" o último editor sugeriu passagens que interpretam o texto mais antigo, para esclarecer a missão da Igreja em continuidade com a obra de Cristo. A história da terceira aparição aos discípulos de Cristo ressuscitado é, portanto, inserida no contexto de uma crise milagrosa e culmina com uma refeição comunitária simbólica (v. 1-14), seguida por um premente diálogo entre Jesus e Pedro (v. 15-23). Uma segunda conclusão aprova todo o trabalho (v. 24-25).

A terceira manifestação do Cristo ressuscitado (21,1-14)

Sem contar a aparição a Maria Madalena, esta aparição do Cristo ressuscitado é considerada "a terceira aos discípulos" (v. 14): é narrada imediatamente após a conclusão do autor, deixando surpreso o leitor que achava que tudo estava acabado. Em vez disso, com uma fórmula de transição usual ("Depois desses fatos"), o narrador introduz uma nova manifestação de Jesus, colocando-a no Mar de Tiberíades (v. 1) com a intenção simbólica de mostrar a situação da Igreja engajada na missão universal de evangelização, nos tempos e espaços da história e do mundo.

Inicialmente são apresentados os personagens envolvidos na cena (v. 2): primeiro são citados os nomes dos três discípulos já mencionados durante a narrativa (Simão Pedro, Tomé o Gêmeo e Natanael de Caná da Galileia); depois aparecem aqueles que são citados pela única vez no Quarto Evangelho "os (filhos) de Zebedeu", entre os quais há evidentemente também João; finalmente, outros dois discípulos não identificados são acrescentados para alcançar o número simbólico de "sete" que lembra o universalismo da missão, tradicionalmente descrito como uma pesca. É Pedro quem toma a iniciativa e os outros o seguem: mas naquela noite, sem Jesus, a obra dos discípulos é vã e nada consegue (v. 3). Na linguagem joanina, a noite recorda o símbolo da "treva" (1,5) que se opõe à luz e significa a incapacidade humana de obter frutos válidos para a salvação: de noite ninguém pode agir (9,4) e quem caminha de noite tropeça (11,10).

Ao nascer do sol desponta a luz interior, chega Aquele que é a luz do mundo (8,12) e muda a situação. Jesus está presente no esforço dos pescadores, mas os discípulos não sabem reconhecer que é Ele (v. 4). Mais uma vez, deve tomar a iniciativa: começa pedindo-lhes algo, como se Ele precisasse (v. 5), mas depois lhes dará alguma coisa de maneira abundante. Somente em união com Jesus e ouvindo a sua palavra pode o trabalho dos discípulos alcançar o sucesso: tendo obedecido, a pesca se torna excepcional. O primeiro a reconhecer o Senhor é o discípulo a quem Jesus amava (v. 7): é ele quem vem primeiro ao sepulcro e por primeiro crê (20,4.8); mas é Pedro quem se lança na água e, para superar a própria nudez, "se cinge", repetindo o mesmo gesto de Jesus antes de lavar os pés aos discípulos (13,4.5). Lançando-se na água, Pedro toma um caminho que poderíamos chamar de "batismal": através das águas, o discípulo pecador chega ao encontro com Cristo. Como não estavam muito longe da costa, os outros vêm à praia com o barco (v. 8) e veem que já está ali um fogo aceso com peixe e pão (v. 9).

O encontro é colocado sob o signo da colaboração: Cristo não precisa de homens, mas quer precisar deles e pede sua contribuição (v. 10): Ele oferece um alimento pronto, mas pede aos discípulos que também coloquem sua parte. Pedro chega à praia e sai da água para puxar ele mesmo a rede cheia de peixes (v. 11): a emersão das águas é a sua "ascensão", a reabilitação do discípulo traidor, que pode puxar a rede em terra sem que ela se rompa. Como a túnica de Jesus, que não foi "rasgada" (19,24), essa rede também significa a unidade profunda que o Messias consegue criar em torno de si mesmo, porque onde Ele age, cria união sem fraturas. Para enfatizar a natureza excepcional da pesca, também se oferece o número de peixes grandes capturados: 153. Esse número é certamente simbólico, mas seu significado preciso não é bem compreendido: os antigos exegetas e os modernos se entregaram a encontrar explicações, mas entre as muitas propostas não há nenhuma que seja certa.

Jesus, então, os convida a partilhar a refeição com Ele (v. 12): a referência eucarística faz parte da releitura teológica do redator, que mostra o Ressuscitado quem convida a comunidade ao novo banquete preparado por Ele próprio (v. 13). Toda a narrativa joanina começou com uma pergunta feita a João Batista: "Quem és tu?" (1,19); os judeus repetiram a mesma pergunta a Jesus (8,25), e agora essa pergunta ressoa na mente dos discípulos, sem ser explicada (21,12), porque eles agora reconheceram Jesus e sabem bem que Ele é o Senhor. O ápice de toda a narrativa é, portanto, o encontro em torno da mesa eucarística, em que os discípulos reconhecem a identidade do Cristo. Uma breve nota (v. 14) fecha a perícope.

O diálogo entre Jesus e Pedro (21,15-23)

Logo após a refeição convivial, o narrador propõe um diálogo entre Jesus e Pedro que se divide em duas etapas distintas: num primeiro momento, no centro do interesse está o laço afetivo que une o discípulo ao Mestre (v. 15-19), enquanto, no segundo, entra em cena o Discípulo Amado, em relação ao qual é especificada a interpretação de um dito sobre ele (v. 20-23).

Na primeira parte do diálogo, o evangelista quer ilustrar as condições do discipulado, mas a questão é sobretudo reabilitar Pedro, que havia negado Jesus três vezes (cf. 18,17.25-27): depois daquele doloroso acontecimento, o Quarto Evangelho não fez qualquer aceno ao arrependimento do discípulo e só agora narra um confronto direto com o Mestre. A narrativa não oferece nenhum detalhe descritivo, mas limita-se a distinguir as linhas do diálogo. Por três vezes Jesus faz-lhe uma pergunta explícita sobre o seu amor, três vezes Pedro responde afirmativamente e três vezes Jesus lhe confia uma tarefa pastoral (v. 15-17). A repetição martelante é marcada por inúmeras variações lexicais, que, no entanto, não envolvem mudanças significativas. A variação mais significativa diz respeito aos verbos *agapán* e *filéin*: ambos podem ser traduzidos como "amar", as nuanças do sentido não são perceptíveis pelo próprio texto e são usadas como sinônimos para uma simples variação literária. Diante da tríplice profissão de fé amorosa, Jesus confia a Pedro a primazia do amor, vinculando estreitamente o ministério pastoral ao relacionamento amoroso que o une ao Mestre: se é verdade que ele o ama, que cuide de suas ovelhas e dos menores do rebanho. Assim, reitera-se que a autoridade na Igreja é um serviço de amor.

A essa altura, Jesus acrescenta um oráculo sobre o futuro de Pedro, introduzido pela fórmula usual de afirmação (v. 18): quando jovem, Pedro era autônomo, fazia suas próprias coisas e errava; começou agora sua mudança, que tende à maturidade e à velhice, então – entregando-se a Jesus – ele se torna consciente de depender de um Outro e depois se deixa levar, até que abra, também ele, os braços em uma cruz. O narrador intervém para explicar o obscuro dito, ligando-o à morte futura do discípulo: também para Pedro, a morte será, como para Jesus, o caminho para glorificar a Deus. Agora, depois da adesão amorosa a Jesus, Pedro está realmente pronto para segui-lo: agora a vocação autêntica acontece ("Siga-me") e começa sua fecunda missão.

Um último esclarecimento diz respeito à comparação com o Discípulo Amado, mencionado na segunda parte do diálogo (v. 20) por meio da referência à sua relação privilegiada com o Mestre durante a ceia (cf. 13,23-25): Pedro estaria interessado em saber que o que será dele, é assim que o outro discípulo completará sua missão (v. 21). Mas Jesus não responde explicitamente, mas sim com uma expressão enigmática (v. 22) que devia ser bem conhecida na comunidade joanina, já que o último redator se sente obrigado a intervir para corrigir um mal-entendido do oráculo com o qual Jesus formulou a vontade de que o Discípulo Amado "permanecesse" até a sua vinda gloriosa (v. 23). O verbo *ménein* ("permanecer") foi entendido como "permanecer vivo", enquanto a morte daquele discípulo, que já havia ocorrido, parecia contradizer a palavra de Jesus: o redator intervém para explicar que a sentença do Mestre não exclui a morte do discípulo, mas falava de outra maneira de "permanecer" na comunidade. Apesar de não especificar qual seria essa maneira, é fácil entender que a permanência do Discípulo Amado consiste no escrito evangélico, que preserva seu testemunho autoritário.

A segunda conclusão (21,24-25)

No final de todo o Quarto Evangelho, o último redator inseriu uma breve nota como uma marca de encerramento, na qual ele identifica o Discípulo Amado, citado nos versículos anteriores, como o garante da tradição joanina e acrescenta a convicção da própria comunidade sobre sua confiabilidade.

O Discípulo Amado é indicado com dois particípios substantivos para sublinhar os dois aspectos de sua obra: em primeiro lugar, ele é definido como "aquele que dá testemunho" (*ho martyrón*), isto é, continua no presente eclesial a testemunhar sobre as coisas ditas; então é referido como "aquele que escreveu" (*ho grápsas*), ou seja, no passado, ele colocou essas coisas por escrito no texto que agora é confiado ao leitor. Além disso, o editor, em nome de toda a comunidade joanina, expressa-se com "nós" para confirmar a certeza de que o testemunho do discípulo é verdadeiro e confiável (v. 24).

Finalmente, uma última frase é acrescentada, típica da forma retórica helenística, com a qual o editor enfatiza a vastidão das obras de Jesus, impossíveis de serem narradas uma a uma: de maneira furtiva, com um "eu penso" (*óimai*), quem escreve se insere pessoalmente no texto – distinguindo-se do "nós" do versículo anterior – e evoca o mundo inteiro, incapaz de conter "os livros a serem escritos" (*ta grafómena biblía*).

Mas o que de fato foi escrito é suficiente para transmitir para sempre o testemunho do Discípulo Amado (v. 25).

Mensagem teológica

O guia para a leitura nos fez entender que o Evangelho segundo João é uma obra maravilhosa, mas nada fácil de interpretar. De fato, é simples apenas na aparência: uma mensagem teológica rica e profunda está escondida atrás de cada palavra. Uma vez que muitos aspectos da teologia joanina já foram tratados analiticamente, nada mais resta senão esboçar uma síntese rápida, para evitar pesadas repetições. É evidente que o Quarto Evangelho não é um texto para iniciantes, não pode ser lido rapidamente, nem interpretado como os sinóticos; é um fascinante livro de meditação, para ser lido com o coração e a inteligência, com a calma da fé e a paixão do Espírito.

Uma história de salvação

João recolheu a tradição apostólica sobre Jesus Cristo em uma história esplêndida, harmoniosa e bem organizada. Através do enredo narrativo, também se reconhece uma importante reflexão teológica, que o evangelista e sua comunidade incluíram na história, para comunicar o ensinamento decisivo do Messias Jesus e a compreensão madura de sua pessoa.

O princípio básico do pensamento joanino pode ser percebido em uma visão dos eventos humanos, entendida como a história da salvação: uma história complexa, composta de eventos significativos que devem ser compreendidos, aceitos e comunicados. O evangelista tem consciência de fazer parte da história do povo de Israel e é herdeiro da rica tradição bíblica: sua experiência de Jesus de Nazaré completou essa visão e trouxe uma nova abordagem. João, no entanto, está ao mesmo tempo ciente de que o simples fato não é automaticamente claro, mas precisa ser entendido; portanto, enfatiza explicitamente (cf. 2,22; 12,16) que a compreensão do evento amadurece após a Páscoa da morte e ressurreição, tornando-se completa graças à obra do Espírito Santo. De fato, o Quarto Evangelho atribui ao Espírito Santo uma série de verbos que conotam a atividade da primeira comunidade apostólica: o Espírito ensina e lembra o que Jesus fez (14,25-26), dá testemunho de Jesus (15,26-27), convence do pecado (16,7-11), guia a comunidade, fala de Jesus, anuncia coisas futuras, glorifica o Pai e o Filho (16,13-15). Portanto, a interpretação da história de Jesus vai além do próprio fato e expressa a mensagem que tem valor duradouro para todos os crentes de todas as épocas.

A narrativa de João pode ser lida como um tecido literário e também é possível estudar sua história, estrutura e linguagem, mas o método de leitura que revela toda a riqueza do Quarto Evangelho é aquele que privilegia o sentido teológico, envolvendo a vida de cada leitor e, ao mesmo tempo, com o objetivo de compreender a profundidade total do texto. Com um único termo, esse método de leitura pode ser chamado de "simbólico".

Interpretação dos sinais

O próprio evangelista indica como necessária a superação do fato em si, muitas vezes usando o termo *seméion* (= sinal) principalmente para designar de maneira genérica as obras de Jesus (cf. 12,37; 20,30). Para entender seu significado, a simples e básica definição de Agostinho pode nos ajudar: "O sinal é algo que me faz lembrar outro" (*De doctrina christiana* II, 1). A pegada é um sinal, como a fumaça: qualquer um, vendo a impressão deixada na areia por um pé, pensa que um homem tenha passado por ali; ou, sentindo a odor da fumaça, imagina que algo está queimando. Esses sinais naturais são facilmente compreendidos por todos da mesma maneira; os sinais convencionais, por outro lado, estão ligados às culturas dos povos e hábitos do ambiente vital. É a essa categoria que os sinais "culturais" usados por João pertencem, e é por isso que, para entendê-los, é preciso entrar na convenção e na cultura do evangelista, ou seja: no ambiente bíblico judaico.

Também ainda que na abordagem teológica de João há uma referência contínua à dualidade dos planos: o de baixo e o do alto (3,31; 8,23); as coisas terrenas e as celestiais (3,12); a aparência e o juízo correto (7,24); a carne e o espírito (6,63); a treva e a luz (1,5; 3,19; 12,46). O nível inferior é o mundo da aparência e do erro, enquanto o nível superior corresponde à verdade, isto é, a revelação do Pai através da missão do Filho. Os "sete sinais" feitos por Jesus constituem a síntese narrativa de sua obra, que é um único grande *seméion*, um tecido admirável no qual entrelaçam inúmeros fios de significado. Nessa visão dualista do mundo, na qual o sublime é inseparável da vida cotidiana, o narrador convida continuamente o leitor a elevar o nível de sua compreensão para alcançar o significado desejado, acolher a plenitude da revelação e entrar na verdadeira comunhão com as pessoas divinas que se comunicaram com o homem.

Uma vez que o *seméion* expressa uma dualidade e permite passar de um elemento a outro, todo o procedimento narrativo joanino pode ser qualificado pelo termo "simbólico". *Sýmbolon* é uma palavra grega arcaica que indica um objeto comparável a um cartão de identificação moderno. É um fragmento, um vaso, um selo ou qualquer outra coisa dividida em duas partes: cada metade é um *sym-bolon*, mas para reconstituir o todo, isto é, a totalidade, ambas as peças são necessárias. O termo, na verdade, deriva do verbo grego *syn-bállein*, que significa "juntar": para entender a verdade, devemos juntar os detalhes significativos e recompor a unidade. É interessante notar que o oposto de *sýmbolon*, sempre no grego arcaico, é *diábolon*, que – derivando do verbo correspondente *diabállein* (= "separar, dividir") – indica téssera falsificada, que é a metade que não encaixa: diabólico, portanto, é o truque, a trapaça, o falso que não cria unidade, a separação que impede a conclusão.

A mentalidade simbólica de João tende, por sua vez, à completude e à realização: pretende que todos os detalhes sejam significativos, pois expressam além de si mesmos uma referência ao projeto divino global. Assim, tentando resumir a teologia simbólica do quarto evangelista, podemos expressá-lo desta maneira: os fatos externos da vida terrena do homem Jesus são os sinais – ou os símbolos – da vida de Deus, do mistério trinitário de Deus que comunica sua própria vida. Jesus em pessoa é *o* símbolo por excelência, pois nos permite fazer a unidade, que é abraçar totalmente a realidade, alcançar do mundo do homem ao mundo de Deus, aceitar plenamente a própria vida do Pai e do Filho e do Espírito.

Afirmar que os eventos de Jesus relatados no Evangelho são simbólicos de modo algum significa negar sua historicidade: o discípulo que viu esses fatos garante fortemente a confiabilidade de seu testemunho; ao mesmo tempo, porém, sem se deter somente no nível histórico, tende a nos fazer entender o que esses fatos significam e introduz muitos detalhes significativos em seu texto, com o objetivo de orientar o leitor a reconhecer em Jesus o revelador de Deus e acolher pessoalmente a vida divina que é oferecida. Enquanto no Apocalipse os símbolos imaginários predominam, fruto de uma vívida fantasia, o Quarto Evangelho propõe acima de tudo os símbolos históricos, isto é, as realidades visíveis e concretas, para serem interpretados como revelações de realidades importantes e decisivas, mas não visíveis. Quando se diz, por exemplo, que o sinal do cego de nascença é um símbolo batismal, não se quer dizer que tal evento não tenha ocorrido, mas sim que o evangelista narrou o fato histórico para comunicar seu profundo e universal significado teológico. João não inventou figuras simbólicas, mas repensou a experiência histórica de Jesus, entendeu seu significado e escreveu para envolver cada leitor em uma maravilhosa dinâmica de entendimento teológico.

A teologia simbólica de João

O evento do Evangelho faz parte da história da salvação e, portanto, está intimamente relacionado com a aliança que Deus fez com Israel: João está convencido de que não se pode compreender a obra de Jesus sem relacioná-la às Escrituras de Israel. Nessa perspectiva, pode-se inclusive dizer que o Quarto Evangelho é uma releitura cristológica do Antigo Testamento. Mas não se trata simplesmente de uma explicação dos textos antigos, porque o evangelista visa antes a anunciar a realização e realização das figuras e promessas. E uma vez que é sempre o único Deus que opera, até os critérios fundamentais da história permanecem os mesmos: por essa razão encontramos na história do Evangelho os mesmos elementos decisivos que constituíram a estrutura de apoio das Escrituras bíblicas.

À luz disso, os esquemas gerais que caracterizam o pensamento de João podem ser resumidos a quatro principais, que, embora não sejam os únicos, são os mais importantes: revelação, criação, o êxodo com a aliança, a estrutura do processo. Esses são todos os elementos decisivos também no Antigo Testamento: segue-se que, para entender completamente o Quarto Evangelho, é necessário conhecer bem as Escrituras de Israel para retornar continuamente aos modelos narrativos e teológicos que constituem o ponto de partida do evangelista.

No centro das atenções, no entanto, está sempre Jesus Cristo, o Filho de Deus: crer nele é o objetivo ao qual tende o testemunho joanino, como uma ferramenta indispensável para alcançar a plenitude da vida. O mistério da pessoa de Jesus é, de fato, o núcleo decisivo da teologia joanina e sua identidade é plenamente manifestada pela cruz: o Filho está intimamente unido ao Pai na realização da obra de salvação, realizada com a livre-aceitação de dar a própria vida. Essa atitude pessoal de Jesus dá consistência e significado a toda a história.

A revelação de Deus

Um primeiro modelo usado pela teologia joanina segue o esquema da *revelação*: Jesus é apresentado principalmente como "o revelador do Pai" (cf. 14,9). Partindo dessa ideia básica, João desenvolve outros temas relacionados. Primeira dentre todas é a ideia de *Logos* (*Verbum* em latim), isto é, "Palavra": Jesus é a "Palavra" de Deus dirigida ao homem, é o falar de Deus que expressa o nome de um evento; é a única Palavra capaz de "narrar Deus", porque ninguém mais o viu (1,18).

Jesus também é apresentado como luz, como alguém que permite ver a realidade superando a cegueira do homem. Jesus manifesta a "glória" de Deus, porque com esse conceito bíblico (*dóxa* em grego, *kabód* em hebraico) João significa a presença poderosa e ativa de Deus, a demonstração de sua intervenção decisiva na história. Jesus é finalmente qualificado como a "verdade" (*alétheia*) na medida em que é a manifestação, a aparição, a revelação de Deus.

Nesse esquema inclui-se o uso frequente da fórmula "Eu Sou" com a qual Jesus se apresenta como revelador; especialmente importantes são casos em que essa expressão é usada de maneira absoluta (cf. 8,24.28.58; 13,19) para evocar o nome de YHWH e indicar a unidade pessoal de Jesus com Deus o Pai: o pleno reconhecimento, no entanto, só é possível através da glória da cruz.

Tornar Deus conhecido não significa dar informações sobre Ele, mas comunicar a vida própria de Deus: Jesus é o Revelador, o *Logos*, a Luz, a Verdade, ou seja, aquele que coloca o ser humano em contato com Deus. A ideia joanina de conhecimento é justamente isto: uma relação íntima de amor. Diante dessa revelação, portanto, o ser humano se coloca na atitude fundamental de quem quer "conhecer" (*ginóskein*), numa dimensão afetiva e não intelectual. Os discípulos, na verdade, são aqueles que "creram e conheceram" (cf. 6,69; 10,38; 17,8).

A criação do novo homem

Um segundo grande modelo teológico usado por João para explicar a obra de Jesus é a *criação*: de fato, Cristo conclui a obra do Pai (cf. 5,17-18). Sua missão consiste na nova criação, que é simbolicamente realizada no sexto dia, no qual é criado o novo homem.

Jesus é vida em pessoa (11,25; 14,6) e o propósito de sua missão é comunicar essa vida divina (10,27-30) com o dom do Espírito, isto é, com o sopro de Deus, seu princípio vital. No dia da Páscoa, para evocar simbolicamente a nova criação, o Ressuscitado repete o gesto do Criador que soprou sobre Adão (20,22), mas é da cruz que o Cristo "entrega o Espírito" (19,30), ou seja, Ele transmite à humanidade a vida divina: o dom da vida coincide com a morte de Jesus na cruz, que é salvífica, pois constitui o *éschaton* da criação, isto é, inaugura a escatologia segundo a típica visão joanina.

Analogamente, a água é também um símbolo decisivo na elaboração narrativa de João e muitas vezes aparece como um sinal vital do dom de Deus, que é o Espírito Santo (cf. 4,10; 7,37-39), dado à humanidade para se tornar nela uma fonte que jorra para a vida eterna (4,14). A água e o sangue que saem do lado aberto de Cristo (19,34) constituem o cumprimento do prometido dom do Espírito: o sangue, sinal da vida dada, é unido à água para revelar que o Espírito Santo está ligado à vida. O próprio Jesus e sua presença na comunidade continuarão a obra de Jesus, completando ao longo do tempo sua obra criativa.

Por essa razão, João ensina que é necessária uma regeneração do ser humano, entendida como um novo começo e transformação da realidade humana. Ver o Reino de Deus e ingressar nele requer um nascimento "de novo"/"do alto" (*anothen*), não como resultado do esforço pessoal, mas como uma obra do Espírito de Deus, que regenera e recria: sem que o ser humano saiba como isso acontece, a obra divina da criação se realiza na experiência de toda pessoa que crê em Jesus (cf. 3,3-8).

Diante dessa obra de nova criação, que torna a humanidade capaz de encontrar Deus, a atitude correta é aquela de quem acolhe; a segunda reação fundamental do ser humano é, portanto, expressa pelo verbo "acolher" (*lambánein*), isto é, receber o dom da graça e permitir que ele aja em sua própria pessoa. De fato, aqueles que acolheram Jesus "nasceram de Deus" (1,13) e recebem "poder de serem feitos filhos de Deus" (1,12).

O dom da nova aliança

Um terceiro grande modelo simbólico da tradição joanina consiste nos temas do *êxodo*, com base nos eventos bíblicos narrados no Livro do Êxodo e relativos à saída de Israel do Egito, à permanência no deserto e ao dom da lei ao Sinai: tais alusões sublinham acima de tudo, os significados de libertação e aliança.

As imagens derivadas dessa tradição do Antigo Testamento são mais do que abundantes na linguagem de João, partindo das referências às festas de Israel (Páscoa e Tabernáculos) que aludem aos acontecimentos do êxodo e nos convidam a considerar os eventos de Jesus na perspectiva dessa memória litúrgica e teológica.

Depois, há as insistentes notas de saída e de percurso, as figuras do pastor que conduz as ovelhas e o agricultor que planta a vinha, bem como as imagens de água, do pão, das bodas, todas ligadas à tradição judaica da aliança, bem como os temas da tenda e da presença divina entre o seu povo; igualmente decisivos para o pleno sentido cristológico são os símbolos do cordeiro (1,29.36; 19,36) e da serpente elevada (3,14-15).

Também o amplo discurso reservado ao "novo mandamento" de Jesus está ligado ao tema do Sinai, isto é, à entrega da Lei. Nesse caso, é forte a ênfase na renovação, já que a proposta de Jesus é qualificada como "nova" (*kainé*): é de fato o mesmo amor com o qual o Filho amou os discípulos que os torna capazes de fazer o mesmo, superando o esquema da imposição externa de preceitos a serem realizados apenas com forças humanas. O ágape revelado pelo Messias torna aqueles que o recebem capazes de um estilo semelhante: é a causa do afeto mútuo entre os discípulos, convidados a permanecerem no seu amor (cf. 15,9).

Diante do dom da vida à comunidade, João insiste na necessidade de permanecer no amor: outros verbos fundamentais da resposta humana na teologia joanina são, portanto, "permanecer" (*ménein*) e "guardar" (*teréin*). A tarefa dos discípulos é manter viva a dádiva recebida, mas a linguagem joanina é muito mais rica daquilo que em português soa como "observar os mandamentos": não é uma questão de executar ordens, mas de conservar o dom de uma união vital entre pessoas, preservar essa relação, acolher e viver a lógica de um relacionamento generoso.

O julgamento deste mundo

Um quarto modelo teológico, finalmente, utiliza o esquema do *processo*. O evangelista, de fato, usa uma ampla terminologia jurídica para apresentar a história de Jesus como um grande drama, no qual se cumpre o julgamento decisivo.

Aparentemente, o réu é Jesus, que entra em choque com realidades hostis; mas sobretudo no relato da paixão, João revela, com ironia, como o condenado é realmente o juiz que determina a reunião escatológica dos filhos dispersos (cf. 11,52; 12,32) e inaugura o Reino de Deus. Tais realidades hostis são qualificadas genericamente como "o mundo" (*kósmos*): de fato, além de indicar toda a criação e até mesmo o único gênero humano, esse termo tem como nuança própria na linguagem joanina a referência à estrutura negativa e pecaminosa do corrupto sistema mundano. Simbolizado desde o princípio como "treva", no mundo perverso reconhecemos o poder satânico que se opõe a Deus, sem contudo poder bloquear a luz (1,5). A "este mundo", João contrasta a "vida eterna", distinguindo claramente entre o sistema terreno e a vida humana plenamente realizada graças à intervenção divina: assim a escatologia joanina coloca o fim último no âmbito dos tempos humanos, como o tempo de Deus (vida eterna) se sobrepõe aos tempos humanos (este mundo).

A corrupta estrutura terrena "odeia" Jesus pelo fato de Ele atestar a negatividade das obras (cf. 3,19), e não está disposta a acolher a luz da revelação: "os judeus" têm um importante papel histórico, que constituem um típico personagem joanino como um grupo dominante que se opõe a Jesus e planeja matá-lo. A condenação à cruz, portanto, parece ser a realização do plano de morte contra o Cristo: paradoxalmente, ela se revela como o verdadeiro triunfo do Messias.

O objetivo de Jesus não é condenar, mas salvar o mundo (3,17): e a salvação é realizada precisamente com a cruz, apresentada por João como entronização do Messias que marca a derrota do poder demoníaco do mal e da morte. De fato, o tempo decisivo de Jesus coincide com "o julgamento deste mundo" (12,31), no qual o poder das forças da treva é lançado fora e, do trono da cruz, o Rei Messias pode atrair a todos a si (12,32).

Nesse esquema ideal do processo, o papel das testemunhas assume grande importância e há diferentes realidades que o evangelista – em uma espécie de discurso judicial (5,31-47) – propõe como testemunhas em favor de Cristo: primeiramente João Batista; as próprias obras realizadas por Jesus; o Pai em pessoa, que é uma testemunha decisiva; intimamente ligadas ao Pai, são invocadas também as Escrituras personificadas em Moisés. Tudo isso contribui para mostrar a credibilidade de Jesus, para ajudar o mundo a crer nele, a única maneira de alcançar a salvação.

Nessa linha testemunhal, há também os discípulos de Jesus que, após a sua glorificação, continuarão sendo as testemunhas daquele que é "o salvador do mundo" (4,42). E nessa obra de testemunho o papel decisivo é desempenhado pelo Paráclito, o Espírito da verdade, que – como advogado de defesa – acompanha para sempre a comunidade crente (cf. 15,26-27).

Portanto, a atitude fundamental do homem, como resposta à oferta de salvação, é "crer" (*pistéuein*). O Quarto Evangelho nunca usa o substantivo "fé", mas sempre o verbo "crer", muito mais concreto e capaz de indicar a atitude de quem confia e se confia. Aqueles que não querem crer nele são opostos a Jesus e o oposto da fé para João é justamente o "pecado" (16,9); pelo contrário, seus discípulos são caracterizados como aqueles que "creem em seu nome" (1,12) e, por aderir intimamente à sua pessoa, têm a possibilidade de se tornarem filhos de Deus, capazes como o Filho, de fazer de suas próprias vidas um dom de amor.

Bibliografia comentada

Na imensa bibliografia joanina, começo por destacar três manuais recentes, destinados ao estudo acadêmico, que apresentam a literatura joanina em uma estrutura geral de introdução às ciências bíblicas.

TUÑÍ, J.-O. & ALEGRE, X. *Scritti giovannei e lettere cattoliche*. Bréscia: Paideia, 1997 [Introduzione allo studio della Bibbia, 8] [orig. esp.: 1995] [em português: *Escritos joaninos e cartas católicas*. São Paulo: Ave Maria, 1999].

GHIBERTI, G. et al. *Opera giovannea*. Leumann: Elledici, 2003 [Logos 7].

NICOLACI, M. *La salvezza viene dai Giudei* – Introduzione agli Scritti giovannei e alle Lettere Cattoliche. Cinisello Balsamo: San Paolo, 2014.

Desde a Antiguidade muitos autores têm comentado o Quarto Evangelho, oferecendo às vezes autênticas obras-primas da exegese e da espiritualidade. Em ordem cronológica, indico os mais significativos comentários patrísticos e medievais:

ORÍGENES. *Il Vangelo di Giovanni*. Turim: UTET, 1968.

JOÃO CRISOSTOMO. Le *Omelie su San Giovanni Evangelista*. Turim: SEI, 1944-1948 [Corona Patrum Salesiana, serie greca X-XIV].

TEODORO DE MOPSUÉSTIA. *Commentario al Vangelo di Giovanni apostolo*. Roma: Borla, 1991.

CIRILO DE ALEXANDRIA. *Commento al Vangelo di Giovanni*. Roma: Città Nuova, 1994.

AGOSTINHO. *Commento al Vangelo di San Giovanni*. Roma: Città Nuova, 1968.

MESTRE ECKART. *Commento al Vangelo di Giovanni*. Roma: Città Nuova, 1992.

BOAVENTURA. *Commento al Vangelo di san Giovanni*. 2 vols. Roma: Città Nuova, 1990-1991.

TOMÁS DE AQUINO. *Commento al Vangelo di San Giovanni*. 3 vols. Roma: Città Nuova, 1990-1992.

No século XX teceram-se alguns comentários "monumentais" que, seguindo o método histórico-crítico, estudaram detalhadamente o Evangelho segundo João; alguns dos principais são:

BROWN, R.E. *Giovanni* – Commento al Vangelo spirituale. 3 vols. Assis: Cittadella, 1979 [orig. ingl.: 1966-1970].

SCHNACKENBURG, R. *Il Vangelo di Giovanni*. 4 vols. Bréscia: Paideia, 1971. 1973.1981.1987 [orig. al. 1965-1984].

Nas últimas décadas, muitos outros estudiosos, seguindo diferentes abordagens exegéticas, produziram comentários válidos, que propõem, em síntese orgânica, os resultados da moderna pesquisa exegética. Indico os principais na ordem cronológica da edição original:

MATEOS, J. & BARRETO, J. *Il Vangelo di Giovanni* – Analisi linguistica e commento esegetico. Assis: Cittadella, 1982 [orig. espanhol: 1979].

LÉON-DUFOUR, X. *Lettura dell'Evangelo secondo Giovanni*. 4 vols. Cinisello Balsamo: San Paolo, 1990-1998 [orig. francês: 1988-1996].

FABRIS, R. *Giovanni* – Traduzione e commento. Roma: Borla, 1992.

SIMOENS, Y. *Secondo Giovanni* – Una traduzione e un'interpretazione. Bolonha: EDB, 2000 [orig. francês: 1997].

MOLONEY, F.J. *Il Vangelo di Giovanni*. Leumann: Elledici, 2007 [Sacra Pagina 4] [orig. inglês: 1998].

WILKENS, U. *Il vangelo secondo Giovanni*. Bréscia: Paideia, 2002 [orig. alemão: 1998].

WENGST, K. *Il Vangelo di Giovanni*. Bréscia: Queriniana, 2005 [orig. alemão: 2001].

GRASSO, S. *Il vangelo di Giovanni* – Commento esegetico e teologico. Roma: Città Nuova, 2008.

VON WAHLDE, U.C. *The Gospel and Letters of John*. Vol. II:

Commentary on the Gospel of John. Grand Rapids/Cambridge: W.B. Eerdmans, 2010.

BEUTLER, J. *Il Vangelo di Giovanni* – Commentario. Roma: Gregorian & Biblical Press, 2016 [Analecta Biblica Studia, 8] [orig. alemão: 2013].

INFANTE, R. *Giovanni*. Cinisello Balsamo: San Paolo, 2015 [Nuova versione della Bibbia dai testi antichi, 40].

ZUMSTEIN, J. *Il Vangelo secondo Giovanni*. 2 vols. Turim: Claudiana, 2017 [orig. alemão: 2016].

Algumas monografias podem ser úteis para aprender mais sobre aspectos específicos do Quarto Evangelho. Em primeiro lugar, gostaria de destacar algumas introduções:

ASHTON, J. *Comprendere il Quarto Vangelo*. Cidade do Vaticano: Libreria Editrice Vaticana, 2000 [Letture bibliche, 14] [orig. inglês: 1991].

SEGALLA, G. *Evangelo e Vangeli*. Bolonha: EDB, 1992.

BROWN, R.E. *Introduzione al Vangelo di Giovanni*. Bréscia: Queriniana, 2007 [orig. inglês: 2003].

MAZZEO, M. *Vangelo e Lettere di Giovanni* – Introduzione, esegesi e teologia. Milão: Paoline, 2007.

GRILLI, M. *Il Vangelo secondo Giovanni* – Elementi di introduzione e teologia. Bolonha: EDB, 2016.

Para o estudo histórico-crítico, os seguintes trabalhos têm um papel importante:

FORTNA, R.T. *The Gospel of Signs* – A Reconstruction of the Narrative Source Underlying the Fourth Gospel. Cambridge: Cambridge University Press, 1970 [Monograph Series Society for New Testament Studies, 11].

VON WAHLDE, U.C. *The Gospel and Letters of John*. Vol. I: Introduction, Analysis, and Reference. Grand Rapids/Cambridge: W.B. Eerdmans, 2010.

SEGALLA, G. *Il Quarto Vangelo come storia*. Bolonha: EDB, 2012.

A história da comunidade joanina tem sido o tema de algumas monografias que determinaram a exegese contemporânea:

MARTYN, J.L. *History and Theology in the Fourth Gospel*. Nova York/Evanston: Harper & Row, 1968.

CULPEPPER, R.A. *The Johannine School* – An Evaluation of the Johannine-school Hypothesis Based on an Investigation of the Nature of Ancient Schools. Missoula: Scholars Press, 1975.

BROWN, R.E. *The Community of the Beloved Disciple*: The Life, Loves and Hates of an Individual Church in New Testament Times. Nova York: Paulist, 1979.

O método narrativo, aplicado ao Quarto Evangelho, produziu bons resultados, começando com o pioneiro Culpepper, popularizado na Itália por Mannucci. Outros autores aplicaram o método a aspectos particulares, demonstrando a fecundidade dessa abordagem:

CULPEPPER, R.A. *Anatomia del Quarto Vangelo* – Studio di critica narrativa. Milão: Glossa, 2016 [Biblica, 9] [orig. inglês: 1983].

MANNUCCI, V. *Giovanni, il Vangelo narrante* – Introduzione all'arte narrativa del Quarto Vangelo. Bolonha: EDB, 1993.

VIGNOLO, R. *Personaggi del Quarto Vangelo* – Figure della fede in San Giovanni. Milão: Glossa, 1994.

MARCHADOUR, A. *I personaggi del Vangelo di Giovanni* – Specchio per una cristologia narrativa. Bolonha: EDB, 2007.

FLORI, L. *Le domande del Vangelo di Giovanni* – Analisi narrativa delle questioni presenti in Gv 1-12. Assis: Cittadella, 2013.

A apresentação sintética da teologia de João é um empreendimento difícil; então temos de ser gratos àqueles autores que tentaram fazê-la, oferecendo imagens gerais do pensamento joanino:

SMITH, D.M. *La teologia del Vangelo di Giovanni*. Bréscia: Paideia, 1998 [orig. inglês: 1995].

CASALEGNO, A. *"Perché contemplino la mia gloria" (Gv 17,24)* – Introduzione alla teologia del Vangelo di Giovanni. Cinisello Balsamo: San Paolo, 2006.

GARCÍA MORENO, A. *Teologia del Vangelo di Giovanni*. 3 vols. Roma: Università Santa Croce, 2009.

SEVRIN, J.-M. *Le Jésus du Quatrième Évangile*. Paris: Mame/Desclée, 2011.

Dentre os inúmeros estudos monográficos sobre temas, textos e questões joaninas, sugiro apenas alguns:

CILIA, L. *La morte di Gesù e l'unità degli uomini* – Contributo alla soteriologia giovannea (Gv 11,47-53; 12,32). Bolonha: EDB, 1992.

FERRARO, G. *Il Paraclito, Cristo, il Padre nel Quarto Vangelo*. Cidade do Vaticano: Libreria Editrice Vaticana, 1996.

de LA POTTERIE, I. *La passione di Gesù secondo il Vangelo di Giovanni* – Testo e spirito. 4. ed. Milão: San Paolo, 1999;

BOILY, R. & MARCONI, G. *Vedere e Credere* – Le relazioni dell'uomo con Dio nel Quarto Vangelo. Milão: Paoline, 1999.

DESTRO, A. & PESCE, M. *Come nasce una religione* – Antropologia ed esegesi del Vangelo di Giovanni. Roma/Bari: Laterza, 2000 [Percorsi, 8].

BEUTLER, J. *L'ebraismo e gli Ebrei nel vangelo di Giovanni*. Roma: Pontificio Istituto Biblico, 2006 [Subsidia Biblica, 29].

BINNI, W. *La Chiesa nel Quarto Vangelo*. Bolonha: EDB, 2006.

GARRIBBA, D. & GUIDA, A. (orgs.). *Giovanni e il giudaismo* – Ricerca recente e questioni aperte. Trapani: Il Pozzo di Giacobbe, 2010.

INFANTE, R. *Le Feste d'Israele nel Vangelo secondo Giovanni*. Cinisello Balsamo: San Paolo, 2010.

ONISZCZUK, J. I*ncontri con il Risorto in Giovanni (Gv 20–21)*. Roma: Gregorian & Biblical Press, 2013.

BIGUZZI, G. *Il vangelo dei segni*. Bréscia: Paideia, 2014 [Studi Biblici, 175].

MARCHESELLI, M. *Studi sul vangelo di Giovanni* – Testi, temi e contesto storico. Roma: Gregorian & Biblical Press, 2016 [Analecta Biblica Studia, 9].

Enfim, são dignas de menção outras obras com característica mais popular ou num recorte de reflexão espiritual:

SEGALLA, G. *Giovanni*. Roma: Paoline, 1976.

MOLLAT, D. *Da Gesù al Padre* – Introduzione alla lettura esegetico-spirituale del Vangelo di Giovanni. Roma: Borla, 1983.

ZEVINI, G. *Vangelo secondo Giovanni*. 2 vols. Roma: Città nuova, 1984-1987.

LACONI, M. *Il racconto di Giovanni*. Assis: Cittadella, 1989.

VANHOYE, A. *Se conoscessi il dono di Dio* – Saggi sul Quarto Vangelo. Casale Monferrato: Piemme, 1999.

BRUNINI, M. *Maestro, dove abiti?* Donne e uomini alla sequela di Gesù nel Vangelo di Giovanni. Bolonha: EDB, 2003.

FAUSTI, S. *Una comunità legge il Vangelo di Giovanni*. 2 vols. Bolonha: EDB, 2002-2004.

VANNI, U. *Il tesoro di Giovanni* – Un percorso biblico-spirituale nel Quarto Vangelo. Assis: Cittadella, 2010 [Orizzonti biblici].

MOSETTO, F. *Vangelo di Giovanni*. Leumann: Elledici, 2013.

DOGLIO, C. (org.). *Il quarto Vangelo*. Pádua: EMP, 2015 [Parole di vita, 6].

3

As cartas de João

O nome de João está ligado, além do Quarto Evangelho, também a três cartas, inseridas no cânon entre as sete "cartas católicas": o idioma e o tema teológico confirmam que esses escritos pertencem à comunidade joanina e estão bem colocados na época emocionante e difícil vivida pelo grupo que guardou o testemunho do Discípulo Amado. As três cartas são semelhantes, mas distintas. A primeira apresenta um texto teológico amplo e admirável, em muitos aspectos em conformidade com o quarto Evangelho e incluída entre os vértices da teologia do Novo Testamento; os outros dois escritos são bilhetes simples e breves: a Segunda Carta parece a síntese da Primeira; a Terceira contém uma mensagem pessoal relacionada a uma problemática precisa da vida comunitária.

Introdução

Dado o estreito vínculo que acomuna esses três escritos joaninos, muito do que é dito para a Primeira Carta também se aplica às outras duas; no entanto, os dois escritos menores têm sua própria identidade, que requer uma introdução à parte.

Primeira Carta de João

Começamos então a tratar da Primeira Carta, inserindo-a no ambiente da comunidade joanina, a fim de esclarecer as razões que levaram à sua redação e especificar suas outras coordenadas literárias.

Autor

O nome do autor nunca aparece na carta e não há detalhes que se refiram à sua vida e à sua pessoa; não obstante, aparece como pessoa revestida de autoridade doutrinal e portadora da tradição evangélica, consciente de uma profunda responsabilidade para com a vida de fé das pessoas a quem se dirige.

Enquanto no Quarto Evangelho, o "nós" eclesial aparece apenas no início (Jo 1,14.16) e no fim (Jo 21,24), em 1João o autor usa amplamente esse pronome: no prólogo inicial o remetente aparece como Comunidade (1,4: "Estas coisas, pois, [*nós*] vos escrevemos"), mas no decorrer do texto usa o mesmo verbo "escrever" na primeira pessoa do singular (cf. 1Jo 2,1.7.8.12.13.14.21.26; 5,13) para reiterar a razão que o levou a difundir tal obra. No entanto, enquanto o pronome "eu" nunca aparece e apenas uma vez os destinatários são chamados "filhinhos meus" (2,1), é enfatizado o pronome "nós", ocorrendo 56 vezes. A impressão é que quem quer que escreva fisicamente o texto é um único indivíduo, mas este sempre se propõe como unido ao seu grupo enquanto se dirige a outro grupo ("vós").

De acordo com o juízo unânime de antiga tradição, foi João, o discípulo do Senhor quem escreveu a Primeira Carta: portanto, a velha questão do autor chamado "João" é reaberta, mas no caso da carta surge também a questão de se é do mesmo autor que escreveu o Quarto Evangelho. As opiniões dos estudiosos nos últimos séculos têm sido as mais divergentes e até hoje não há acordo. Há, contudo, uma convergência notável de opiniões em acreditar que os escritos joaninos nasceram dentro de uma mesma comunidade: o fato, portanto, de depender do mesmo testemunho ocular do Discípulo Amado determinaria uma tradição evangélica muito precisa, com uma linguagem típica consequente própria de grupos restritos. Essa visão comunitária da literatura joanina nos permite compreender tanto as semelhanças quanto as diferenças – de vocabulário, estilo e pensamento – encontradas nas diversas obras.

A experiência histórica da testemunha ocular tornou-se comum também aos outros discípulos de Jesus que pertencem ao seu grupo e é agora aceita e partilhada pela "comunidade docente", o grupo responsável pela Igreja joanina, que quer transmitir a sua convicção de fé. Se considerarmos a composição do Quarto Evangelho como uma obra complexa que durou décadas, a questão de saber se 1João seria anterior ou posterior ao Evangelho não pode ser resolvida de maneira simples; faz sentido dizer que a redação da carta ocorreu no final da redação do Quarto Evangelho, com o qual interage. Da mesma forma, o autor de 1João pode coincidir com o evangelista ou o redator final, ou pode ser outro mestre autorizado da comunidade que se dirige aos fiéis em nome do grupo dirigente: o escritor está tão fortemente ligado ao testemunho do Discípulo Amado que sua identidade, da qual nada podemos dizer com certeza, não é relevante. Portanto, é sábio continuar o uso da tradição antiga e afirmar genericamente que o autor seja João.

Destinatários e finalidade

Na carta não há indicações sobre localizações geográficas ou referências históricas que permitam situá-la no tempo e no espaço; qualquer raciocínio, portanto, depende do postulado de que os escritos joaninos vieram à luz na região de Éfeso, onde essa comunidade viveu, no final do século I, de acordo com os dados presentes no Apocalipse.

Aos destinatários, o autor se dirige, simplesmente interpelando-os com "vós" e usando vocativos afetuosos, como "filhinhos", "amados", "jovens" (cf. 1Jo 2,1.12.28; 3,7.18; 5,21 [*teknía*]; 1Jo 2,7; 3,2.21; 4,1.7.11 [*agapetói*]; 1Jo 2,14.18 [*paidía*]): o tom paternal e afetivo revela um vínculo forte e uma viva preocupação, porque essas pessoas estão em seu coração. Se o termo "filhinhos" pode abranger todos os membros da comunidade, a distinção entre "pais" e "jovens" (2,12-14) sugere que alguns fazem parte do grupo há muito tempo, tendo até tido a chance de conhecer o Jesus histórico, enquanto outros entraram recentemente para fazer parte da comunidade: nada no entanto transparece sobre a identidade dessas pessoas.

Vale a pena notar que em 1João não há qualquer referência ao mundo judaico ou controvérsia com a sinagoga e suas posições teológicas; não há citações bíblicas nem textos extraídos do Antigo Testamento. A atenção está toda concentrada na realidade eclesial e nos problemas que emergem: a obra, de fato, nasceu de um pedido pastoral para alertar os crentes contra os falsos mestres – chamados de "anticristos" (2,18.22; 4,3), "pseudoprofetas" (4,1), "filhos do diabo" (3,10) e "enganadores" (2,26; 3,7) – que divulgam doutrinas incorretas.

O termo *antíchristos* é exclusivo das cartas de João e não aparece em nenhum lugar de toda literatura bíblica. Caracterizado pela preposição *anti*, que indica oposição e substituição, a palavra deve ter sido cunhada precisamente no contexto da comunidade joanina para designar a figura escatológica do adversário, do inimigo, do oponente (cf. 2Ts 2,4; 1Pt 5, 8). Parece que a tradição joanina esperava que, antes da parusia, surgisse um oponente de Cristo; por isso a carta afirma que, tendo aparecido muitos oponentes da verdade cristológica, começou a fase final. No Quarto Evangelho, no entanto, não aparece a fórmula "última hora", nem o anúncio do anticristo: 1João deve ter derivado essa ideia da antiga e comum tradição dos ditos de Jesus, à qual é atribuído o prenúncio de falsos messias (*pseudochristoi*) e falsos profetas (*pseudoprofétai*) que poderiam enganar os discípulos (cf. Mt 24,23-25). Essa eventualidade torna-se dramaticamente real dentro da própria comunidade: "agora, muitos anticristos têm surgido" (2,18).

Um indício importante ajuda a entender a situação histórica que determinou o escrito: *"Eles saíram de nosso meio*; entretanto, não eram dos nossos; porque, se tivessem sido dos nossos, teriam permanecido conosco; todavia, eles se foram para que ficasse manifesto que nenhum deles é dos nossos" (2,19). Em certo momento, alguns membros da comunidade joanina a deixaram, separando-se do resto dos fiéis, e toda a 1João é motivada por essa dolorosa divisão que – a julgar pelo drama da situação – parece recente e séria: o autor lança reiteradas críticas e censuras contra esses secessionistas, comprometendo-se a desmantelar sua doutrina infundada e errônea; ele também insiste na ideia de que essa secessão, embora dolorosa, foi útil, uma vez que forneceu um critério para discernir a autêntica pertença ao grupo.

Na articulação dos discursos, é dominante a correlação entre três pronomes pessoais (*nós, vós, eles*), o que nos permite reconhecer três realidades distintas: o "nós" expressa a voz do grupo de liderança, que são os líderes da comunidade joanina, preocupados em defender a verdade da tradição e a luta contra os adversários; o "vós" indica os destinatários, isto é, os fiéis da comunidade que correm o risco de ser desviados por falsos mestres; finalmente, "eles" são aqueles que criaram o problema, ensinando doutrinas que se opõem à verdade de Cristo.

Podemos reconstruir a doutrina secessionista a partir das objeções que 1João move contra eles, trazendo, com uma envolvente metodologia retórica, algumas de suas afirmações (1,6.8.10; 2,4.6.9; 4,20). Parece que esses falsos mestres alegavam principalmente "não ter pecado", rejeitando a própria realidade do pecado e teorizando a irrelevância da conduta moral; eles também afirmavam ter um conhecimento superior da doutrina cristã e ostentavam dons extraordinários do espírito. O contexto moral concreto é o que o autor mais frequentemente se detém, enfatizando a estreita ligação entre doutrina e vida: é o comportamento dos separatistas, a inconsistência entre o dizer ("amo a Deus") e o fazer ("odeio o irmão"), para desmascará-los como mentirosos e privados da verdade, bem como para revelar a falta de fundamento de suas doutrinas.

O outro erro importante imputado aos adversários diz respeito à cristologia: eles se revelam mentirosos e opositores de Cristo, pois negam que o homem Jesus é o Cristo, rejeitam sua qualidade de Filho em relação ao Pai (2,22) e não reconhecem que Jesus Cristo "veio na carne" (4,2-3; cf. 2Jo 7). A insistência na "carne" do Messias sugere que os adversários contra os quais João lutou, aceitando a divindade de Cristo, negavam a realidade da encarnação: em sua doutrina herética podemos, portanto, reconhecer um começo de docetismo, que sustenta a simples *aparência humana* do Cristo.

As informações contidas no texto não nos permitem reconstruir a identidade precisa desses secessionistas ou dizer quando ocorreu a separação. Parece, no entanto, que esse é um grupo único, não composto de judeu-cristãos, mas sim de helenistas, caracterizado por uma mentalidade vagamente gnóstica: os antigos Padres viam Cerinto como chefe de um grupo herético ferozmente combatido por João; também dos escritos de Inácio de Antioquia (*c.* 110) emergem problemas cristológicos semelhantes, o que nos leva a hipotetizar uma mentalidade bastante difundida naqueles anos.

Vimos que a tessitura de 1João está intimamente ligada aos eventos da comunidade joanina, que só podemos reconstruir hipoteticamente. É possível imaginar, por exemplo, que o motivo desencadeador tenha sido a interpretação "gnóstica" que um grupo de cristãos fez do Quarto Evangelho[11], provocando a forte reação do evangelista: afastados os "anticristos", escreveu-se a carta para esclarecer a questão. O que quer que tenha acontecido, fica evidente que o autor lembra a antiga tradição, ou seja, o ensinamento transmitido "desde o princípio": essa fórmula frequentemente ocorre em 1João para sublinhar a preciosa conexão com as próprias origens do testemunho oferecido pelo discípulo de Senhor, a quem o escritor pede que se permaneça fiel.

O autor, contudo, não se dirige apenas aos membros da comunidade; mas, insistindo em dois aspectos do problema, também quer alcançar os se-

---

11. Assim, BROWN, R.E. *Le Lettere di Giovanni*, p. 113-117.

cessionistas. Esclarece a doutrina correta já conhecida e insiste com a solicitude paterna de que o ensino tradicional seja conservado e colocado em prática de forma coerente: a intenção fundamental é contribuir para um correto discernimento, para que os leitores saibam distinguir o espírito de verdade e o espírito de erro (4,6) e não sejam vítimas de engano (2,26; 3,7). Ao mesmo tempo, porém, pensando em ser lido até mesmo por aqueles que deixaram a comunidade, o autor destaca seus erros e culpa a infidelidade, para que eles entendam que erraram e se arrependam.

Gênero literário e unidade

O exame literário de 1João suscita principalmente a questão do confronto com o Quarto Evangelho: embora aceitando a hipótese de que ambos os escritos nasceram dentro da comunidade joanina e têm como ponto de referência autoral o testemunho do Discípulo Amado, não somos no entanto, capaz de esclarecer ainda mais as relações entre as duas obras, porque não há fontes históricas e patrísticas que nos ofereçam tais informações. A partir da análise direta dos próprios textos, podemos observar que, apesar de algumas diferenças, a linguagem, o estilo e o pensamento de 1João estão muito próximos do Evangelho segundo João. O vocabulário é análogo: contando apenas 350 palavras diferentes, o léxico de 1João é substancialmente pobre, mas muitos termos teológicos usados na carta também são característicos do Evangelho; palavras tipicamente joaninas ocorrem e existem expressões semíticas que também são características do Quarto Evangelho.

O mesmo pode ser dito do estilo literário: o modo de falar é direto e simples, as frases são paratáticas e organizadas de forma elementar, a composição é plana e linear. No entanto, notamos a ausência de algumas expressões peculiares do Evangelho (glória, elevação, julgamento) e o tom didático e doutrinário é novo. Essas diferenças, no entanto, são facilmente explicadas pelos diferentes gêneros literários e não chegam a distinguir claramente os dois escritos.

É característica de 1João a estrutura composta, destacada pela análise histórico-literária, que fez ressaltar uma certa variedade de estilo e conteúdo: os tópicos abordados são muitos e nem sempre é fácil seguir o fio lógico do raciocínio; algumas afirmações parecem estar em contraste entre si e, às vezes, parece que a retomada de um tema corrige a impostação anterior; além disso, o estilo muitas vezes muda de uma passagem para outra. De fato, na carta, podem ser claramente percebidos pelo menos três estilos diferentes: em algumas partes o tom é *profético* e expressa solenemente grandes verdades de fé, ligadas à tradição que remonta ao testemunho ocular de Jesus; em outros casos, o estilo torna-se *didático*, tornando-se meticulosamente claro entre uma posição e outra com a intenção de combater os erros e desmascarar os enganos; finalmente, é inegável o tom *homilético* e familiar com o qual o autor, por vezes, dirige-se gentilmente aos "filhinhos amados" para exortá-los e encorajá-los.

A variedade de conteúdo e estilo levou os estudiosos do passado a duvidar da unidade da obra e a elaborar hipóteses para a reconstrução do texto. No início do século XX, foi hipotizada a existência de uma "fonte das antíteses" (reconhecível na seção 2,18–3,10): o texto atual teria nascido – como um comentário exortativo elaborado por um redator joanino – começando a partir de uma lista simples de fórmulas contrapostas[12]. Tais hipóteses reconstrutivas se multiplicaram ao longo do século XX, enquanto os exegetas de hoje preferem sublinhar a substancial unidade literária do escrito, cujas variações seriam atribuíveis ao próprio autor, que segundo um procedimento semítico considera as coisas sob diversos perfis, ressaltando por meio de repetições o que considera importante e deliberadamente usa tons diferentes de acordo com a necessidade.

Mesmo no que diz respeito ao gênero literário, a situação parece complexa. Tradicionalmente, sempre foi considerada uma *carta*, mas são ausentes alguns elementos típicos do gênero epistolar (o nome do remetente e os destinatários com a saudação típica no início, a despedida com saudações no final). Com base nisso, alguns estudiosos propuseram qualificar 1João como uma *homilia*, outros como um *tratado teológico*: no entanto, são muitas as referências ao fato de que o autor "escreveu" para qualificar a obra como um discurso e, apesar do tom decididamente doutrinal, não se pode falar de um tratado monográfico. Quem vincula estreitamente 1João ao Quarto Evangelho considera aquela como um complemento deste, uma espécie de guia de leitura para a sua interpretação correta.

Embora não contenha endereçamento inicial ou final, o texto apresenta abertamente o caráter de uma verdadeira carta e os três estilos que já obser-

---

12. Essa tese remonta a um estudo de E. von Dobsschütz de 1907 e foi retomada por R. Bultmann.

vamos – profético, didático e homilético – são a expressão de tantos gêneros literários – anúncio, argumentação e exortação – que estão encadeados entre si para determinar uma específica unidade. Esse discurso articulado foi escrito porque provavelmente está endereçado a várias comunidades do mesmo ambiente, ligadas à autoridade do discípulo João, que deviam enfrentar problemas semelhantes. Podemos, portanto, falar de uma carta circular ou encíclica, na qual se fixam as principais linhas da tradição joanina.

Disposição

Determinar a estrutura literária de 1João é uma tarefa difícil: o desenvolvimento do discurso joanino foi comparado ao Rio Meandro, que flui diretamente para a terra onde esse escrito viu a luz, para sublinhar sua progressão com muitas curvas e voltas. Sem prejuízo do prólogo e do epílogo, reconhecidos por todos e sem passar pelas numerosas propostas de disposição do texto, podemos lembrar que a maioria dos estudiosos estrutura o corpo da Carta em *duas*, em *três* ou em *sete* partes[13].

Não obstante os critérios para a identificação de subdivisões entre partes maiores e subunidades únicas devam ser deduzidos do próprio texto e não impostos pelo pensamento do exegeta, também neste caso não faltam as dificuldades, pois muitos versículos de conexão – inseridos como elementos de sutura ou de passagem – podem tanto estar com o que precede quanto com o que se segue; o estudo do discurso baseado nos critérios da retórica clássica, no entanto, ajuda a reconhecer o curso do pensamento.

O teor homilético do texto não tolera esquemas por demais elaborados, mas recomenda os mais simples; é necessário, portanto, distinguir os três gêneros literários diferentes e estudar a concatenação unificada de anúncio, argumentação e exortação. A análise literária e retórica mostrou como o gênero da "creia" (em grego: *chreia*), semelhante a um discurso em miniatura, inclui os três estilos característicos da carta: 1) a proposta de um tema, 2) sua elaboração por meio de algum raciocínio, 3) uma breve exortação[14]. Com base nesse

---

13. Trata-se, respectivamente, das propostas de BROWN, R.E. *Le Lettere di Giovanni*, p. 190. • KLAUCK, H.-J. *Lettere di Giovanni*. Bréscia: Paideia, 2013, p. 44. • GIURISATO, G. *Struttura e teologia della Prima Lettera di Giovanni* – Analisi letteraria e retorica, contenuto teologico. Roma: PIB, 1998, p. 298.

14. Esta é a proposta de GIURISATO, G. *Struttura e teologia della Prima Lettera di Giovanni*. Op. cit., p. 263-298.

critério, foi possível reconhecer e destacar alguns *anúncios querigmáticos* que permitem encontrar a solução para o quebra-cabeça e afirmar que 1João é um colar, não um punhado de pérolas. A identificação dos anúncios fundamentais permite identificar as perícopes em que todo o texto é articulado: cada perícope é aberta por uma mensagem querigmática e inclui, além de uma ou mais exortações curtas, uma série de argumentos, bem estruturados entre si com ligações literárias, progressões de pensamento e variações linguísticas.

Seguindo essa abordagem, é possível reconhecer – além do prólogo e do epílogo – uma série de sete unidades literárias complexas, que se seguem de forma harmoniosa e concatenada com novidades e retomadas.

1,1-4	Prólogo
1,5–2,6	*primeira perícope:* **Andar em comunhão com Deus**
	1,5, *anúncio:* "a mensagem que [...] vos anunciamos é esta: que Deus é luz"
	1,6–2,6, quatro argumentos e uma exortação
2,7-17	*segunda perícope:* **Escolhendo o amor autêntico**
	2,7-8a, *anúncio:* "mandamento novo e antigo"
	2,8b-17, quatro argumentos e uma exortação
2,18-28	*terceira perícope:* **Confessando o Filho para possuir o pai**
	2,18, *anúncio:* "É a última hora"
	2,19-28, seis argumentos e três exortações
2,29–3,10	*quarta perícope:* **Reconhecendo a geração de Deus**
	2,29, *anúncio:* "Aquele que pratica a justiça nasceu de Deus"
	3,1-10, quatro argumentos e uma exortação
3,11-22	*quinta perícope:* **Amar em obras e verdades**
	3,11, *anúncio:* "Este é o anúncio: nos amemos uns aos outros"
	3,12-22, quatro argumentos e duas exortações
3,23–5,4	*sexta perícope:* **acreditando e amando**
	3,23, *anúncio:* "que creiamos em Jesus, e nos amemos uns aos outros"
	3,24–5,4, onze argumentos e quatro exortações
5,5-17	*sétima perícope:* **Aceitando o testemunho divino**
	5,5, *anúncio:* "Jesus é o Filho de Deus"
	5,6-17, seis argumentos e uma exortação
5,18-21	Epílogo

Segunda Carta de João

Os outros dois textos curtos atribuídos a João são indicados com um número subsequente simplesmente para distingui-los da Primeira Carta. Também nesse caso o vocabulário, o estilo e a doutrina revelam uma proximidade entre esses e os outros escritos joaninos. No entanto, esses escritos não foram facilmente aceitos pela Igreja como textos inspirados e canônicos, sobretudo pelo caráter ocasional e pela escassa relevância doutrinal: evidentemente, foram preservados e introduzidos no cânon apenas por causa da estima despertada pela origem joanina.

O escrito chamado de 2João está certamente ligado ao ambiente eclesial e teológico determinado pelo testemunho do Discípulo Amado; relaciona-se com o conteúdo de 1João, mas não constitui sua continuação; é outro texto, semelhante em assunto e intenção, mas distinto e devendo ser considerado em si mesmo. Ele tem a forma de uma verdadeira carta, mas difere da correspondência privada e assume a conotação de uma carta oficial de uma autoridade para um grupo de pessoas, que no pré-escrito são apresentadas com títulos com um quê de metáfora.

Autor

O "eu" que escreve simplesmente se qualifica como *ho presbýteros* ("o presbítero"): a palavra grega é comparativa e significa literalmente "aquele que é mais velho"; na linguagem judaica, traduz a expressão hebraica que designava os anciãos das tribos de Israel, isto é, os chefes das famílias, responsáveis pelos vários grupos que compunham a população. Nos sinóticos, com esse termo, de fato, indicam-se os nobres leigos, expoentes de famílias aristocráticas e envolvidos no Sinédrio de Jerusalém; nos Atos e nas cartas apostólicas, notamos como a comunidade cristã usou o mesmo termo para designar os vários líderes das Igrejas locais; enfim, no Apocalipse, os 24 personagens simbólicos que coroam o trono divino são chamados "presbíteros". O termo não é tipicamente joanino e somente no pré-escrito de 2João e 3João identifica uma pessoa específica.

Certamente, o uso do artigo definido confere particular ênfase ao termo, porque não é "um" presbítero que se dirige aos destinatários, mas "o" presbítero, isto é, o chefe por excelência, que no ambiente todos conhecem e estimam: um membro autoritário da comunidade joanina, que desempenha um papel importante como guia para os discípulos e guardiões da tradição evangélica e que, em virtude da tradição antiga, podemos identificar com João, o discípulo do Senhor; escritos ocasionais assim tão breves teriam sido facilmente perdidos sem a autoridade de tal personagem.

Destinatários e finalidade

O autor aborda "à senhora (*Kyría*) eleita e aos seus filhos". O feminino de *kýrios* ("Senhor") aparece apenas neste escrito do Novo Testamento (v. 1.5) e não parece de forma alguma um termo trivial: parece realmente derivado da palavra que designa o Senhor Jesus, para conotar a Igreja como noiva de Cristo. O adjetivo "eleita" refere-se à definição dos cristãos como "eleitos por Deus".

Ao aceitar as indicações geográficas fornecidas pelo Apocalipse, que fazem de Éfeso a principal localização da comunidade joanina, podemos considerar que "a senhora eleita" seja uma Igreja local da Ásia Menor, vinculada por relações estreitas com a comunidade do autor, sua "irmã eleita" (v. 13). Não se trata, portanto, de duas pessoas, mas de símbolos de Igrejas particulares, personificadas como mulheres, irmãs entre si: os filhos dessas mulheres são os membros de suas respectivas comunidades.

Como ocorria com 1João, a intenção da escrita é advertir os discípulos contra o perigo dos falsos mestres, exigindo uma profunda coerência entre a doutrina teológica e o comportamento moral. O erro dos falsos mestres é especificado em uma única frase: "os quais não confessam Jesus Cristo vindo em carne" (v. 7). O presbítero, portanto, convida seus destinatários a cortar qualquer relação com tais sedutores ou "anticristos".

2João, portanto, contém em síntese as mesmas ideias expostas de maneira mais difusa na Primeira Carta: que há uma relação entre esses dois escritos é evidente, mas não é possível afirmar com certeza em que consistiria tal relação. Pode-se pensar que 2João seja uma primeira tomada de posição contra o aparecimento das novas doutrinas errôneas, mais tarde refutadas mais amplamente na longa carta; mas também é possível considerar que esta seja um tipo de compêndio de 1João, mais facilmente divulgável. Nenhum elemento seguro permite especificar a data de composição, que, no entanto, permanece próxima da elaboração da Primeira Carta.

Disposição

2João não é dividida em capítulos, porque inclui apenas 13 versículos, e a estrutura do texto é muito simples: depois do pré-escrito da carta (v. 1-3) há o corpo da carta (v. 4-11), no qual o conteúdo é dividido em duas partes: a primeira é dedicada à coerência entre doutrina e vida, enquanto a segunda denuncia o problema dos falsos mestres que perturbam a comunidade joanina. O bilhete termina com uma fórmula simples de cortesia e saudação, segundo o costume (v. 12-13).

1-3	Pré-escrito
4-11	Corpo da carta
	4-6 a) coerência entre doutrina e vida
	7-11 b) questão do erro cristológico e convite ao desapego
12-13	Saudações finais

Terceira Carta de João

O terceiro escrito epistolar atribuído a João é uma breve passagem pessoal, semelhante a outros escritos joaninos em termos de vocabulário, estilo e doutrina: limita-se a sugerir algumas normas práticas de conduta eclesial.

Autor

Como em 2João, o escritor não se apresenta com um nome próprio, mas com o título enfático "o presbítero", que, portanto, deixa aberto novamente o mesmo problema de identificação.

No versículo 9 o autor repreende Diótrefes que "não *nos* dá acolhida" e da mesma forma no versículo 12 fala de "*nosso* testemunho": o uso do pronome "nós" sugere que os missionários são enviados pelo autor e sua comunidade. Como em 1João, em seguida, o remetente das cartas não é considerado uma única pessoa, mas por meio do "nós" da Igreja se exprime em nome da liderança da comunidade joanina.

O presbítero, portanto, com base no tom autoritário que usa no decorrer da carta, é certamente um membro influente da comunidade joanina e seu porta-voz, bastante conhecido e investido de um importante papel na organização da vida eclesial.

Destinatário e situação eclesial

O destinatário, neste caso, é um único personagem, o "amado Gaio". Não sabemos nada sobre ele, mas a partir desse texto podemos traçar pistas para reconstruir uma história de relacionamentos difíceis dentro das comunidades cristãs. Nas listas dos bispos, mencionadas nas *Constituições Apostó-*

licas, Gaio é indicado como bispo de Pérgamo e Demétrio (citado no v. 12) como bispo da Filadélfia, duas cidades intimamente ligadas à comunidade joanina de Éfeso (cf. Ap 2,12; 3,7); mas não temos certeza da confiabilidade histórica dessas informações.

Gaio é um crente que se distinguiu na comunidade cristã e o autor é muito elogioso para com ele; por conta da linguagem carinhosa com a qual é tratado, entendemos que o presbítero tem um papel paterno em relação aos membros da comunidade e que Gaio é um dos seus filhos. O uso de termos próprios do ambiente familiar revela relações íntimas e afetivas que ligam os diversos componentes da comunidade joanina.

Somente na 3João, dentre as cartas joaninas, aparece o termo *ekklesía*, também ausente no Quarto Evangelho: mesmo sendo típico da linguagem paulina, seu uso frequente no Apocalipse mostra que não é um termo ignorado pela comunidade do Discípulo Amado. Designa a assembleia dos irmãos, que é o grupo de crentes que habitam o mesmo território e costumam se reunir em uma casa; dentro dessa "Igreja doméstica" os irmãos deram um bom testemunho a Gaio, que, tendo boas possibilidades financeiras, se mostrou uma pessoa generosa na hospitalidade e na ajuda material oferecida aos enviados do presbítero.

Os missionários cristãos, que tinham saído para pregar o nome de Jesus, não tinham como se sustentar e não queriam pedir ajuda aos pagãos, para não parecerem mestres interesseiros ou mercadores da verdade; precisavam, então, ser sustentados em sua missão pelos irmãos de fé. O presbítero afirma que acolher essas pessoas, dar-lhes hospitalidade e prover-lhes o necessário para a jornada significa tornar-se "colaboradores da verdade".

Há, por outro lado, um indivíduo, chamado Diótrefes, que não apoia a primazia do presbítero e não quer acolher os pregadores enviados por ele: parece claro que esse personagem é uma pessoa encarregada da Igreja e, por alguma razão, contesta a autoridade do presbítero, queixa-se dele, recusa-se a aceitar seus enviados, impede de fazê-lo aqueles que gostariam de acolher os missionários e até expulsá-los da Igreja. Essa atitude causou uma situação difícil e lamentável na comunidade.

Enfim, aparece outro personagem, Demétrio, de quem se diz somente que insistentemente todos dão testemunho a seu favor. Embora a concisão do texto não nos permita compreender bem a história, parece que o presbítero pede a Gaio sua disposição de receber seu enviado Demétrio apesar da oposição de Diótrefes, pedindo-lhe, portanto, coragem para enfrentar a hostilidade daquele arrogante.

O mérito particular do bilhete reside nas informações históricas, porque graças a ele nos tornamos conscientes de alguns importantes dados organizacionais do ambiente eclesial joanino: os grupos ligados ao Discípulo Amado estão distribuídos em diferentes lugares e o presbítero goza de grande autoridade sobre as várias Igrejas, embora haja pessoas que desempenham papéis específicos de autoridade; as relações entre esses "líderes" nem sempre são boas e de fato existem tensões e oposições; há ministros itinerantes que visitam as várias comunidades a mando do presbítero com a tarefa de, provavelmente, reavivar a fé dos cristãos recém-convertidos e espalhar o Evangelho entre os pagãos; as várias comunidades cristãs locais acolhem e sustentam esses pregadores, acolhendo-os em seus lares e colaborando com seu ministério profético.

Como nenhuma menção é feita sobre as dificuldades desencadeadas pelos hereges, é possível que esse escrito – dentre as três cartas joaninas – seja o primeiro em ordem cronológica; em todo caso, seu ambiente vital parece ser a comunidade joanina de Éfeso, onde foi composto no final do século I.

Disposição

Similarmente a 2João, 3João também não se divide em capítulos, porque inclui apenas 15 versículos: é o texto mais curto do Novo Testamento e tem um total de 219 palavras. Até mesmo sua estrutura é reduzida a um mínimo: à cortês frase de abertura (v. 1-2), segue-se imediatamente breve o corpo da carta (v. 3-12), dividido em três partes: o louvor de Gaio, a reprovação de Diótrefes e o testemunho em favor de Demétrio. O escrito termina com uma fórmula estereotipada de despedida (v. 13-15).

1-2	Pré-escrito	
3-14	Corpo da carta	
	3-8	a) louvor de Gaio
	9-10	b) reprovação de Diótrefes
	11-12	c) testemunho a favor de Demétrio
13-15	Saudações finais	

Guia de leitura

Primeira Carta de João

O prólogo (1,1-4)

O início da carta está claramente relacionado ao prólogo do Quarto Evangelho, embora não seja fácil determinar qual dos dois tenha sido o primeiro a ser composto. Ambos os textos pretendem esclarecer o tema cristológico, enfatizando a realidade da encarnação: ambos usam o termo *Logos* para apresentar a pessoa de Jesus e sublinham a experiência histórica de testemunhas oculares.

Os três primeiros versículos constituem um único longo período, suspenso por um incidental no centro: essa construção, cheia de verbos e fórmulas que se sobrepõem, dá a impressão da maravilha e do entusiasmo daqueles que querem comunicar um prodígio. A experiência histórica do encontro com o homem Jesus é sintetizada e transmitida com fórmulas de teologia madura, que interpretam o sentido e o valor de sua pessoa, e o propósito desse anúncio é a *comunhão*, ou seja, o vínculo que une aqueles que escrevem e aqueles que leem a carta: essa palavra, que nas obras joaninas aparece apenas nesse primeiro capítulo, expressa além da unidade eclesial também a profunda união que une a comunidade de crentes "com o Pai e com seu Filho, Jesus Cristo".

A única ocorrência plural do verbo "escrever", acompanhada do pronome enfático "nós", encerra (v. 4) o prólogo, especificando que o fim esperado dessa comunicação escrita é uma "alegria plena": a alegria da testemunha não se esgota nos limites de sua comunidade, mas se torna perfeita quando pode associar outras pessoas à comunhão com Deus.

Primeira perícope (1,5–2,6): andar em comunhão com Deus

Depois de enunciar sinteticamente o tema geral, o discurso começa com um primeiro *anúncio tradicional*, tipicamente joanino: "Deus é luz, e não há nele treva nenhuma" (1,5). A palavra *angelía*, que no Novo Testamento ocorre apenas aqui e em 3,11, indica essa "mensagem" e apresenta o conteúdo evangélico como uma revelação da realidade divina oferecendo o pressuposto teológico para a conduta do crente. Em virtude dessa síntese joanina original – que qualifica Deus como fonte positiva da vida e da origem da revelação (cf. Jo 1,9) e, consequentemente, da luz como símbolo significativo do "bem" e da treva, seu oposto, do "mal" – 1João deduz uma decisiva consequência moral.

Os argumentos subsequentes se concentram na questão da coerência entre o dizer e o fazer, com a intenção de defender a tradição joanina de más interpretações e desmascarar os falsos mestres que prejudicam a comunidade. Esses argumentos, desenvolvidos com períodos hipotéticos insistentes, são quatro, organizados de maneira concêntrica (A: 1,6-7; B: 1,8-10; B': 2,1b-2; A': 2,3-6); no centro (2,1a), como o coração do discurso, encontramos a exortação a não pecar, uma vez que o tema do pecado tem um papel importante nesse raciocínio.

A *primeira argumentação* (1,6-7) desenvolve – por meio de dois silogismos – dois casos opostos, um negativo e outro positivo. Partindo de ambos os casos do pressuposto de que "Deus é luz", o autor afirma que o fator decisivo para verificar a confiabilidade das palavras é o comportamento moral, designado pela metáfora semítica do "andar". No primeiro caso (v. 6), portanto, aqueles que afirmam por palavras estar em comunhão com Deus, mas então se comportam mal, provam ser mentirosos; ao contrário (v. 7), aquele que se comporta bem está realmente em comunhão com Deus e com seus irmãos. Esse primeiro raciocínio termina com uma referência ao valor expiatório do "sangue de Jesus", capaz de purificar do pecado.

A *segunda argumentação* (1,8-10) insiste na controvérsia com os falsos mestres que afirmavam "não ter pecado", negando a própria realidade do pecado. Com três martelantes períodos hipotéticos, o autor novamente apresenta duas situações opostas: os versículos 8 e 10, que destacam o erro daqueles que se proclamam isentos do pecado, enquadram a atitude correta (v. 9) daqueles que confessam seus pecados.

O centro da perícope (2,1a) é sustentado pela *exortação* a não pecar, introduzida pelo carinhoso vocativo "filhinhos" (*teknía*: cf. 2,12.28; 3,7.18; 5,21), acompanhado apenas aqui pelo possessivo "meus".

A *terceira argumentação* (2,1b-2) retorna ao tema do pecado e reafirma o poder redentor de Jesus Cristo para quem confessa sua própria culpa: Jesus é o *intercessor*, que se volta para o Pai para os homens; Ele é o *justo*, que nos coloca em bom relacionamento com o Pai; é a *expiação* em pessoa, que torna Deus benigno e purifica todo homem.

A *quarta argumentação* (2,3-6), que conclui a perícope, retorna ao tema inicial e com uma série de reflexões silogísticas mostra que o verdadeiro conhecimento de Deus é identificado com a atitude de Jesus que os crentes querem concretamente imitar. Com a expressão "Nisto sabemos", repetida várias vezes em 1João (cf. 1Jo 2,3.5; 3,24; 4,13; 5,2), é apresentada a principal premissa do silogismo, ponto fixo a partir do qual deduzir as consequências: conhecer a Deus significa guardar seus mandamentos (v. 3). A partir dessa premissa básica, o autor deriva a exemplificação de duas situações opostas, uma negativa (v. 4) e uma positiva (v. 5). O vértice do raciocínio introduz outra fórmula joanina típica ("permanecer nele"): aqueles que dizem em palavras permanecer em Jesus, devem "andar como Ele andou" (v. 6). A dupla retomada do verbo "andar", mesmo que seja traduzida como "comportar-se", determina uma inclusão importante com o início da perícope (1,6-7): Jesus é o modelo a ser seguido.

Segunda perícope (2,7-17): escolher o amor autêntico

A nova perícope é introduzida por um vocativo afetuoso (*agapetói*, "amados"), que marca também o início de outras passagens da carta (cf. 1Jo 3,2.21; 4,1.7.11). A referência a um *anúncio tradicional* (2,7-8a) sinaliza o início da perícope, em que se rememora o "mandamento" de Jesus, que é "antigo", porque pronunciado no passado por Jesus e aceito pela comunidade desde o "início", mas também "novo" porque assim foi chamado pelo Mestre (cf. Jo 13,34) quando o entregou aos discípulos. A partir desse querigma fundamental, são desenvolvidas as reflexões seguintes.

Como na primeira unidade literária, também estas quatro argumentações seguem um mesmo esquema concêntrico organizado em torno de uma exortação central (A: 2,8b; B: 2,911; B': 2,15b-16; A': 2,17); no centro (2,12-15a) está a exortação de não amar o mundo, precedida por uma lista detalhada de destinatários.

A *primeira argumentação* (2,8b) é sintética e enigmática. Jesus havia proposto como "novo" um mandamento que já estava presente na antiga legislação de Israel, mas sublinhando a absoluta novidade de sua realização por meio do dom total de si mesmo; similarmente agora a comunidade joanina deve reconhecer esse mandamento como sempre "novo" graças à imitação coerente do Cristo. A esplêndida imagem simbólica da luz que suplanta a *treva* – é preferível usar o singular, típico de João – resume de forma notável a oposição análoga presente no prólogo do Quarto Evangelho (Jo 1,4–5,9).

O *segundo argumento* (2,9-11) parte da "luz" como uma palavra-gancho e desenvolve as duas possíveis situações, mais uma vez opostas, nas quais o crente se encontra. A reflexão é dividida em três frases, todas introduzidas por um particípio substantivo ("Aquele que diz/Aquele que ama /Aquele que odeia"): como de costume, duas apresentam a situação negativa (v. 9.11) e enquadram a positiva que está no centro (v. 10).

A esse retrato sombrio reage a *exortação* central (2,12-15a), que se inicia com uma lista complexa de destinatários a quem o autor endereça o texto: o termo afetuoso "filhinhos" abrange todos os membros da comunidade, enquanto são chamados "pais" aqueles há tempo fazem parte dessa, e "jovens" são aqueles que nela entraram recentemente. A variação do tempo presente para o aoristo do verbo "escrever", repetido seis vezes, parece apenas estilística. A conjunção *hóti*, que acompanha esse verbo, poderia ter um valor declarativo causal ou, talvez melhor, declarativo em vista de tornar explícita a mensagem que continua a produzir as consequências no presente. A longa lista, com suas repetições e destaques, serve para chamar a atenção para a sugestão que chega ao final e constitui o objetivo da passagem: "Não ameis o mundo nem as coisas que há no mundo" (v. 15a). Em virtude de tudo o que já receberam e começaram a fazer, os diversos membros da comunidade são convidados a escolher o amor autêntico que não tem como objeto o "mundo", entendido – segundo a típica linguagem joanina – como a estrutura corrupta do sistema mundano.

A *terceira argumentação* (2,15b-16) parte da exortação e especifica a incompatibilidade entre o amor de Deus e o amor do mundo (v. 15b). O contraste que João coloca entre esses dois amores é claro e ele observa como tudo o que há no mundo não deriva sua origem do Pai, mas do mundo (v. 16b). Em meio a essa dupla justaposição, a realidade do mundo é exemplificada com três fórmulas decididamente originais: a concupiscência da carne, a concupiscência dos olhos e a soberba da vida (v. 16a).

A *quarta argumentação* (2,17) conclui a perícope com uma nota sapiencial que contrasta transitoriedade e eternidade. O sistema mundano com todos os seus desejos desvanece, "passa": a retomada do mesmo verbo já usado em 2,8 sobre a treva leva a uma bela inclusão literária, que delimita toda a perícope e propõe um motivo escatológico para a escolha aconselhada.

Terceira perícope (2,18-28): confessar o Filho para possuir o Pai

Também a terceira perícope é introduzida por um afetuoso vocativo – *paidía*, "jovens" – o qual se encontra apenas aqui e em 2,14. A referência a um *anúncio tradicional* introduzido pela fórmula "ouvistes que..." (2,18), sinaliza o início de um novo discurso. A expressão alude ao aparecimento de um "anticristo", proposto pela tradição joanina em relação à fase escatológica e denunciado como dramaticamente real dentro da própria comunidade.

Diferentemente das perícopes anteriores, neste caso não é possível distinguir claramente entre argumentos e exortações, mas podem ser identificadas seis passagens, estruturadas de maneira concêntrica (A: 2,19; B: 2,20-21; C: 2,22-23; C': 2,24-26; B': 2,27; A': 2,28), que possuem uma forma literária composta, alternando e fundindo os dois gêneros com a adição de referências históricas. De fato, é característica dessa seção a referência explícita aos eventos que perturbam a comunidade joanina: é a partir desses versículos que os estudiosos puderam obter pistas suficientes para reconstruir os eventos que, no final do século I, dividiram o grupo de crentes ligados ao Discípulo Amado.

A *primeira passagem* (2,19) apresenta o fato histórico da secessão: alguns membros da comunidade joanina partiram, separando-se do restante dos fiéis. O autor usa o "nós" inclusivo e afirma um período hipotético de irrealidade que "e tivessem sido dos nossos, teriam permanecido conosco". Embora doloroso, esse fato trouxe à luz uma realidade que os destinatários precisam conhecer.

Na *segunda passagem* (2,20-21) o autor abandona o "nós" e fala na primeira pessoa do singular ao grupo que se manteve fiel, para reiterar o motivo que o levou a escrever a carta: confirmar e incentivar o conhecimento, que deriva da unção que receberam do próprio Cristo, "o Santo de Deus" (cf. Jo 6,69). Em toda a Bíblia o termo *chrisma* ocorre apenas três vezes, todas nesta carta (2,20.27): deriva do verbo *chríein* ("ungir") e, graças ao sufixo *-ma*, designa o resultado da ação; portanto, recorda a ação do Espírito Santo, que penetra como óleo e marca a pessoa, guiando o crente a acolher e viver a própria palavra de Cristo. Ao preservar a revelação cristológica (v. 20), os fiéis devem desmascarar e rejeitar o ensino de falsos mestres (v. 21).

Explorando o conceito de "mentira" como palavra-gancho, a *terceira passagem* (2,22-23) usa o estilo argumentativo para identificar os secessionistas: a questão retórica indica-os como "mentirosos" e "anticristos", uma vez que negam que Jesus é o Cristo e rejeitam sua qualidade de Filho em relação ao Pai. A expressão "possuir o Pai" é original e ocorre apenas aqui: parece derivar da linguagem da aliança para expressar a posse mútua das duas partes contratantes do pacto.

O mesmo argumento, mas com uma abordagem antitética, é retomado na *quarta passagem* (2,24-26), que contém uma dupla exortação sincera aos destinatários, para que o que ouviram "desde o princípio" permaneça neles, sem se deixarem enganar. No meio são propostas as razões que formam a base: a verdadeira fidelidade ao querigma cristológico e a perspectiva da vida eterna segundo a promessa de Jesus (cf. Jo 5,24).

Também a *quinta passagem* (2,27), como o versículo 24, inicia-se com o pronome "vós" em posição enfática: a atenção é dirigida aos destinatários e o discurso retoma de maneira especular o tema do *crisma* recebido (cf. v. 20). Uma reiteração ulterior do verbo "permanecer" expressa a continuidade da ação do Espírito, convidando os fiéis a aderir fielmente ao ensinamento tradicional.

A *sexta passagem* (2,28) resume e conclui o discurso: o advérbio ("agora") tem valor conclusivo, enquanto o vocativo afetuoso "filhinhos" dá à exortação final o tom amigável e paternal. O valor de duração do presente imperativo ("permanecer") sublinha o compromisso de continuar no vínculo que une os discípulos ao Cristo.

Quarta perícope (2,29–3,10): reconhecer a geração de Deus

A referência a um *anúncio tradicional* conhecido pelos destinatários (2,29) marca o início de uma nova perícope: nesse caso, o foco da atenção é o tema da "justiça" e "ser gerado por Deus". Embora em uma forma hipotética, esse versículo contém um silogismo completo: a premissa maior ("Deus é justo") constitui o dado conhecido para a comunidade; a premissa menor ("todo aquele que pratica a justiça") leva em consideração o caso concreto do comportamento humano; a conclusão ("foi gerado por Ele") destaca logicamente mais uma típica doutrina joanina.

As argumentações seguintes focalizam o tema da filiação, como consequência da geração: o autor elabora e contrasta duas expressões antitéticas ("praticar a justiça"/"praticar o pecado"), que são úteis para esclarecer a distinção entre duas atitudes humanas das quais se pode remontar à causa original ("de Deus"/"do diabo"). Novamente, são quatro argumentações, organizadas de maneira concêntrica (A: 3,1-2; B: 3,3-6; B': 3,7b-9; A': 3,10); no centro (3,7a), como uma ênfase adicional na necessidade de discernimento da comunidade, encontramos uma exortação essencial para expor os enganadores, a fim de não permanecerem vítimas do engano.

A *primeira argumentação* (3,1-2) retoma o grande tema da geração de Deus e o comenta com algumas reflexões válidas tanto para o presente quanto para o futuro. Ser "filhos de Deus" é uma realidade extraordinária que indica um parentesco real com Deus, essa realidade é mal compreendida e desprezada pela estrutura terrena corrupta. À realidade presente se acrescenta uma reflexão sobre a dimensão futura da filiação: quando, na visão escatológica, "o veremos tal como Ele é", nos descobriremos semelhantes a Ele, porque – partícipes de sua natureza – seremos totalmente transfigurados e perfeitamente configurados à sua imagem.

A *segunda argumentação* (3,3-6) desenvolve essa perspectiva escatológica com cinco sentenças curtas, que evocam a condição final de duas atitudes opostas. Quatro frases começam com "todo aquele" e, dispostas em pares antitéticos, enquadram a fórmula central que contém um núcleo de conhecimento teológico (v. 5): Cristo se manifestou para eliminar os pecados e quem quer que adere a Ele pode romper definitivamente com toda conivência pecaminosa.

O centro essencial da passagem é constituído por uma *exortação* (3,7a), que, quando introduzida pelo vocativo "filhinhos", contém o apelo a não se deixar enganar por qualquer falsa doutrina (cf. 2,26) e, certamente, invoca o problema dos falsos mestres.

A *terceira argumentação* (3,7b-9) é muito semelhante à segunda e retoma o mesmo tema do pecado; em vez da perspectiva escatológica, no entanto, introduz a busca de origens, enfatizando o papel do diabo como causa do pecado. A estrutura do raciocínio é análoga à anterior: três sentenças participiais emolduram uma fórmula central que expressa um importante querigma cristológico (v. 8b): o Filho de Deus se manifestou para "dissolver as obras do diabo".

Retomando de maneira negativa a fórmula inicial negativa (2,29), a *quarta argumentação* (3,10) conclui toda a perícope com uma inclusão, sublinhando que "não é de Deus" quem não opera a justiça: o autor, portanto, oferece à sua comunidade um critério de discernimento para distinguir e reconhecer "os filhos de Deus e os filhos do diabo". O exemplo seguinte, paralelo a não praticar a justiça ("quem não ama seu irmão"), prepara – por meio da referência ao amor fraterno – a ligação com a próxima perícope.

Quinta perícope (3,11-22): amar em obras e em verdade

Também neste caso a nova perícope começa relatando em uma forma de exortação um *anúncio tradicional:* "que nos amemos uns aos outros" (3,11). Tomando o raro vocábulo *angelía*, que no Novo Testamento ocorre apenas aqui e em 1,5, o autor recorda o convite ao amor fraterno, especificado em âmbito joanino com o pronome recíproco *allélus* ("uns aos outros"): [esse mandamento] existe "desde o princípio" porque remonta às próprias palavras de Jesus e a comunidade joanina o custodia fielmente.

As argumentações se concentram no tema do amor e, de acordo com o método joanino habitual que procede por antítese, necessariamente também tratam do ódio. A estrutura da seção é, portanto, bipartida: uma primeira parte reflete sobre o ódio (3,12-15) e uma segunda sobre o amor (3,16-22). Além disso, cada uma dessas partes é formulada de acordo com o mesmo procedimento, onde dois argumentos relacionados enquadram um núcleo exortativo (v. 13 e 18). A unidade da perícope é evidenciada pela insistência no termo "irmão" e no verbo "amar".

A *primeira parte* representa o *front* negativo da argumentação e se desenvolve em três momentos: o caso exemplar de Caim (A: 3,12); a exortação central (3,13), que mostra na oposição do mundo a confirmação de estar do lado de Deus e do seu Cristo; uma análise profunda (A': 3,14-15), que identifica o ódio com o assassinato, especificando que ele vem da morte e produz a morte.

A *segunda parte*, dedicada ao lado positivo, o amor, segue o mesmo esquema tripartite: o caso exemplar, oposto a Caim, é o próprio Cristo (B: 3,16-17); a exortação central (3,18) concretiza o raciocínio que convida a amar "em obras e verdade"; então o desenvolvimento do raciocínio (B': 3,19-22) especifica que a autêntica moralidade dos filhos, gerada por Deus, lhes permite permanecer confiantemente diante do Pai, certos de que a salvação vem dele.

Sexta perícope (3,23–5,4): acreditando e amando

A sexta perícope é muito mais complexa do que as anteriores, e também – com seus 27 versículos – muito mais longa; no entanto, está estruturado de forma semelhante aos outros e revela uma notável homogeneidade, tanto para o uso de palavras específicas quanto para a presença de inclusões temáticas. Também neste caso, a indicação de uma nova seção consiste na referência a um *anúncio tradicional:* "O seu mandamento é este: que creiamos em o nome de seu Filho, Jesus Cristo, e nos amemos uns aos outros, segundo o mandamento que nos ordenou" (3,23). A estreita correlação entre fé no Filho de Deus e amor mútuo constitui o corte apropriado da perícope que – inserida no sexto lugar em uma série de sete – assume, segundo um esquema tipicamente apocalíptico, o valor do vértice de toda a carta.

Embora numerosos, os argumentos nessa perícope são apresentados de maneira ordenada e precisa. Três versículos, contendo outras tantas exortações, são decisivos para identificar o esquema geral: todos os três são abertos pelo mesmo vocativo carinhoso (*agapetói*, "amados"). A primeira exortação (4,1) diz respeito à necessidade de discernimento e se concentra no tema da fé, ao qual são dedicados os dois argumentos seguintes (4,2-6). A segunda exortação (4,7a) acrescenta ao imperativo do amor mútuo a importante observação de que o ágape vem de Deus, introduzindo assim os dois argumentos sobre a origem do amor (4,7b-10). A terceira exortação (4,11), retomando a reflexão sobre o dever moral que deriva do amor de Deus, abre caminho para uma série de cinco argumentos sobre o amor recíproco como verdadeiro teste da comunhão com Deus (4,12-20). Nesse ponto, o versículo 4,21 repropõe como fechamento o tema inicial (3,23), enfatizando a ligação necessária entre o amor a Deus e o amor pelo irmão. Numa espécie de recapitulação conclusiva, a última passagem da perícope (5,1-4) inteligentemente tece os temas da fé e do amor.

Após o anúncio do tema, o versículo 3,24 é uma espécie de transição, destinada a chamar a atenção dos destinatários para os critérios teológicos a serem aplicados à realidade para compreendê-la corretamente: a referência ao dom do Espírito oferece a conexão para introduzir a primeira elaboração argumentativa, que imediatamente se segue.

A *primeira seção* (4,1-6) é dedicada ao tema da fé em Jesus e é aberta por uma exortação (4,1) sobre o discernimento exigido pela presença de muitos falsos profetas que perturbam o equilíbrio da comunidade joanina. Os dois argumentos paralelos que se seguem oferecem dois critérios para discernir os espíritos: a confissão de Jesus Cristo (4,2-3) e a recusa por parte do mundo (4,4-6). Fiel ao seu esquema rigidamente dualista, o autor distingue as pessoas em dois grupos ("vós/nós" e "eles"), que correspondem a duas origens diferentes: "de Deus" (v. 4.6), "do mundo" (v. 5). O autor, portanto, conforta seus destinatários, afirmando que eles já venceram essa batalha: não em virtude de si próprios, mas em virtude de Deus, que é maior do que o mundo que inspira os adversários. O aparente fracasso, devido à recusa do mundo, não deve, portanto, abater o moral, porque confirma a origem de Deus: a mentalidade mundana, de fato, prefere ouvir a pregação dos hereges, porque se adapta aos esquemas humanos e desejos comuns.

A *segunda seção* (4,7-10) é dedicada ao tema da origem divina do amor e é introduzida por uma exortação (4,7a), que acrescenta ao imperativo do amor mútuo a importante explicação de que o ágape deriva de Deus, o próprio Deus é, portanto, a fonte e modelo do amor pregado por Cristo e vivido pelos cristãos. Essa nota teológica de abertura é seguida por dois argumentos paralelos: o primeiro (4,7b-8) começa do homem para voltar a Deus, enquanto o segundo (4,9-10) segue o processo inverso e, a partir de Deus, desce ao homem na missão de Jesus, o Filho.

A *terceira seção* (4,11-20), centrada no amor mútuo como prova de comunhão com Deus, é também introduzida por uma exortação (4,11), que identifica no amor de Deus a origem do dever moral dos homens para um amor mútuo: o discípulo de Jesus deve andar como Ele andou, porque Ele é o "modelo exemplar" a ser seguido e imitado. A elaboração que se segue articula-se em cinco argumentações, que retomam temas já tratados: o dom do Espírito Santo como prova da verdadeira comunhão com Deus (4,12-13); a mútua permanência com Deus como uma característica daqueles que creem em Jesus o Filho de Deus (4,14-15) e daqueles que vivem no amor (4,16); o amor perfeito que afugenta o medo (4,17-18); amor a Deus, intimamente ligado ao amor ao irmão (4,19-20).

Com uma nova repetição da palavra *entolé* ("mandamento"), a exortação de 4,21 lembra o tema inicial (3,23) e insiste novamente na ligação necessária entre o amor a Deus e o amor ao irmão.

A última passagem (5,1-4) habilmente entrelaça o tema da fé e do amor, para propor uma visão sumária de toda a perícope. A síntese parte da profissão de fé cristológica e diz respeito a Jesus precisamente como homem: só quem tem essa fé no Filho de Deus encarnado é "nascido de Deus". Segue-se, com um jogo de palavras sobre o verbo "nascer", que todo aquele que ama

Deus ("todo o que é nascido de Deus") necessariamente também ama seu irmão ("todo o que é nascido"). Dessa forma, o vínculo entre fé e amor é reafirmado, assim como entre o amor divino e o amor fraterno (v. 1).

O autor, portanto, inverte o raciocínio costumeiro e afirma que a verificação do amor fraterno se dá graças ao autêntico amor a Deus, que implica o guardar fielmente os seus mandamentos (v. 2), que não são um fardo (v. 3): a poderosa presença de Deus dá a capacidade de realizar o que Ele pede. Finalmente, João indica que o cristão "nascido de Deus" é o verdadeiro vencedor na batalha contra a estrutura corrupta da mundanidade: "a nossa fé" é a vitória que conquistou o mundo (v. 4). A última palavra da perícope é *pístis* ("fé"), a única ocorrência desse substantivo em 1João (e no Quarto Evangelho), que inclui o verbo *pistéuein* ("crer") em 3,23, onde ocorre pela primeira vez.

Sétima perícope (5,5-17): acolher o testemunho divino

Também a última perícope parte de um motivo próprio da tradição joanina e, neste caso, o *anúncio do tema* (5,5) é formulado como uma questão retórica, o que equivale a uma afirmação enfática: a reta profissão de fé comporta o reconhecimento do homem Jesus como o Filho de Deus.

O tema proposto é, como de costume, desenvolvido a partir de uma série de argumentos: podem ser identificados seis, bem articulados e conectados entre si em dois a dois (A: 5,6a; A': 5,6b-8; B: 5,9-10; C: 5,11-12, B': 5,14-15, C': 5,16-17). O versículo 5,13 surge em uma posição intermediária, uma exortação que, pela última vez, explicita a intenção que levou o autor a escrever a carta. Toda a seção literária é bem caracterizada sobretudo pela insistência no léxico da atestação testemunhal: na verdade, por seis vezes aparece o substantivo *martyría* ("testemunho"); e quatro vezes o verbo correspondente *martyréin* ("testemunhar").

As três primeiras argumentações oferecem um *crescendo* de testemunhas, o que pode garantir a solidez do crer e se referem a uma sequência similar presente em Jo 5,36-38. Inicialmente, o próprio Jesus Cristo é apresentado, definido como aquele que "veio por meio de (*diá*) água e sangue" (5,6a). O evento histórico da encarnação é atestado no início por João Batista (a água) e no final por João Evangelista (o sangue).

A segunda argumentação (5,6b-8) primeiro apresenta o Espírito Santo como aquele que dá testemunho (v. 6b), como fiador da revelação; então amplia a ideia, afirmando que há três que dão testemunho: "o Espírito, a água e o sangue, e estes três concordam num" (v. 7-8). Esse trinômio é original e não é fácil de explicar; os mesmos elementos que no v. 6 são retomados com um significado simbólico e sacramental como personificação masculina (*hoi tréis* = os três): portanto, alude-se globalmente ao dom pessoal da salvação. A solidez da crença cristã é, portanto, garantida pelo Espírito Santo, entregue pelo Cristo, e essas três realidades são finalizadas "em direção ao um [concordam num]" (*éis a hén*), isto é, são perfeitamente coerentes e orientadas para o único fim.

Entre os versículos 7 e 8 em algumas edições um texto é inserido, chamado como *vírgula joanina*. É um fragmento que, ausente nos antigos códices gregos, aparece na tradução latina por volta do século VII e a partir de 1400 também entra em alguns manuscritos gregos: comumente inserido e aceito como um texto bíblico pelos católicos e pelos reformados até o século XX, atualmente a crítica textual provou que esse texto não é autêntico. Esse fragmento está bem integrado nos dois versículos canônicos e soa como uma explicação trinitária: "[7]Pois há três que dão testemunho [*no céu: o Pai, a Palavra e o Espírito Santo; e estes três são um. E três são os que testificam na terra*]: [8]o Espírito, a água e o sangue, e estes três concordam num". Parece se tratar de uma glosa marginal, originada no ambiente espanhol de Prisciliano (séc. IV), e posteriormente inserida por algum copista no corpo da própria carta para ajudar sua compreensão à luz das três pessoas divinas.

A terceira argumentação (5,9-10) conclui a série progressiva de testemunhas e se concentra no testemunho de Deus, isto é, o Pai, em favor de seu Filho Jesus. Assim, no quarto argumento (5,11-12) chegamos ao ápice do raciocínio, que destaca o fim de toda a revelação ou testemunho divino: a vida eterna (cf. Jo 20,31). Nesse ponto, surge uma nova e importante exortação (5,13) com a qual o autor afirma que escreveu o texto a fim de conscientizar seus destinatários de que crer no nome do Filho de Deus significa possuir a vida eterna. Os dois últimos argumentos retomam os temas anteriores, desenvolvendo duas aplicações concretas: a certeza dos crentes de serem ouvidos pelo Pai em suas orações, se corresponderem à sua vontade (5,14-15); a aplicação desse princípio ao caso de intercessão em favor de um irmão pecador (5,16-17).

O epílogo (5,18-21)

Os últimos versículos do escrito, que para muitos comentaristas pareciam um acréscimo editorial, podem ser valorizados – graças ao estudo do procedimento retórico – como um autêntico epílogo: no final de seu tratado, o autor irá resumir o conteúdo, retomando brevemente as questões fundamentais. Esse epílogo, simétrico aos quatro primeiros versículos que serviram como prólogo, é curto e solene, conforme exigido pelos cânones da retórica clássica: três argumentos (v. 18.19.20) – introduzidos por "Sabemos" – precedem uma breve exortação final (v. 21). Seguindo o método da antítese, o epílogo contrasta o "nós" da comunidade joanina com o "mundo": assim, emerge que o ponto nodal de 1João consiste em discernir o que é verdadeiro do que é falso, para não ser enganado pelos falsos mestres.

O versículo 18 reafirma o conhecimento da geração de Deus: a ação divina no crente exclui o pecado e nunca pode ser uma causa do pecado. O versículo 19 justapõe a convicção de "ser de Deus" à ideia – comum na literatura joanina – de que o mundo inteiro jaz "no maligno". Finalmente, o versículo 20 insiste no adjetivo "verdadeiro", para conotar a revelação trazida pelo Filho de Deus como o autêntica: Aquele que "é o verdadeiro" se contrapõe assim a toda falsa imagem de Deus.

A exortação final (v. 21) conclui com delicada força o apaixonado apelo dirigido à comunidade destinatária: "Filhinhos, guardai-vos dos ídolos". Com termo *Eidolon* ("imagem"), o autor não se refere à religião greco-romana, mas aos ensinamentos dos falsos mestres que enganam, portanto, sua comunidade: por isso convida seus filhos a um sábio discernimento, a fim de se protegerem das *falsas representações de Deus*.

Segunda Carta de João

O pré-escrito (v. 1-3)

Na fórmula introdutória, o presbítero se volta para uma Igreja irmã e, chamando-a com o título original de "senhora eleita", insiste repetidamente nos dois temas intimamente relacionados da verdade e do amor; portanto, em vez da saudação, ele propõe uma afirmação sobre a presença certa de "graça, misericórdia e paz" da parte de Deus Pai e da parte de Jesus Cristo, Filho do Pai.

O corpo da carta (v. 4-11)

O *primeiro discurso* (v. 4-6) retoma fórmulas muito comuns em 1João, para reafirmar a correlação necessária entre "verdade" (conhecimento do ensinamento de Cristo) e "amor" (sua realização concreta na vida). Para atrair a benevolência dos ouvintes, o presbítero alega regozijar-se porque os membros da comunidade destinatária "andam na verdade" e essa atitude corresponde ao mandamento recebido do Pai (v. 4), que consiste no amor mútuo (v. 5). Uma reformulação do mesmo pensamento explica que o ágape consiste em "andar de acordo com seus mandamentos" (v. 6).

O *segundo discurso* (v. 7-11) retoma o problema básico de 1João e denuncia a presença de falsos mestres, que não reconhecem a Jesus Cristo que veio na carne (v. 7): essa recusa é perigosa e pode ter sérias consequências em toda a vida cristã (v. 8). Quem vai além da doutrina tradicional "não tem Deus", enquanto quem preserva o ensinamento tradicional permanece em plena comunhão com o Pai e o Filho (v. 9). O presbítero conclui o discurso operacionalmente, convidando seus destinatários a evitar qualquer contato com esses enganadores (v. 10-11): suas obras são chamadas de "malignas" – o mesmo adjetivo que designa "o maligno" – e, portanto, é melhor não ter nada a ver com eles.

A conclusão (v. 12-13)

O final retoma convencionalmente as duas conclusões do Quarto Evangelho (cf. Jo 20,30; 21,25), referentes às muitas coisas ainda a serem ditas que não encontraram lugar no escrito. O presbítero, portanto, expressa o desejo de visitar pessoalmente essa comunidade e falar com eles "boca a boca", semitismo que revela um estilo de relacionamento confidencial e amigável. A última expressão, que indica o propósito do encontro ("para que a nossa alegria seja completa"), leva a fórmula de 1Jo 1,4 à risca: a alegria torna-se perfeita quando pode se estender a outras pessoas.

As saudações finais (v. 13) da carta são de toda a comunidade do remetente e, adotando a metáfora inicial, designam sua própria Igreja como "irmã eleita" da Igreja destinatária e seus membros como "filhos".

Terceira Carta de João

O pré-escrito (v. 1-2)

De acordo com o gênero da carta familiar, os primeiros versículos contêm os nomes do remetente e do destinatário, seguidos de uma breve expressão de afeto (v. 1). O remetente, como em 2João, se qualifica como "o presbítero" e se dirige ao "amado Gaio", insistindo em manter unidos o amor e a verdade.

Depois de repetir o vocativo de afeto para o destinatário, o remetente acrescenta um desejo (v. 2): é um caso incomum no panorama do Novo Testamento, mas frequente em cartas particulares do mundo greco-romano. Com o uso de um verbo ligado à metáfora do "andar", o presbítero espera que o compromisso moral de Gaio esteja prosseguindo bem e sua atitude espiritual esteja no caminho "são".

O corpo da carta (v. 3-12)

A seção de conteúdo é dividida em três partes, cada uma focada em um personagem diferente: Gaio, Diótrefes e Demétrio.

O presbítero começa reconhecendo sua alegria pelas boas-novas que recebeu sobre Gaio (v. 3-8): alguns "irmãos", de fato, depois de tê-lo conhecido e visto agir, atestaram que sua conduta é consistente com o ensino fundamental da tradição cristã. Em particular, o louvor refere-se ao fato de que Gaio forneceu o necessário para a viagem aos pregadores itinerantes enviados pelo presbítero: sua recomendação é precisamente a de colaborar ativamente na obra de pregação do Evangelho.

Após o longo elogio da obra de Gaio, a segunda parte assume um tom polêmico e volta sua atenção para outro personagem chamado Diótrefes (v. 9-10), que se comporta de maneira oposta. Ele é acusado de arrogância e protagonismo e é definido como aquele "que gosta de exercer a primazia entre eles"; suas palavras são "más" e suas ações, um obstáculo à obra planejada pelo presbítero. O autor está muito preocupado com a lamentável situação que surgiu e, portanto, pretende visitar essa comunidade para repreender abertamente Diótrefes por suas ações negativas e confrontá-lo com sua culpa.

A presença do habitual vocativo de afeto marca o começo da terceira parte, na qual aparece o personagem de Demétrio (v. 11-12), do qual se diz que todos testemunham a seu favor. O autor então acrescenta, com particular ênfase, uma fórmula técnica, usada no ambiente de João, para confirmar a validade de suas próprias afirmações e ligar-se diretamente à autoridade do Discípulo Amado: "e sabes que o nosso testemunho é verdadeiro" (cf. Jo 19,35; 21,24).

A conclusão (v. 13-15)

A despedida que conclui a carta é muito semelhante à de 2João e reflete as fórmulas estereotipadas do gênero: a folha de papiro não é suficiente para conter tudo o que teria a dizer, pois o presbítero espera ter a ocasião de um encontro pessoal para falar "boca a boca".

O último versículo contém três fórmulas de saudação, particularmente polidas e afetuosas. O augúrio final ("Paz a vós") recorda de perto a fórmula usada pelo Cristo ressuscitado com seus discípulos (cf. Jo 20,19.21.26) e, em sua simplicidade, contém uma grande mensagem de conforto e encorajamento. Os membros da comunidade, que estão em torno do presbítero e enviam suas saudações, são definidos como "amigos", segundo o uso de Jesus, caro a João (cf. Jo 15,15). Finalmente, o remetente recomenda que Gaio cumprimente os amigos de sua comunidade, não de maneira genérica, mas "pelo nome" (*kat'ónoma*), isto é, um por um com calorosa atenção pessoal.

Mensagem teológica

O autor de 1João revela-se um profundo teólogo e refinado erudito. Embora tenha sido definido como monótono e repetitivo como um ancião, na realidade é adepto da variação literária e inteligente no avanço do raciocínio: não é um discurso contemplativo que segue mais o coração do que a razão, mas uma reflexão lógica, engajada em uma demonstração rigorosa do querigma cristão fundamental. A insistência na fórmula "desde o princípio" (*ap'archés*) confirma a importância atribuída à tradição da testemunha ocular: a experiência histórica de Jesus vivida pelos discípulos constitui o ponto objetivo de referência para a fé cristã, contra todo desvio intelectualista.

A Primeira Carta, nascida para remediar o perigo causado pela presença de falsos mestres, está centrada no tema da verdade e delineia com paixão os elementos essenciais da vida cristã: Jesus em pessoa é a revelação do verdadeiro Deus; deve-se continuamente voltar a Ele para discernir o que é verdadeiro do que é falso; a aceitação concreta do amor divino oferecido por Jesus é o critério decisivo para verificar a autenticidade da existência cristã. O problema é despertado por pessoas que aceitam a doutrina cristã em teoria, mas depois vivem de maneira inconsistente. O autor sublinha, portanto, um nítido contraste entre verdade e falsidade, análogo ao contraste entre luz e treva: só quem caminha na luz "pratica a verdade" (1,6; cf. Jo 3, 21) acolhe concretamente na própria vida a pessoa de Jesus.

A questão cristológica e a importância do amor são, portanto, os principais temas teológicos, mas o que distingue a 1João é estreita união desses temas: o enraizamento cristológico do amor. Se a vida moral é uma consequência da doutrina – como ensina João – é fundamental unir inseparavelmente o *conhecimento* com a *comunhão*, unindo teoria teológica e real união do amor com Deus.

A questão cristológica

Observamos antes de mais nada que o autor colocou a fórmula da fé cristológica ("seu Filho, Jesus Cristo") no início (1,3), no centro (3,23) e no final (5,20) da carta: podemos, portanto, considerá-la como uma grande inclusão que engloba toda a escrita, destacando seu interesse primordial.

A forte ênfase na divindade de Jesus pela tradição joanina deve ter levado alguns membros da comunidade a minimizar sua humanidade; o grupo secessionista parece seguir um pensamento tipicamente helenístico, vendo em Jesus um "ser divino" que simplesmente tinha "aparência" humana e capaz de realizar a salvação somente com a pregação. Para corrigir essa distorção, as cartas joaninas visam a esclarecer essa interpretação do Evangelho, reafirmando que *Jesus* é o objeto da fé (2,22; 4,15; 5,1.5), valorizando a realidade de sua *carne* (4,2.3; 5,6; 2Jo 7) e o poder salvífico do seu *sangue* (1,7; 5,6,8).

Similarmente, na 2João, no centro das atenções está a realidade da encarnação, que os adversários recusam, não aceitando a profissão de fé garantida pelo testemunho do Discípulo Amado. Seu raciocínio cristológico é considerado errado porque "ultrapassa a doutrina de Cristo" (2Jo 9): a expressão é original e muito interessante para nos ajudar a reconstruir a dinâmica desse equívoco.

A compreensão da pessoa de Jesus Cristo por seus discípulos foi progressista nas primeiras décadas da pregação cristã: de uma "cristologia baixa", que considerava Jesus como um homem extraordinário, chega-se a uma "cristologia alta", que segundo o testemunho autoritário do Discípulo Amado valoriza sua qualidade divina. Nesse processo de maturação, quem "ultrapassa" a doutrina tradicional exagera, forçando-se a formular uma "cristologia altíssima", segundo a qual a divindade de Jesus seria somente mostrada com aparência humana, sem realmente assumir a natureza humana.

Por isso, a profissão de fé proposta contra esse exagero diz respeito à carne humana do *Logos*, que se torna o critério decisivo da ortodoxia: quem nega a humanidade do Filho não possui nem sequer o Pai, ou quem altera a doutrina de Cristo rompeu o relacionamento com Deus. Nessa doutrina cristológica, a referência ao sangue do Cristo tem uma grande importância, a este é reconhecido – uma ideia teológica de que a tradição joanina preserva e se desenvolve de diferentes maneiras no Quarto Evangelho (19,34) e no Apocalipse (1,5; 5,9; 7,14; 12,11) – um caráter salvífico decisivo de purificação dos pecados (1,7; 5,6.8). Jesus também é apresentado como o mediador perfeito entre Deus e a humanidade: Ele é chamado de "intercessor/*parákletos*" (2,1), porque se dirige ao Pai em favor dos homens e é qualificado como "vítima de expiação/*hilasmós*" (2,2; 4,10), isto é, capaz de tornar Deus benigno e de purificar o homem.

Outro ponto delicado da falsa pregação contra o qual João escreve diz respeito à realidade do pecado, que é negada pelos anticristos. Pelo contrário, a admissão dos pecados é baseada na certeza de que Deus, porque é fiel, mantém sua promessa e, por ser justo, liberta dos pecados e limpa de toda injustiça. Até mesmo aqueles que creem em Jesus podem acabar pecando, mas – reconhecendo tal fato como negativo – apelam para a promessa divina de obter purificação e plena justiça. Se, por um lado, os falsos mestres são a demonstração de como o anúncio do perdão dos pecados corre o risco de incentivar a frouxidão moral, ao contrário, o autor insiste no compromisso moral de lutar e vencer definitivamente o pecado.

A importância do amor

O agudo e profundo pensador que escreve 1João, capaz de sublimes reflexões teológicas, está muito ligado à realidade concreta dos fatos e não se perde em ruminações abstratas, pelo contrário: denuncia o engano e o erro dos adversários apenas por meio do insistente recurso à concretude do amor fraterno e mútuo. Este é de fato o outro grande tema teológico: a importância do amor. O verbo *agapán* ("amar", usado 28 vezes) e o substantivo *agápe* ("amor", 18 vezes) constituem um traço característico do ensinamento joanino.

O conhecimento autêntico de Deus consiste em guardar seus mandamentos (2,3). O verbo "conhecer" é típico da linguagem joanina e não se refere a um conhecimento teórico, mas a uma relação de intimidade afetiva: uma relação que, se eficaz, leva à obediência e à dócil realização da vontade divina. O mandamento do amor é antigo e ao mesmo tempo novo (2,7): a novidade não está na ordem, mas no dom do ágape. O amor do Pai foi dado ao Filho e Jesus, por sua vez, o deu aos homens, tornando-os assim participantes do mesmo vínculo divino e capazes de tecer novos e bons laços humanos.

Com efeito, o amor é uma realidade ambígua e, de maneira clara, João sublinha a incompatibilidade entre o amor a Deus e o amor ao mundo (2,15). O falso amor é expresso em três fórmulas: "concupiscência da carne, a concupiscência dos olhos e a soberba da vida, não procede do Pai, mas procede do mundo" (2,16). O mau desejo, que é a atração pelo mal, tem duas conotações diferentes: a carne indica a ganância que leva o homem a se fechar no limite de suas criaturas, enquanto os olhos aludem antes à visão negativa da realidade, à atitude invejosa e ao desejo arrogante de aparecer; o "soberba da vida" designa finalmente a arrogância prepotente derivada da abundância de bens materiais, que alimentam a falsa segurança e a presunção da autossuficiência. Quem ama o mundo está, portanto, destinado a perecer juntamente com a estrutura mundana; pelo contrário, "aquele, porém, que faz a vontade de Deus permanece eternamente" (2,17). Essa promessa retoma importantes declarações cristológicas do Quarto Evangelho e aproxima o crente do próprio Cristo (cf. Jo 4,34; 6,38; 8,35; 12,34).

O amor mútuo é um anúncio tradicional da comunidade joanina (3,11) e, portanto, recebe atenção particular nas reflexões de 1João. Os crentes em Cristo receberam dele a capacidade de amar os nossos irmãos e essa atitude concreta é a prova da doutrina teológica: pelo contrário "quem não ama permanece na morte", isto é, não experimenta de fato o dom da vida divina e a geração de Deus, opondo-se a Caim, o modelo exemplar de amor é Cristo, que deu sua vida pelos irmãos, permitindo-lhes assim conhecer o que é o ágape (3,16). Com efeito, o amor não é teórico, mas prático, e o fato revelador consiste em dar a vida pelos amigos (cf. Jo 15,13). Desse fato cristológico deriva uma obrigação moral cristã: "também nós devemos dar a vida pelos nossos irmãos" (3,16; 4,11). De fato, segundo o axioma básico, quem crê em Jesus "deve andar como Ele andou" (2,6). Se esse princípio é negado pelos fatos, já não podemos falar do "amor de Deus" (cf. 3,17): o amor não é verdadeiro ao ser proclamado, mas sim ao ser realizado.

A raiz cristológica do amor

Muitos comentaristas reconheceram a síntese teológica de toda a Primeira Carta em um versículo que visa a defender a verdadeira fé cristológica e o compromisso consistente nas relações fraternais: "Ora, o seu mandamento é este: que creiamos em o nome de seu Filho, Jesus Cristo, e nos amemos uns aos outros, segundo o mandamento que nos ordenou" (3,23). A formulação com o "nós" da tradição joanina evidencia o papel eclesial do testemunho que vem do Discípulo Amado aos destinatários, para reafirmar que a fé e o amor devem estar juntos. Aqui, de fato, está o ponto focal que une a cristologia e a moralidade: Jesus é o modelo exemplar a ser seguido e segui-lo resulta possível porque é Ele quem dá força para imitar sua obediência de amor ao Pai.

O amor não somente vem de Deus (4,7), como também constitui a própria natureza divina, porque "Deus é amor" (4,8.16), isto é, uma comunhão de pessoas ligadas por um profundo laço de afeição. Assim, 1João explica que o amor de Deus por nós se manifestou no fato de Ele ter enviado ao mundo "seu Filho unigênito" (4,9; cf. Jo 1,14.18; 3,16) com a tarefa de mediador e o propósito de dar aos homens a própria vida de Deus. A obra histórica de Jesus está, portanto, na origem da possibilidade do ágape, porque só graças a Ele o homem pode amar: é isso que atesta a experiência fundadora das testemunhas oculares, as quais entenderam e ensinaram que a nossa capacidade de amar é o efeito do amor que Deus teve para conosco, tomando a iniciativa de revelar-nos e comunicar-nos o seu amor. A perfeição do amor, então, é alcançada quando se determina uma relação de amor tão profunda e cheia de confiança que podemos olhar com serenidade também o "dia do juízo" (cf. 2,28; 3,21), porque a semelhança com Deus nos tranquiliza antes do evento escatológico da parusia (4,17).

Bibliografia comentada

O mais interessante comentário patrístico de 1João é o de Agostinho que, em algumas homilias, conseguiu condensar um fascinante tratado sobre o amor:

AGOSTINHO. *Commento all'Epistola di San Giovanni*. Roma: Città Nuova, 1968 [Opere di Sant'Agostino, XXIV].

Em relação ao Quarto Evangelho às cartas, Brown elaborou um comentário histórico-crítico que continua sendo um ponto de referência:

BROWN, R.E. *Le Lettere di Giovanni*. Assis: Cittadella, 1986 [orig. inglês: 1982].

Outros autores propuseram mais recentemente comentários válidos, seguindo métodos de pesquisa mais modernos. Lista dos principais na ordem cronológica da edição original:

SMITH, D.M. *Le lettere di Giovanni*. Turim: Claudiana, 2009 [orig. inglês: 1991].

KLAUCK, H.-J. *Lettere di Giovanni*. Bréscia: Paideia, 2013 [Commentario Paideia, NT, 22] [orig. alemão: 1991-1992].

BEUTLER, J. *Le Lettere di Giovanni* – Introduzione, versione e commento. Bolonha: EDB, 2009 [orig. alemão: 2000].

ONISZCZUK, J. *La Prima Lettera di Giovanni* – La giustizia dei figli. Bolonha: EDB, 2009.

SIMOENS, Y. *Le tre Lettere di Giovanni* – Credere per amare. Bolonha: EDB, 2012 [orig. francês: 2011].

FOSSATI, M. *Lettere di Giovanni/Lettera di Giuda*. Cinisello Balsamo: San Paolo, 2012 [Nuova versione della Bibbia dai testi antichi, 55].

Alguns estudos monográficos contribuíram para um maior conhecimento de 1João; foi particularmente decisiva a contribuição de Giurisato para o esclarecimento de sua estrutura literária complexa:

DALBESIO, A. *Quello che abbiamo visto e udito* – L'esperienza cristiana nella Prima lettera di Giovanni. Bolonha: EDB, 1990.

GIURISATO, G. *Struttura e teologia della Prima Lettera di Giovanni* – Analisi letteraria e retorica, contenuto teologico. Roma: PIB, 1998 [Analecta biblica, 138].

PASQUETTO, V. *In comunione con Cristo e con i fratelli* – Lessico antropologico del Vangelo e delle lettere di Giovanni. Roma: Teresianum, 2001.

Útil para uma visão geral, há esta síntese teológica:

LIEU, J.M. *La teologia dele Lettere di Giovanni*. Bréscia: Paideia, 1993 [orig. inglês 1991].

4

O Apocalipse

"Certamente, neste livro chamado Apocalipse, são ditas muitas coisas obscuras, a ponto de colocar à prova a mente do leitor, e dessas há poucas evidentes com base nas quais as outras possam ser laboriosamente procuradas". Assim, Agostinho (*De Civitate Dei*, XX, 17) fala do último livro da Bíblia, um texto excepcional por conta de sua complexa dificuldade, que não deixa indiferente e visa a envolver o leitor em um trabalho contínuo de interpretação; um livro verdadeiramente original que fascina e desconcerta, porque, através do véu de símbolos fantásticos, quer propor a uma comunidade em crise a revelação de Jesus Cristo: o grande anúncio da salvação operada pelo Messias, a intervenção definitiva de Deus na história humana, a poderosa e ativa presença do Ressuscitado na dinâmica histórica até o cumprimento final.

Introdução

A palavra "apocalipse" é a transcrição do substantivo grego *apokálypsis*, derivado do verbo *apokalýptein*, composto pela preposição *apó* (que expressa a ideia de remoção e distanciamento) e o radical verbal *kalýptein* ("cobrir, esconder"): etimologicamente significa "ação de tirar o que cobre ou esconde", que é "descobrir, desvelar". A tradução corrente, "revelação", expressa bem a ação de quem remove o véu para mostrar o que estava oculto. Colocada no início do último livro do Novo Testamento, a palavra *apokálypsis* tornou-se assim seu título e, mantendo sua forma grega, tem sido usada ao longo dos séculos para designar todo o livro e seu conteúdo.

Embora no uso moderno "apocalipse" (assim como seu adjetivo derivado, "apocalíptico") tenha se tornado um termo técnico para indicar um gênero literário particular, uma mentalidade religiosa e um vasto conjunto de textos canônicos e apócrifos, na linguagem atual, e especialmente no jornalismo ou no cinema, a palavra "apocalipse" – com um sentido distorcido e errôneo – acabou coincidindo com a ideia de cataclismo, enorme desastre, fim do mundo. Em vez disso, deve-se salientar que, em seu sentido correto, não indica nada de negativo, mas, ao contrário, uma palavra poderosa de encorajamento e esperança.

Autor

Os antigos códices bíblicos e a tradição unânime apresentam essa obra com o título de Apocalipse de João, ainda que fosse mais fiel ao texto defini-lo "Apocalipse de Jesus Cristo" e, seguindo o critério dos títulos evangélicos, acrescentar "segundo João", já que este é mediador histórico da revelação. Mas quem é esse João? Seria João o apóstolo identificando-se também com o evangelista do Quarto Evangelho, ou seria outra pessoa? A questão do autor, embora não muito importante para os propósitos da exegese, tem sido debatida desde a Antiguidade, mas sobretudo nos últimos dois séculos, sem no entanto chegar a uma solução com a qual todos os estudiosos concordem.

Ao contrário de outros escritos joaninos em que o nome do escritor não aparece, o autor do Apocalipse aparece repetidamente no decorrer do livro com o nome simples de João, sem acrescentar nenhum outro esclarecimento. No próprio título descritivo (1,1) é apresentado o "servo" João, a quem é atribuído o papel de testemunha da revelação divina com base em sua experiência pessoal. O início epistolar (1,4) repete o nome de João como autor do escrito, segundo o esquema clássico com o qual se iniciam as cartas. Pela terceira vez aparece o nome João, precedido pelo pronome enfático "eu", na introdução à visão inaugural (1,9), oferecendo algumas indicações: é o "irmão" das comunidades destinatárias; compartilha com elas, em união com Jesus Cristo, o sofrimento pela situação difícil de seu tempo, mas também a responsabilidade real e a capacidade de enfrentar a provação; ele também afirma ter estado na Ilha de Patmos justamente por causa de seu testemunho; ele foi levado a esse lugar pelo Espírito em um dia de domingo, memorial da ressurreição (1,10), e, do seu encontro com o Cristo ressurreto, foi encarregado de compor o Apocalipse (1,19). A partir desse momento, até o epílogo, o nome não mais aparece, mas as formas verbalmente em primeira pessoa do singular se sucedem, o que deve naturalmente ser atribuído ao próprio João. O epílogo do livro repete o nome do autor com uma fórmula de autenticação: "E eu (sou) João, aquele que ouve e vê essas coisas" (22,8).

Do conjunto da obra, podemos ainda obter uma indicação preciosa: o autor se apresenta com uma conotação "profética". Durante as visões ele recebe a ordem de "profetizar" (10,11) e, duas vezes, o anjo intérprete lhe diz para ser um servo como ele e "seus irmãos profetas" (19,10; 22,9) que guardam o testemunho de Jesus, esse é o espírito de profecia. A comunidade de João vive, à luz de Jesus Cristo, a experiência dos antigos profetas e sua missão é descobrir e comunicar o significado do plano divino na história. João, como autor, apresenta-se como portador do dom profético renovado nos tempos escatológicos e, graças à sua própria experiência, fala em nome de Jesus Cristo e anuncia a Palavra de Deus.

Esses dados internos, no entanto, não nos dizem quem é João: nenhum elemento explícito o identifica com o apóstolo e o evangelista, filho de Zebedeu, mas ao mesmo tempo não encontramos elementos que contradigam essa identificação. Para obter mais informações, devemos, portanto, recorrer aos escritos dos antigos Padres, que nos permitem conhecer a tradição viva da Igreja e a opinião que circulou nos primeiros séculos em torno do autor do Apocalipse.

Como já vimos[15], os mais antigos testemunhos patrísticos datam do século II e todos concordam: Justino (160) e Irineu (180) atribuem o Apocalipse a João, "um dos apóstolos de Cristo", "o discípulo do Senhor", autor também do Quarto Evangelho. A difusão comum do Apocalipse nos primeiros três séculos e a aceitação unânime dessa obra por distintos representantes da Igreja antiga constituem um fato importante também para a questão da canonicidade. Apenas preconceitos doutrinários e questões literárias levaram alguns raríssimos eruditos antigos a duvidar da autoria apostólica do Apocalipse e essas opiniões permaneceram limitadas à Escola de Antioquia e à Igreja da Síria. Todas as outras comunidades cristãs, por outro lado, de acordo com o testemunho geral dos Padres Gregos e Latinos atribuíram tranquilamente o Apocalipse ao Apóstolo João, autor do Quarto Evangelho.

---

15. Cf. p. 15-23 deste volume.

Os dados internos e as notícias fornecidas pela tradição patrística não suscitam, portanto, problemas particulares de inconsistência ou contradição. Os problemas surgem, antes, do estudo literário comparativo das várias obras joaninas, e os críticos modernos adotaram as observações de Dionísio, elaborando, com grande fantasia, um imenso leque de possíveis soluções. Desde o final de 1700, muitos exegetas, notando sérias diferenças entre o Apocalipse e o Quarto Evangelho em termos de linguagem, estilo e teologia, têm negado a identidade entre seus respectivos autores.

Ocorre notar que a comparação cuidadosa das duas obras em nível linguístico e teológico destaca pontos reais de divergência, mas também muitas convergências. Em todo caso, nenhuma observação é objetivamente conclusiva para uma distinção de autores. Na conclusão de uma comparação literária detalhada, o estudioso francês E.-B. Allo confirma com certeza que a crítica interna confirma o dado tradicional, já que a filologia estabelece a existência de uma "linguagem joanina", a crítica literária faz descobrir "uma arte muito joanina" e a comparação de ideias teológicas revela pelo menos a existência de "uma escola do pensamento joanino"[16]. Muitos estudiosos contemporâneos chegam a uma conclusão semelhante apoiando a presença de um único ambiente de origem: uma comunidade profético-apocalíptica na qual nasceram, em momentos diferentes e com intenção e nuanças variadas, as várias obras joaninas.

Deve-se notar também que, apresentando-se como "João", o autor do Apocalipse manifesta uma autoridade singular para as comunidades cristãs a que se dirige, organiza a leitura litúrgica de seus escritos e não reconhece a ninguém o direito de adicionar ou remover algo de sua obra (cf. 22,18-19). A comunidade cristã dificilmente aceitaria um livro tão estranho e difícil se tivesse sido obra de um autor desconhecido. Dionísio de Alexandria e muitos modernos enfatizam como limite a ausência de qualquer título que qualifique o autor: na realidade, a presença do simples nome parece ser uma pista em favor da paternidade joanina, porque só uma pessoa muito conhecida e respeitada pode se dar ao luxo de não apresentar suas credenciais.

A mesma pseudonímia habitual dos escritos apocalípticos não se opõe à identificação tradicional: os supostos autores dos apocalipses são de fato

---

16. ALLO, E.-B. *L'Apocalypse de saint Jean*. Paris: Gabalda, 1933, p. cxcix- ccxii: o capítulo defende a tese de um único autor dos escritos joaninos com base na crítica interna.

personagens muito antigos (como Enoc, Baruc ou Esdras), que viveram séculos antes do autor real, a quem é atribuída a descrição de todo o curso da história que se destina a ser apresentada como uma profecia oculta e finalmente revelada. João, por outro lado, é coerente com a obra que lhe é atribuída: o método pseudepigráfico não recorreria a esse artifício, se não fosse para dar credibilidade ao trabalho. Mas não se pode pensar que o ambiente joanino teria aceito de maneira tão simplista uma ora que não estivesse realmente ligada ao fiador da tradição.

Sem afirmar de maneira simplista que se trate do mesmo autor, podemos considerar que também o Apocalipse realmente pertence ao ambiente da comunidade joanina, que – com a mediação de diferentes escritores e de diferentes formas literárias – preservou e atestou o único testemunho do Discípulo Amado, identificado pela tradição com João.

Data e local da composição

A obra nos informa apenas sobre a presença de João em Patmos (1,9) e sobre sua experiência espiritual "no dia do Senhor" (1,10). Para obter uma visão geral da situação, é necessário esclarecer de outras formas o tempo e o local em que o Apocalipse foi composto.

A informação mais antiga vem de Irineu, que afirma (*Contra as heresias* V, 30.3) que o Apocalipse "foi visto no final do reinado de Domiciano", que vai de 81 a 96: essa datação é consistente com a declaração do próprio Irineu de que João teria vivido até a época de Trajano (98-117). Eusébio confirma essa data, afirmando que no início do império de Nerva, sucessor de Domiciano, os odiosos decretos que injustamente exilaram muitas pessoas e "foi então que o Apóstolo João, voltando de seu desterro na ilha, retirou-se para viver em Éfeso, segundo relata a tradição de nossos antigos" (*História Eclesiástica* III, 20, 8-9). A ilhota rochosa de Patmos pertence ao Arquipélago das Espórades, tem uma área de 34km^2 e fica a cerca de 100km da costa de Éfeso; talvez tenha sido usada pelos romanos como local de detenção, mas nenhuma fonte antiga confirma isso. É certo que a lei penal romana conhecia *deportatio in insulam,* mas essa era uma prática reservada a grandes personalidades; no caso de João, deve ter sido mais uma questão de detenção em isolamento, afastar um indivíduo considerado perigoso. Embora não tenha grande estima pelo Apocalipse, Eusébio relata esse fato tradicional que confirma a apostolicidade do texto e as notícias relativas à condenação de seu autor. Além disso, em sua *Crônica* ele coloca o exílio em Patmos e a composição do Apocalipse no 14º ano de Domiciano, isto é, no ano 94/95.

Essa datação tradicional, contudo, não é aceita por alguns estudiosos modernos, que consideram como data da composição o período da crise neroniana, com a primeira violenta perseguição anticristã em 64, a queda de Nero em 68 e a rápida sucessão, no ano 69, de quatro imperadores: nesses anos um cristão, ameaçado de perseguição, poderia facilmente imaginar e esperar que o Império Romano estivesse prestes a ruir com base nas notícias que chegavam.

Em todo caso, é difícil imaginar a real elaboração da obra apocalíptica no ambiente e na situação de Patmos: parece mais provável que o drama do confinamento na ilha oferecesse o cenário propício para a reflexão cristã sobre o significado da história. De fato, a própria indicação inicial ("achei-me na ilha chamada Patmos": 1,9) sugere que no tempo em que escreve sua obra, o autor não está mais na ilha. É possível, portanto, distinguir duas datas: a da experiência mística em Patmos e a da composição literária. Com um pouco de imaginação, podemos imaginar um, talvez longo, trabalho anterior comunitário e litúrgico, que encontrou sua autenticação no tempo da condenação sob Domiciano e, no período seguinte, levou rapidamente à redação do texto definitivo. Ou ainda, datando o confinamento na ilha no final do período de Nero, pode-se imaginar que as intuições obtidas nessas circunstâncias amadureceram na reflexão litúrgica até a composição literária, a ser situada no final do século I.

A comunidade de Éfeso permanece, no entanto, o ambiente vital em que a tradição joanina se desenvolveu e produziu suas obras literárias. Em um momento de sérias dificuldades, o Apocalipse é, portanto, proposto como uma obra de nova evangelização, que encontra seu contexto próprio na celebração litúrgica, capaz de iluminar o conteúdo das Escrituras e esclarecer o significado da história.

Destinatários e finalidade

Como o texto diz expressamente (1,11), os destinatários diretos do Apocalipse são os membros das comunidades joaninas, que vivem em Éfeso e em outras cidades próximas. O número simbólico de sete, que evoca a totalidade, no entanto, permite a todas as Igrejas supor uma intenção de destino universal. A província romana da Ásia e o culto contexto efésio representam, assim, o quadro histórico em que se encontra a Igreja do Apocalipse, que, na segunda metade do século I d.C. experimenta muitas situações de conflito tanto externamente como em seu próprio interior.

Antes de mais nada, devemos ter em mente o clima de difícil convivência com a estrutura do imperialismo romano, especialmente em face do rápido desenvolvimento do culto imperial que teve o primeiro defensor convicto em Domiciano. Outro grave perigo foi então constituído pela cultura helenística, que na área de Éfeso tinha fortes conotações de esoterismo mágico e foi responsável por perigosos desvios doutrinários dos cristãos, que acabaram cedendo a vergonhosos comprometimentos com a cultura dominante. A comunidade cristã também viveu relações difíceis com o mundo judaico, que se reorganizava naqueles anos: depois de décadas de convivência e incompreensão, finalmente chega-se a um esclarecimento forçado para os judeu-cristãos, com consequente marginalização e assédio.

Mesmo dentro da comunidade joanina, no entanto, existiam relacionamentos conflitantes perigosos, causados por alguns grupos em conflito entre si. A principal questão que perturba o autor do Apocalipse é a presença dentro das comunidades cristãs de pessoas incoerentes e comprometedoras, dispostas a se adaptar a todos os aspectos da vida pagã.

Nessa perspectiva, o Profeta João luta decisivamente contra a mentalidade que se deixa comprometer, culpando as comunidades mornas e abastadas; o objetivo a que se destina, no entanto, permanece, em todo caso, o característico do gênero apocalíptico, isto é, o consolo, o encorajamento e a formação espiritual e teológica. Ele se vê obrigado a enfrentar a situação concreta e difícil de sua comunidade, lutando contra a tentação idólatra do sincretismo, pois reconhece uma ligação perigosa entre a estrutura imperial e o bem-estar material: o culto do imperador significa gratidão ao "benfeitor" o que garante uma vida confortável, e a estrutura social das corporações ligadas à religiosidade helenística acarreta, para aqueles que fazem parte dela – e, portanto, também para os cristãos –, a necessidade de participar de banquetes idólatras. Romper com essa situação significa estar contra o regime dominante e, portanto, excluir-se do comércio e do lucro. Alguns cristãos desse ambiente, chamados "nicolaítas" (2,6.15), optam por ceder a essa lógica visando ao bem-estar; João, por sua vez, apela com todas as suas forças para a coerência e elogia a pobreza como consequência da corajosa abstenção dos ídolos. O Apocalipse, portanto, apresenta-se como um convite urgente para resistir ao estilo de vida fácil e decadente do consumismo romano.

Para alcançar seu objetivo, a arte retórica de João segue uma tripla estratégia: a demolição do adversário, a construção de um universo alternativo e a proposta de um imperativo moral e sapiencial. No *front* interno o autor se compromete a demolir a boa reputação dos adversários: acusa-os de usurpar papéis eclesiais (apóstolos: 2,2; profetiza: 2,20), reivindicando para si toda legitimidade eclesial; então os acusa de *porneia* ("prostituição") e adultério, evocando-os com nomes infames da tradição bíblica. O aspecto construtivo é alcançado com a estrutura narrativa que propõe o julgamento como um julgamento diretamente divino: o profeta, portanto, pede um sábio discernimento com séria resistência. No *front* externo, João apresenta o adversário imperial por meio de imagens grotescas e desumanas: é bestial e suas obras são ridículos arremedos. Já o processo construtivo ocorre por meio da apresentação do universo alternativo da fé: tudo é persuasivo e reconfortante, de modo que o leitor é conquistado. Consciente do perigo representado pela contingência histórica, João demonizou o "sistema mundano" com um afresco sombrio para traçar claros limites da Igreja e, acima de tudo, para afirmar e defender a identidade cristã.

O Apocalipse, portanto, visa a infundir esperança em meio à perseguição e reavivar o compromisso moral dos cristãos, que não devem se deixar vencer pela tentação do sincretismo e do comprometimento com as seduções. Com alguns imperativos, o autor comunica uma mensagem de emergência absoluta e sinaliza um perigo sério e imediato, deixando transparecer também o estado de ânimo da trepidação: João insiste, porque sabe que é pouco ouvido; pede sabedoria, porque as escolhas dos cristãos, espiritualmente medíocres, não foram guiadas pela fidelidade ao Evangelho de Cristo; exorta à constância, porque os casos de deserção deviam ser comuns; não convida, no entanto, a retirar-se do mundo, mas sim a uma coerência convicta, até a própria morte.

Para alcançar esse objetivo de encorajar e fortalecer a fé, o Apocalipse, como "revelação de Jesus Cristo" (1,1), é fundamentalmente a celebração da Páscoa, hino litúrgico e anúncio da ressurreição, evento central na história da salvação, elo entre o começo e o fim, uma etapa necessária da maldição do pecado para a bênção da vida com Deus.

Língua e estilo

Para quem lê o Apocalipse em uma tradução moderna, o problema da língua nem sequer ocorre; existe toda uma séria questão a respeito da linguagem original dessa obra, dada sua desconcertante estranheza.

O vocabulário do Apocalipse não é pobre: de fato, de um total de 9.818 termos, aparecem 916 palavras diferentes; destas, até 108 são típicas de nosso livro e não aparecem em outras partes do Novo Testamento, enquanto outras 98 aparecem no resto do Novo Testamento apenas uma vez ou com um único autor; 13 finalmente são o *hapax legómena*, termos exclusivos do Apocalipse. O autor parece familiarizado com a linguagem comercial da época, pois demonstra um bom conhecimento dos termos relativos a mercadorias, roupas e joias. Já do ponto de vista sintático, as observações se tornam uma infinidade: foi dito até mesmo que uma gramática especial deveria ser escrita para o Apocalipse. Muitas são as formas raras ou irregulares, verbais e nominais; os artigos ocorrem de maneira exagerada, mas às vezes faltam onde são necessários; o uso de modos e tempos não respeita frequentemente o uso comum da língua grega; finalmente, muitas proposições são elípticas, sem verbos, ou têm um particípio que substitui um verbo finito. Mas é o capítulo das concordâncias que nos deixa verdadeiramente impressionados, porque há muitos casos de autênticos erros gramaticais.

Muitos estudiosos tentaram resolver o problema dessa "estranha gramática" propondo diferentes soluções. Em primeiro lugar, deve-se notar que esses fenômenos gramaticais ocorrem com indiferença ao longo do livro, portanto, é seguro dizer que a estranha linguagem do Apocalipse é absolutamente homogênea: essa é uma indicação válida para apoiar a singularidade do autor. Muitos exegetas se opuseram à ideia de que as extravagâncias linguísticas do Apocalipse são atribuíveis à simples ignorância do grego, acreditando que o autor é fortemente influenciado por sua língua semítica, assim, enquanto escrevia em grego, pensava em hebraico. Parece claro, portanto, que, por escolha livre, João usa uma língua greco-judaica, criando uma espécie de "estilo sacro" destinado a lançar à assembleia litúrgica quase um desafio linguístico e provocar ativamente suas reações.

Analogamente ao aspecto gramatical, o estilo é fortemente influenciado pelo substrato semítico e pela narrativa bíblica. O primeiro fato óbvio é a ausência de períodos complexos com proposições dependentes: sentenças são de fato justapostas e coordenadas por meio do uso obsessivo da conjunção "e" (*kái*, 1.117 vezes). Justamente a repetição é o outro caráter dominante no estilo do Apocalipse, que insiste em algumas expressões caras a João e dentro das várias cenas cria, repetindo palavras temáticas, uma espécie de pano de fundo conceitual que visa a atingir o ouvinte de uma forma peculiar. O gosto pelas composições claras e esquemáticas é outro aspecto importante que nos leva a falar de um autêntico refinamento do estilo, em vez da repetição banal, uma vez que, com poucos toques, o autor consegue tecer variações valiosas sobre o tema.

Finalmente, o gênero apocalíptico tem suas necessidades e até mesmo João adota os princípios formais dessa literatura; contudo, quando comparado com outros trabalhos similares, o Apocalipse é infinitamente mais sóbrio e equilibrado, decididamente menos verboso e entediante. Particular admiração merece acima de tudo a sua capacidade evocativa, precisamente porque as cenas grandiosas da obra são geralmente delineadas simplesmente pelo uso de pouquíssimos traços e rápidos acenos; já onde o autor se detém em descrições e explicações, o estilo inevitavelmente desaparece.

Gênero literário apocalíptico

O Apocalipse representa a resposta cristã ao drama da história, em um momento particularmente conturbado para a comunidade joanina. Para comunicar sua mensagem dentro da celebração litúrgica, o autor escolheu o gênero literário apocalíptico, que em seu tempo se apresentava como uma ferramenta ampla e frequentemente usada para consolar os fiéis em momentos difíceis, para explicar o significado de eventos e reforçar a esperança em tempos melhores.

Enquanto no passado o Livro do Apocalipse era considerado isoladamente, independente dos modos expressivos e culturais da época, a partir do final do século XVIII o estudo histórico-crítico e a comparação com textos extrabíblicos análogos demonstraram que a obra de João, seu título, sua forma literária e seu conteúdo eram considerados o protótipo de um gênero literário mais amplo, chamado de "apocalíptico". A pesquisa e discussão sobre o assunto é longa e complexa: à investigação mais literária dos textos foi adicionado um método de investigação histórica sobre o movimento apocalíptico e suas ideias, que – usando a expressão de "tradição enóquica" – identificou um esquema teológico-literário, expressão de uma particular visão de mundo. Os apocalípticos, portanto, partem da observação de que o mundo atual é irremediavelmente corrupto, para o qual se espera uma intervenção decisiva e definitiva de Deus que reverta a situação: essa intervenção, descrita com imagens catastróficas, determinará uma reversão completa da história com a eliminação dos ímpios e a possibilidade de os fiéis desfrutarem da paz celestial em um mundo renovado.

A comunidade cristã do século I assimilou essa mentalidade e produziu textos literários desse tipo, que, apesar de algumas dúvidas e reservas, também inclui o Apocalipse de João: formalmente de fato ele corresponde à definição de gênero apocalíptico, contém os argumentos típicos dessa literatura e executa a mesma função consolatória; no entanto, é uma obra profundamente cristã e tem, acima de tudo, o anúncio do Cristo ressuscitado como a solução para os graves problemas do seu tempo e da humanidade em geral.

Unidade da obra

Uma questão que despertou muito interesse no final do século XIX e durante o século XX diz respeito à unidade do Apocalipse, já que muitos críticos, atingidos por alegadas inconsistências e contradições, atribuíram repetições, fraturas narrativas e incongruências a uma origem desorganizada da obra, segundo o método da crítica literária. Partindo da ideia de que o Apocalipse é composto de vários textos, escritos em épocas diferentes, esses estudiosos avançaram várias hipóteses da história da composição, o que pressupõe várias formas de redigir textos múltiplos e anteriores, fontes ou fragmentos[17].

A grande maioria dos exegetas atuais não segue esse método e, muito menos, vê favoravelmente as pretensões dos modernos em corrigir o que os antigos editores teriam errado. Deixando de lado muitos preconceitos, uma leitura serena do texto e um estudo cuidadoso da estrutura, linguagem e simbolismo levam a apoiar a unidade original do Apocalipse: unidade de intenção, doutrina, procedimentos literários e linguagem. Portanto, é apropriado considerar o texto em si, como se apresenta, sem pretender identificar fontes anteriores ou reconstruir um texto hipotético melhor.

---

17. Embora esse procedimento tenha sido superado, ele deixou um rastro claro no comentário de M.-É. Boismard, que escreveu a introdução e as notas para o Apocalipse em 1959, atualmente ainda presente na Bíblia de Jerusalém (2009), continua apoiando a hipótese de duas fontes, ou seja, de dois textos distintos mesclados.

Disposição e estrutura literária

Essa atenção ao nível literário produziu um interesse, novo na história da exegese, pela disposição do texto. No entanto, os primeiros comentadores do Apocalipse já haviam considerado seriamente seu modo de proceder; eles perceberam, de fato, o retorno de algumas imagens e a insistência em alguns símbolos. O mais antigo comentarista do Apocalipse, Vitorino (séc. III), já tinha intuído o problema: "O que o autor disse sucintamente na seção de trompete, ele repete mais extensivamente na seção das taças [...] no Apocalipse não se deve buscar uma ordem, mas sim o significado". Talvez tenha sido o donatista Ticônio (séc. IV) quem formulou a teoria da recapitulação, segundo o que é relatado por Beda o Venerável (séc. VIII); mas o mesmo procedimento literário também é estudado por Agostinho e comumente adotado por muitos comentaristas latinos medievais como critério de interpretação. Apesar das numerosas nuanças pessoais dadas pelos vários estudiosos, a teoria da recapitulação leva a sério a relação entre o conteúdo e a estrutura literária, mas sem confundi-los. Com base no estudo de fórmulas e imagens que, embora variando, retornam de acordo com padrões precisos, reconhece-se a identidade substancial da mensagem, mediada por imagens diferentes.

Apesar da diversidade de escolhas e soluções, algumas pesquisas das últimas décadas permitiram organizar de forma coerente as pistas presentes no trabalho e delinear uma estrutura global homogênea[18]. Evidencia-se a presença de um prólogo (1,1-8) e um epílogo (22,6-21). Além disso, todo o corpo da obra parece consistir em duas partes, de tamanho e conteúdo desiguais: a primeira parte (1,9–3,22) consiste na visão inaugural do Cristo ressuscitado que envia por intermédio de João algumas mensagens para as sete Igrejas da Igreja da Ásia; a segunda parte (4,1–22,5) inclui o desenvolvimento apocalíptico propriamente dito.

As dificuldades estruturais se encontram precisamente na segunda seção, porque esta apresenta uma articulação literária muito complexa, cujo elemento mais característico e original é o uso de setenários, que desempenham um papel fundamental na estrutura do Apocalipse. Apesar da tendência de muitos exegetas de multiplicar a série de sete elementos, no intuito de respeitar

---

18. Cf. VANNI, U. *La struttura letteraria dell'Apocalisse*. Bréscia: Morcelliana, 1980. • BIGUZZI, G. *I settenari nella struttura dell'Apocalisse* – Analisi, storia della ricerca, interpretazione. Bolonha: EDB, 1996 [Supplementi alla Rivista Biblica 31].

as pistas fornecidas pelo autor, deve-se reconhecer que existem apenas três setenários explícitos: *os sete selos* (6,1–8,1), *as sete trombetas* (8,7–11,19) e *as sete taças* (16,1-21). A coleção inicial das sete cartas (2,1–3,22), por outro lado, mesmo que estruturada com grande precisão, não constitui um autêntico setenário, porque não existe uma lista explícita que caracterize o esquema progressivo para uma realização.

O setenário dos selos é preparado pela cena (cap. 4–5) que mostra o trono, o livro com os sete selos e o Cordeiro como o único capaz de abri-los: pode-se, portanto, falar de uma visão introdutória. Da mesma forma, embora de maneira muito mais sintética, a cena da liturgia angélica (8,2-6) introduz o setenário das trombetas. A parte restante do livro é mais difícil enquadrar em um esquema: o setenário das taças de fato ocupa apenas o capítulo 16, enquanto a seção inteira (12,1–22,5) inclui muito mais material, com uma estrutura não óbvia. No entanto, uma vez que o capítulo 15 contém a introdução direta ao setenário e, por meio do detalhe do terceiro sinal, está expressamente relacionado com os dois primeiros sinais do capítulo 12, pode-se considerar que toda a seção dos capítulos 12–15 constitui um "proêmio" altamente desenvolvido para o setenário das taças. Da mesma forma, dada a referência explícita aos anjos das taças nas passagens fundamentais (17,1; 21,9), também tudo o que segue o capítulo 16 é apresentado como um desenvolvimento do próprio setenário em suas consequências: portanto, pode-se dizer que a seção 17,17–22,5 constitui o desenvolvimento da mensagem incluída no setenário das taças.

A estrutura repetitiva dos setenários determina um processo narrativo na forma de uma espiral ascendente que repropõe a mesma mensagem cristã de muitas maneiras: depois de uma jornada de sete estágios, o leitor é levado a contemplar um vértice, mas se encontra novamente desde o começo e é convidado a tomar outro caminho semelhante ao anterior, a fim de aprofundar a discussão e, elevando os olhos, ampliar a perspectiva do próprio entendimento.

O livro inteiro é, portanto, apresentado da seguinte maneira:

1,1-8	Prólogo litúrgico
1,9–23,2	***Primeira parte:* as mensagens do Cristo ressuscitado**
	1,9-20: visão introdutória
	2,1–3,22: as mensagens para as sete igrejas

4,1–22,5	**Segunda parte:** os três setenários	
		Setenário dos selos:
	4,1–5,14:	visão introdutória
	6,1–8,1:	*abertura dos sete selos*
		Setenário das trombetas:
	8,2-6:	visão introdutória
	8,7–11,19:	*som das sete trombetas*
		Setenário das taças:
	12,1–15,8:	visões introdutórias (tríptico dos sinais)
	16,1-21:	*derramamento das sete taças*
	17,1–22,5:	visões complementares ao setenário
22,6-21	Epílogo litúrgico	

Guia de leitura

1,1-3: Prólogo

O livro começa com um título complexo e articulado: à introdução epistolar (1,4) precedem três versículos (1,1-3) que pretendem delinear as características fundamentais da própria obra. Antes de mais nada, encontramos um título descritivo da obra (1,1-2), que apresenta toda a composição como "revelação": dizendo respeito à figura de Jesus, o Messias, é, ao mesmo tempo, obra sua. Essa comunicação também é qualificada como uma dádiva de Deus aos seus fiéis para que eles possam entender o significado dos eventos históricos. Então, aparece uma bem-aventurança (1,3) em relação ao leitor e ao ouvinte: é a primeira das sete bem-aventuranças que aparecem em todo o Apocalipse (cf. Ap 14,13; 16,15; 19,9; 20,6; 22,7.14). O anúncio de Jesus Cristo constitui o bom momento, a ocasião decisiva que está acessível.

1,4-8: Diálogo litúrgico introdutório

Alguns versículos fragmentários abrem o livro e, com seu tom dialógico e celebrativo, inserem imediatamente o leitor na dimensão própria do Apocalipse, que é a oração litúrgica da comunidade cristã. A estrutura literária e a linguagem utilizada lembram o ambiente da celebração litúrgica e talvez, de acordo com a proposta de alguns estudiosos, a esse texto subjaza um hino cristão primitivo de caráter batismal. De qualquer forma, trata-se de quatro minúsculas unidades literárias, autônomas e homogêneas: juntas, elas oferecem a impressão de um diálogo litúrgico entre o leitor e a assembleia que o escuta.

O leitor inicia o diálogo lendo a fórmula introdutória da saudação (1,4-5a): toda a obra é apresentada como uma epístola dirigida à comunidade cristã; o remetente é João e os destinatários são "as" sete Igrejas da Ásia. O símbolo numérico da plenitude e o uso do artigo definido indicam a totalidade das Igrejas, isto é, toda comunidade cristã de qualquer época e em qualquer lugar. Portanto, de acordo com a fórmula epistolar comum a Paulo, o autor deseja às Igrejas "graça e paz" e, com uma fórmula tríplice, indica a fonte divina desse dom. A assembleia responde com uma doxologia em honra de Cristo, celebrando-o por várias razões (1,5b-6). O leitor intervém novamente, confirmando o papel de Cristo com um oráculo solene que tem a tarefa profética de chamar a atenção para a presença do Cristo ressuscitado na comunidade, no mundo e na história (1,7). No final do diálogo, o próprio Deus intervém pela mediação de um profeta que fala em seu nome e se apresenta como Aquele que determina o início, o desenvolvimento e a conclusão de cada história, tendo em seu poder todo o universo (1,8).

1,9-20: A visão fundante do Cristo ressuscitado

Após o diálogo litúrgico introdutório, começa a narrativa em prosa: em primeira pessoa João narra à comunidade uma forte experiência vivida por ele e que determinou a composição do próprio livro. Essa primeira visão, portanto, tem um papel fundamental em todo o Apocalipse: o encontro de João com o Cristo ressuscitado é de fato o elemento decisivo que permite ao autor e à sua comunidade compreender em profundidade o significado do mistério pascal e do senhorio universal obtido pelo Cordeiro. A estrutura literária desse texto é muito semelhante à de Dn 10 e inclui três partes essenciais: após a apresentação das circunstâncias em que se encontra o narrador (1,9-12), descreve-se a aparição de um ser transcendente (1,13-16); o vidente sente tremendamente sua própria fraqueza, mas o personagem glorioso o conforta e lhe transmite uma mensagem (1,17-19); um último versículo esclarece alguns detalhes obscuros (1,20). Tal esquema literário origina-se das narrativas vocacionais dos profetas e foi revestido pela linguagem típica da literatura apocalíptica. Mas aqui a vocação do autor não é narrada, e sim a tarefa que lhe foi confiada para transmitir sua experiência excepcional na escrita: esse evento introduz diretamente as sete mensagens e depois o resto do Apocalipse. A intenção dessa primeira página é principalmente oferecer uma legitimidade divina à mensagem contida no livro: isto é, o autor quer enfatizar fortemente seu próprio papel como profeta porta-voz, que fala e escreve como ele próprio recebeu de Jesus Cristo essa atribuição. Ao narrar sua própria experiência, João usa imagens e expressões tiradas quase todas de textos veterotestamentários e intencionalmente cria um novo mosaico usando conjuntos de peças preexistentes: a linguagem é comum, mas a mensagem é definitivamente nova. Uma análise cuidadosa do que é tradicional também nos permite evidenciar a grande novidade.

O versículo 20 é independente do que o precede e tem a aparência de um parêntese para fins de esclarecimento: dois símbolos anteriores não eram claros e o autor esclarece seu significado. O termo *mystérion* não significa apenas "sentido oculto", mas também evoca, acima de tudo, o projeto salvífico de Deus (cf. Dn 2,28.29.45), representado aqui sob o véu dos símbolos: sete castiçais e sete estrelas remetem à totalidade da Igreja, realidade histórica da salvação operada por Deus, intimamente ligada à autoridade do Cristo ressuscitado. No entanto, essa explicação não é totalmente clara: não está claro quem são *os anjos das sete Igrejas* ou o que eles representam. Cada uma das cartas subsequentes será endereçada a um anjo da Igreja; a expressão é típica do Apocalipse e, precisamente por ser obscura, muitas explicações foram propostas, podendo ser resumidas a três: a) o anjo representaria um indivíduo celeste, um autêntico anjo da guarda ou protetor da comunidade, segundo um modo comum de pensamento judaico; b) ele seria um indivíduo terrestre, isto é, um chefe da comunidade, portanto provavelmente o bispo que preside a vida cristã; c) evocaria a própria coletividade (o anjo *que é* a Igreja), assim chamada para enfatizar o aspecto transcendente de sua natureza e evocar sua missão de proclamação. Essas interpretações não são mutuamente excludentes, na verdade, cada uma delas apresenta um aspecto importante que não pode ser ignorado; uma correta fusão desses significados talvez nos aproxime da ideia teológica complexa que João queria expressar.

2,1–3,22: As mensagens para as sete Igrejas

Sem interrupção, o discurso do Cristo ressuscitado continua ao citar as sete cartas anunciadas. A ordem geral e a existência de uma estruturação das epístolas é uma questão literária muito debatida e não resolvida: o único elemento seguro é a centralidade do Cristo e sua palavra dirigida, radialmente, a todas as comunidades. As sete mensagens se sucedem de maneira urgente e distinguem-se pelos nomes dos destinatários, que coincidem com sete comunidades cristãs que vivem em cidades da província romana da Ásia: a série parte da capital Éfeso e segue as estradas principais de forma circular, de modo que um círculo se completa com a sétima igreja. No entanto, não se trata de verdadeiras missivas, coletadas posteriormente como uma antologia; em vez disso, trata-se de textos nascidos como um todo unitário, intimamente ligados entre si e em uma relação profunda com o que os precede e sucede no Apocalipse. Embora sejam sete, não se pode falar de "setenário", porque falta no texto a explícita numeração dos elementos individuais.

Cada carta tem a mesma estrutura formal, dividida em seis partes: 1) endereço, sempre o mesmo, exceto pelo nome da cidade; 2) autoapresentação do Cristo, que retoma imagens e fórmulas da visão introdutória, enriquecendo-as com outras; 3) avaliação da comunidade por Cristo, sempre introduzida pelo verbo "conheço"; 4) exortação particular, correspondente ao estado da comunidade individual, sempre introduzida por um verbo no imperativo; 5) exortação geral à escuta, expressa com uma fórmula que é sempre a mesma para todas as Igrejas, transposta ao final a partir da quarta carta; 6) promessa ao vencedor, similar em estrutura, mas variante no uso de imagens; antecipada ao quinto lugar a partir da carta de Tiatira.

O conjunto de cartas exprime uma experiência eclesial do Cristo ressuscitado e do seu Espírito: reunida para a celebração litúrgica, a Igreja vive a presença ativa do Senhor, deixa-se desafiar e transformar pelas suas necessidades, obtém uma purificação que conforta e melhora. Vários elementos simbólicos e alusivos derivam do Antigo Testamento: estes, portanto, parecem delinear uma continuidade entre a história antiga da salvação e a experiência presente da Igreja. As cartas, portanto, desempenham, em todo o Apocalipse, um papel de rito penitencial que torna a comunidade cristã capaz de ouvir e entender a grande mensagem sobre a história.

Com essas mensagens, ditadas pelo Cristo ressuscitado, isto é, inspiradas por seu mistério e sua presença na Igreja, o autor quer abordar uma formação pastoral para a comunidade cristã ligada a ele: embora contenham um ensinamento universal, refletem a situação histórica e religiosa da Igrejas da Ásia no final do século I d.C.

Éfeso (2,1-7) era a cidade mais importante da província romana da Ásia: centro cultural e religioso de primeira ordem, mantinha com orgulho o famoso templo da deusa Artêmis e era famosa no que se refere ao culto imperial, a ponto de merecer o título de *Neokóros* ("guardiã do templo"); igualmente famosos eram os escritos sobre magia produzidos nessa cidade. A comunidade cristã efésia nasceu com a pregação de Paulo (cf. At 19) por volta do ano 54 e logo se tornou florescente e importante; de acordo com a antiga tradição, era a sede do Apóstolo João e sua comunidade, ponto de referência para todas as outras Igrejas da província da Ásia. Muitas pistas literárias (Efésios e Colossenses, 1Timóteo, Inácio e Irineu) sugerem que o cristianismo efésio logo foi perturbado por desvios de tendência gnóstica, os mesmos desvios que perturbam as comunidades do Apocalipse.

Esmirna (2,8-11) era uma florescente cidade litorânea, ao Norte de Éfeso, celebrada por sua beleza e lealdade a Roma; sede de uma importante colônia judaica, experimentou casos de violenta hostilidade contra os cristãos, como está descrito no *Martírio de Policarpo*.

Pérgamo (2,12-19), ao norte de Esmirna, era a capital oficial da província da Ásia: gloriosa cidade dos atálidas, ficava a cerca de 10km do mar, em uma alta colina. Bastante conhecido era o seu altar monumental dedicado a Zeus e o santuário muito frequentado de Esculápio Salvador. Mas o que caracterizava a vida religiosa de Pérgamo era, acima de tudo, o templo dedicado a Augusto e Roma, um símbolo solene do culto imperial: talvez seja isso que João chama de "trono de satanás".

Tiatira (2,18-29) era uma cidadezinha não muito importante ao Norte da Lídia, a Leste de Pérgamo, da qual depende; situada no fértil vale do Rio Lico, a cidade era conhecida como um laborioso centro de artesanato e de comércio.

Sardes (3,1-6) foi uma grande capital nos tempos antigos, mas no século I d.C. sua importância diminuiu consideravelmente: cerca de 50km ao Sul de Tiatira, ainda era um considerável centro comercial.

Filadélfia (3,7-13), fundada por volta de 140 a.C. por Átalo II Filadelfo, a quem devia o nome, era uma pequena cidade de modesta importância, a 40km de Sardes. Reconstruída por Tibério após um terremoto, permaneceu escassamente povoada.

Laodiceia (3,14-22) era uma cidade próspera no Vale do Lico, na estrada principal que ligava Éfeso ao Oriente; danificada no ano 60 por um terremoto, foi rapidamente restaurada e sua fama era ligada principalmente à produção de tecidos e medicamentos. A comunidade cristã de Laodiceia estava intimamente ligada à de Colossos (cf. Cl 4,16) e de Hierápolis.

Com a sétima promessa para o vencedor em 3,21 termina o discurso direto iniciado em 1,17: a evocação final do trono e da entronização de Cristo prepara adequadamente a passagem para a segunda parte do Apocalipse. A cena seguinte, de fato, diz respeito ao trono divino.

Cap. 4–5: A visão introdutória ao setenário dos selos

Após a introdução e as sete cartas, no capítulo 4 começa a segunda parte do Apocalipse, a central e fundamental, que vai de 4,1 a 22,5 e inclui os três grandes "setenários". Cada um desses setenários é introduzido por uma visão inaugural que antecipa o tema e o escopo simbólico; nesse caso, os capítulos 4–5 desempenham simultaneamente o papel de introdução geral à segunda parte e a de abertura para o setenário dos sete selos (6,1–8,1).

Esses dois capítulos introdutórios constituem uma unidade literária homogênea e bem construída, uma autêntica *ouverture* que anuncia e prepara os temas principais. Os motivos anunciados são todos apresentados como símbolos e três são fundamentais: um trono, um livro e um cordeiro. A imagem geral lembra uma cena da corte celestial, na qual o vidente é prodigiosamente recebido, para ser um espectador de um fato extraordinário que ele então terá de comunicar aos seus destinatários, de acordo com um esquema narrativo comum aos profetas e aos escritos apocalípticos.

A descrição dos vários elementos e o desenvolvimento da ação claramente determinam duas cenas distintas e conectadas: trata-se de fato de uma espécie de díptico, como se fossem duas tábuas justapostas, em uma das quais domina o trono, enquanto na outra está o cordeiro. No centro dessas duas imagens principais, o livro aparece como um motivo fundamental para a conexão. A única ação de fato que caracteriza toda a introdução consiste na entrega desse livro por Aquele que se senta no trono do cordeiro.

Por meio dos vários elementos simbólicos, a primeira tábua é dominada pelo tema teológico da *criação*, explicitado pelo hino de louvor que conclui a apresentação (4,11). A segunda tábua, ao contrário, caracterizada pela presença do cordeiro, celebra o evento decisivo da *redenção*; também neste caso é o hino de louvor, estruturalmente semelhante ao anterior, que explicita o tema dominante (5,9). O livro do "mistério" atua como uma dobradiça que une os dois quadros: inserido entre criação e redenção, o grande símbolo resume de maneira admirável todo o plano divino de salvação.

O trono (4,1-11)

A primeira tábua, dedicada à "criação", é dividida em três momentos diferentes. Primeiro, uma introdução narrativa (4,1) apresenta o movimento do vidente que é convidado a subir ao céu e, através de uma porta aberta, é acolhido na corte celestial. A segunda (4,2-8), a parte central e principal, descreve em detalhes a sala do trono e os personagens ali presentes: o trono indica o poder e o exercício de governo; enquanto intimamente ligado a Deus, evoca o papel de Senhor do universo, criador e governador de tudo.

Ao redor do trono há vinte e quatro anciãos: são figuras autoritativas e históricas, associadas a Deus no governo do mundo e participantes de sua vida; mas a identificação deles não é fácil. As muitas interpretações propostas podem ser reduzidas sinteticamente a três modelos: a) seriam seres celestes: anjos ou estrelas; b) seriam homens glorificados: 24 personagens do Antigo Testamento; ou 24 personagens do Novo Testamento; ou 12 patriarcas/profetas (AT) e 12 apóstolos (NT); c) seriam autênticos símbolos, ou esquemas a serem preenchidos. O último modo de interpretação é preferível: eles não parecem se referir a pessoas específicas, mas sim evocar aqueles que colaboram no plano de Deus e têm um papel ativo na história da salvação. Com base no valor do número, pode-se reconhecer os autores bíblicos (de acordo com o cálculo hebraico, os livros bíblicos são 24) ou as classes sacerdotais. Mais genericamente, são aqueles que fizeram história: com um conceito moderno, poderíamos dizer que eles são o símbolo da "história".

O outro grupo simbólico que circunda o trono consiste nos *quatro seres vivos*, figuras extraídas das descrições de Ezequiel e Isaías: como ocorre com os anciãos, sua identificação não é fácil. As diferentes opiniões podem ser resumidas da seguinte forma: a) seriam seres angélicos: os querubins de Ezequiel ou os serafins de Isaías; b) seriam os símbolos dos evangelistas (opinião de Irineu); c) seriam autênticos símbolos ou esquemas a serem preenchidos. Seguimos este terceiro caminho, afirmando que são representantes da criação, do dinamismo cósmico, do universo criado e governado por Deus em sua variedade e diversidade em relação ao homem. Usando outro conceito moderno, poderíamos dizer que eles são o símbolo da "natureza".

A última parte do capítulo (4,9-11) inclui uma imagem litúrgica de louvor e adoração a Deus, o Criador, cuja obra, no entanto, tende à salvação e requer a intervenção de Deus Salvador. Esse é o tema da página seguinte.

O livro (5,1-5)

Entre as duas tábuas do díptico a conexão é fornecida por um livro, isto é, um pergaminho, conforme ao uso da Antiguidade: está ligado ao governo do mundo, desempenhando quase a função do cetro e tem um valor positivo ("destra"); está escrito de maneira completa, pois não há lugar para acrescentar mais nada; além disso, existem os selos, que o qualificam como pertencendo perfeitamente a Deus. Foram variadas as interpretações propostas: muitos Padres viram nisso um símbolo da Bíblia; outros restringem a referência ao Antigo Testamento que deve ser interpretado pelo Cordeiro; outras propostas modernas são mais imaginativas, vendo a notificação de uma dívida, ou o libelo de repúdio à Sinagoga, o projeto das catástrofes ou o próprio conteúdo do Apocalipse. Dada a ambiguidade do texto, a melhor interpretação parece ser a mais ampla: o livro secreto contém o plano de Deus, é seu projeto sobre a história do homem, é a resposta aos grandes "por quês?" da humanidade. De modo dramático, enfatiza-se a incognoscibilidade absoluta do plano divino: ninguém, nem anjos, nem homens, nem mortos, pode penetrar no mistério de Deus. O grande grito de João é um símbolo da angústia e do sofrimento de cada pessoa que não consegue explicar o significado da vida. Mas finalmente um dos anciãos proclama com um anúncio solene pascal que o Messias venceu e é o único capaz de revelar o plano de Deus: Ele pode assim preencher o desejo do homem e acalmar seu grito angustiado. Não se diz em que consiste essa vitória. Com boa habilidade o autor prepara uma grande reviravolta.

O cordeiro (5,6-14)

A segunda tábua é, portanto, dedicada à "redenção": foi anunciado um leão que vence enquanto rasga e, em vez disso, aparece um cordeiro como tendo sido morto. Ele está "no meio do trono": no centro de tudo, isto é, no coração da ação de Deus está o cordeiro, símbolo de Jesus Cristo. O significado global da cena não é nem de uma entronização nem de uma simples atribuição de um encargo: o quadro teológico é caracterizado como a investidura do cordeiro, pois contém o reconhecimento solene e cósmico de um papel decisivo já desempenhado: o Cristo ressuscitado é o vivente justamente porque foi morto, obteve o poder universal e é o doador do Espírito divino em sua plenitude. Diante da humanidade incapaz e impotente, se apresenta o Senhor Jesus, o único que pode abrir o livro do mistério, porque aceitou perfeitamente o plano de Deus até o ponto de ser assassinado. No momento em que o cordeiro toma o livro, explodem a adoração e os hinos: uma vez que o evento da redenção é o ápice do plano de Deus, os símbolos da história e da natureza se prostram diante do Cristo ressuscitado e cantam um cântico novo.

A grande sinfonia de abertura termina com um silêncio surpreendente e contente: o louvor leva à contemplação. Assim terminará também o setenário dos selos (8,1) que essa visão introduz.

6,1–8,1: O setenário dos selos

O cordeiro, símbolo do Cristo ressuscitado, o único capaz de revelar plenamente o projeto salvífico de Deus, procede à abertura dos sete selos: uma cena simbólica diferente corresponde literalmente à abertura de cada selo.

O todo tem uma estrutura homogênea, dividida em sete partes e pontuada por um refrão constante que marca o início de cada cena. O esquema setenário reflete a divisão religiosa do tempo em períodos de sete dias e torna-se na apocalíptica um símbolo teológico para enquadrar toda a história. Seguindo o modelo do poema que abre a narrativa bíblica (Gn 1,1–2,4a), apresentando o sexto dia como o momento da criação do homem, nos setenários do Apocalipse o sexto elemento assume um papel muito importante: sempre neste ponto João coloca a intervenção decisiva de Deus na história, que consiste no mistério pascal de Cristo, a criação do novo homem, uma condição indispensável para o perfeito cumprimento evocado no sétimo elemento. A estrutura linear do conjunto passa, portanto, por uma evidente ampliação no sexto elemento, para se encerrar com uma nota brevíssima.

O setenário dos selos recebe sua própria conotação da visão que o introduz: os temas da criação e da redenção são dominantes; todas as cenas descritas estão em estrita referência ao livro do projeto divino e, portanto, traçam as linhas fundamentais da história humana de acordo com a perspectiva de Deus; o selo então, um sinal de propriedade e pertencimento, retorna significativamente no sexto elemento e dá ao todo a ideia de que a história pertence a Deus e ao longo da história Ele intervém para formar um povo que lhe pertença.

Os quatro cavaleiros do Apocalipse (6,1-8)

Os primeiros quatro selos constituem um bloco homogêneo com um esquema fixo: o desenvolvimento é linear e progressivo, oferecendo o mesmo simbolismo de animais e cores. O ponto de partida simbólico para a cena dos quatro cavalos coloridos vem do Profeta Zacarias (cf. Zc 1,8-11; 6,1-6), mas o autor do Apocalipse preparou uma apresentação original, fazendo muitas correções para tornar desnecessária a comparação. O cavalo está frequentemente presente na Bíblia como um símbolo de força e meio de combate, indicação de poder e instrumento de dominação. Representando uma única realidade com seu cavaleiro, o cavalo é uma figura neutra: portanto, dependendo do contexto e do tema, pode ser um símbolo ruim ou bom. Nesse arcabouço apocalíptico, os cavalos evocam as grandes forças que dominam a história, isto é, a dinâmica que mais profundamente marca a história humana. Cada um deles é chamado por um dos quatro seres vivos, destacando que as forças da história permanecem sob a "jurisdição" do trono divino; não se trata, portanto, de eventos aleatórios e incontroláveis.

O *primeiro selo* (6,1-2) corresponde a um cavalo branco e é descrito de forma ambígua: alguns aspectos o distinguem dos outros três, mas o esquema descritivo é quase o mesmo. Na história da exegese, esse símbolo foi interpretado de maneira diametralmente oposta: a) como sinal negativo, poderia evocar guerra e violência, o exército dos partos ou até mesmo o anticristo; b) como um sinal positivo, foi concebido como um símbolo da Palavra de Deus, do Evangelho ou do próprio Cristo. Os detalhes que o caracterizam, interpretados do ponto de vista de todo o Apocalipse, sugerem um valor positivo: a cor branca é um símbolo de vida e ressurreição, o arco evoca o juízo divino, a coroa é um reconhecimento da vitória e as duas indicações finais enfatizam fortemente a natureza do vencedor no presente e no futuro. A comparação com a cena de 19,11-16 nos leva a acreditar que o cavalo branco seja um símbolo cristológico. No contexto da dinâmica histórica, podemos reconhecer no primeiro cavalo uma alusão ao projeto original positivo, porque a humanidade está destinada, apesar de tudo, à vitória final e definitiva.

O *segundo selo* (6,3-4) é um cavalo caracterizado pela cor vermelha, que lembra sangue e fogo, e seu cavaleiro carrega uma grande espada com a qual elimina a paz e leva os homens a lutar entre si. Constitui, portanto, um símbolo de guerra e violência; no entanto, seu poder permanece sob o controle de Deus.

O *terceiro selo* (6,5-6) é um cavalo preto: essa cor o designa como ligado à escuridão e à morte, enquanto seu cavaleiro segura uma balança, um sinal de medição. A cena, portanto, representa a carestia e a fome, isto é, uma ferida séria para toda a humanidade.

O *quarto selo* (6,7-8) apresenta um cavalo de cor verde, irreal e provocador: pode evocar a grama que se esvai e não dura, ou a cor lívida e esverdeada de um cadáver. De fato, seu cavaleiro é definido como a morte em pessoa, seguido pela figura simbólica do submundo dos mortos: nesse quarto cavalo, João sintetizou os poderes díspares da morte que dominam e afligem a humanidade. Mas é reafirmado que seu poder está sujeito a Deus e o fato de que apenas um quarto da Terra é atingido simbolicamente indica sua limitação.

O grito das almas sob o altar (6,9-11)

Com o *quinto selo*, o esquema se altera e o tema muda; ainda notamos continuidade e progressão. Outra força determinante é apresentada na história, constituída por almas próximas a Deus, isto é, pessoas violentamente mortas por motivos religiosos. Sua ação consiste em um poderoso grito: a oração das vítimas grita o ardente desejo da intervenção de Deus como juiz escatológico. No entanto, não é fácil dizer quem seriam essas almas. Existem basicamente duas soluções possíveis: a) mártires cristãos; ou b) justos em geral, mortos porque ligados à sua fé. Parece mais condizente com a abordagem geral do Apocalipse e deste setenário reconhecer nessas figuras as vítimas de perseguições antirreligiosas pré-cristãs, como as da época de Antíoco IV Epífanes (167-164 a.C.), quando a literatura apocalíptica teve grande desenvolvimento, a partir da qual o trabalho de João foi influenciado. Ao clamor das vítimas, Deus responde com um convite à espera paciente, porque o momento decisivo ainda não chegou, mas está por vir. Precisamente essa nuança nos leva a reconhecer uma cena simbólica da ardente expectativa do judaísmo pré-cristão com o ensinamento de que a oração das vítimas constitui uma grande força no progresso da história. Narrativamente, criou-se uma forte tensão para o que segue: o sexto selo constitui, de fato, o momento culminante do setenário.

O sexto selo (6,12-7,17)

O *sexto selo* simbolicamente descreve a intervenção salvífica de Deus, apresentando-o em três quadros justapostos: três visões que se sucedem para apresentar vários aspectos de um único mistério.

A catástrofe decisiva (6,12-17)

No primeiro quadro, a intervenção escatológica de Deus é evocada com imagens de convulsões cósmicas que determinam uma mudança radical: a catástrofe, etimologicamente (*kata-strofé*) é, na verdade, uma inversão que produz uma novidade absoluta. O Apocalipse não ameaça nem prevê desastres naturais terríveis para o futuro, mas usa uma linguagem tradicional para apresentar a obra decisiva da salvação. O dia do Senhor, o definitivo, anunciado e esperado por todos os profetas, segundo João, veio com o evento decisivo da morte e ressurreição de Cristo. Portanto, este "grande" dia é caracterizado pela ira do Cordeiro: a expressão, provocativa em sua ironia, alude à força messiânica da destruição do mal por meio de seu sacrifício. Sete tipos de pessoas reagem fugindo das sete convulsões cósmicas; dentre esses tipos de pessoas, cinco são categorias de homens poderosos. A imagem termina com uma pergunta que tem a força retórica da admissão: ninguém tem a força para preservar a existência independentemente de Deus. A questão dramática também tem uma função estruturante, introduzindo as duas cenas seguintes em que a resposta é proposta: A possibilidade de "ficar de pé" é oferecida tanto ao povo de Israel como a todos os outros povos.

144 mil marcados com o selo (7,1-8)

No segundo quadro são apresentadas os 144 mil marcados de Israel: aos quatro anjos cósmicos, enviados para atingir a terra, é acrescentado outro, descrito com conotação positiva e messiânica (o nascer do sol), enquanto convida a retardar a intervenção da justiça punitiva, porque primeiro é necessário marcar com o selo os servos de Deus, João, retrabalhando uma cena de Ezequiel, usa-a como um símbolo da intervenção de Deus na história de Israel, caracterizada por julgamento e salvação. O número simbólico (12 x 12 x 1.000) dos marcados é acrescentado aos detalhes retirados do profeta, para distinguir claramente esse grupo da multidão inumerável de que se fala imediatamente depois (7,9): a insistência no número e o contraste significativo na origem das doze tribos judaicas marcam a diferenciação. Parece, portanto, que esse é o resto de Israel, isto é, os que foram salvos dentre o antigo povo eleito.

Aqueles que vêm da grande tribulação (7,9-17)

Em comparação com esse grupo bem numerado, a terceira imagem, a visão-vértice de todo o setenário, propõe uma multidão que ninguém pode contar. A passagem é dividida em três partes: primeiro há a apresentação e descrição da multidão, então um interlúdio celebrativo recorda a dimensão litúrgica típica do Apocalipse e, finalmente, a intervenção hermenêutica de um dos anciãos esclarece a identidade dessa multidão. Em contraste com o grupo contável dos eleitos de Israel, a grande multidão é apresentada como absolutamente incalculável; em contraste com a única origem de Israel, a grande multidão é apresentada como proveniente da totalidade cósmica. A descrição é rica em detalhes simbólicos: são viventes ("de pé") como o Cordeiro (cf. 5,6); estão em relação pessoal ("diante de") com Deus e o Cordeiro; vivem essa relação de forma definitiva ("envolvidos"), sendo participantes da ressurreição de Jesus Cristo ("vestes brancas"); com Ele compartilham a vitória sobre o mal e a plenitude da vida ("as palmas").

A descrição dos que foram salvos leva a um cântico litúrgico, que ocupa a celebração inicial (cf. 5,11-14): assim, as duas cenas são estritamente paralelas. Com um expediente literário típico do gênero apocalíptico o significado dos símbolos é esclarecido, ou seja, a identificação dos salvos e sua origem: sublinhada a incapacidade do vidente, a resposta autoritativa vem de um dos presbíteros, que participam do poder de Deus. Sua apresentação daqueles que foram salvos primeiro enfatiza sua origem: são os que vêm (no presente e no futuro) da "grande paixão", a morte redentora de Jesus Cristo. Em seguida, ele completa a descrição com símbolos claramente cristológicos: a morte de Cristo ("sangue") permitiu e comunicou a ressurreição ("túnicas brancas") e essa participação na vida eterna do Ressuscitado é realizada no lavacro batismal (cf. 22,14).

Após a identificação daqueles que foram salvos, o intérprete presbítero descreve as consequências da redenção como uma série de ações dos redimidos, do Cordeiro e de Deus, todas caracterizadas pela novidade: os verbos no futuro indicam que essa situação durará por séculos. Inicialmente, a novidade diz respeito à adoração: o encontro é pessoal e direto ("estão diante do trono de Deus"), a adoração se torna ininterrupta porque a própria comunidade se torna a "tenda" da presença de Deus (cf. 21,3). Há, então, a novidade de vida, pois Deus consolou o seu povo ao derrotar a morte (cf. 21,4) e realizou o verdadeiro êxodo, realizando os desejos humanos (cf. 21,6). Finalmente, na ápice, há a novidade do pastor: o Cordeiro, Jesus Cristo, é agora o guia do povo, causa única e modelo de salvação.

Silêncio no céu (8,1)

A série termina com o *sétimo selo*, ao qual se dedica apenas um versículo: alude ao cumprimento da história, uma vez que a redenção cristã foi celebrada no sexto selo. Com o último selo removido, o livro misterioso do projeto divino pode finalmente ser lido: a breve cena que se segue é caracterizada pelo silêncio que parece evocar a grande expectativa e a perplexidade universal diante da manifestação do Senhor. O símbolo apocalíptico do silêncio relembra o espanto daqueles que contemplam com a boca aberta e permanecem sem palavras[19]. Assim, o setenário dos selos não põe fim à revelação, mas depois de uma breve pausa para a contemplação, inicia um novo setenário, recomeçando a apresentação da obra de salvação realizada em Jesus Cristo.

8,2-11,19: O setenário das trombetas

Sete anjos, apresentados em um contexto litúrgico, tocam suas trombetas e cada toque corresponde literalmente a uma cena simbólica diferente. Seguindo uma estrutura circular ascendente, o Apocalipse retorna aos mesmos temas da história da salvação e usa outras imagens para desenvolver a mesma reflexão a partir de uma perspectiva diferente.

Assim como acontecia com os selos, também o setenário das trombetas recebe a própria conotação da visão que o introduz e do símbolo que o caracteriza. Na tradição bíblica, o som da trombeta sublinha os grandes momentos da história de Israel: chama ao combate, faz parte do culto e acompanha as festas e o canto; acima de tudo, ressoa nas teofanias (cf. Ex 19,16.19), junto com trovões e relâmpagos, evoca a poderosa voz de Deus; na história da conquista de Jericó (Jz 6) sete voltas com a trombeta derrubam a cidade inimiga; na linguagem apocalíptica, torna-se finalmente o instrumento que anuncia o

---

19. Chega uma mensagem exatamente contrária a interpretação do cineasta Ingmar Bergman, que chamou o seu filme de 1957 de *O sétimo selo* para aludir ao silêncio de Deus.

dia escatológico (Gl 2,1; Sf 1,16). Também típico desse setenário é a estreita relação entre o céu e a terra, sublinhada pelos movimentos opostos de "cair" e "levantar": portanto, a dinâmica dos eventos, dominada por bons e maus anjos, representa o tema da intervenção salvífica de Deus na Antiga Aliança.

Anjos bons e maus (8,2-6)

A visão introdutória propõe uma liturgia angélica que oferece a estrutura literária e simbólica à nova série de sete elementos. Os protagonistas são, de fato, os anjos, que emolduram uma cena central, simbolicamente mais importante, que descreve uma celebração semelhante ao ritual de oferecer incenso que aconteceu no Templo de Jerusalém no altar de perfumes diante do Santo dos Santos (cf. Ex 30,1-3). Essa cena litúrgica parece indicar o correspondente celeste do culto judaico (cf. Lv 16,12) e enfatizar a mediação angélica nesse culto, onde o movimento ascendente em direção a Deus (oração humana) é oposto por um movimento descendente em direção à terra (a intervenção divina). Uma fórmula que evoca "trovões, vozes, relâmpagos e terremoto" marca o início (8,5) e o final do setenário das trombetas (11,19): essa inclusão sugere que o tema dominante será a revelação divina mediada pelos anjos.

No judaísmo pré-cristão era bastante difundida uma doutrina teológica que explicava a corrupção do mundo com a rebelião inicial de alguns anjos, sua queda e a consequente ação negativa contra os homens; somente uma poderosa intervenção de Deus poderia remediar essa situação universal do mal. Essa doutrina é bem definida no importante livro apócrifo chamado *1Enoc*, que levou alguns estudiosos a chamarem de "enóquico" um certo movimento apocalíptico.

A apocalíptica joanina se coloca nessa perspectiva teológica, mas acrescenta o dado fundamental do poderoso remédio operado por Jesus Cristo. Portanto, nesse setenário do Apocalipse, o "demoníaco" ocupa um papel importante: na primeira parte, marcada pelo movimento da queda, são apresentados os danos simbólicos trazidos ao cosmos. Cada uma das primeiras quatro trombetas descreve o dano causado a um âmbito cósmico: a ordem da criação foi perturbada pela queda dos anjos, mas com efeitos limitados. Além disso, no substrato simbólico do setenário, vislumbra-se o esquema das pragas do Egito de acordo com a história do Êxodo: Deus intervém para libertar seu povo e atacar os adversários opressores, dando-lhes severas lições.

O demoníaco arruína o mundo (8,7-13)

A *primeira trombeta* (8,7) mostra uma saraiva e fogo: a cena evoca uma terrível tempestade que destrói a terra e sua vegetação; recorda, também nos detalhes, a sétima praga que consiste em granizo e raios (cf. Ex 9,23-25).

A *segunda trombeta* (8,8-9) mostra a queda de uma montanha ardendo em fogo: o dano causado ao mar, cujas águas se tornam em sangue, refere-se à primeira praga (cf. Ex 7,20-21). O símbolo obscuro da enorme montanha de fogo é esclarecido pela cena seguinte.

A *terceira trombeta* (8,10-11) descreve a queda de uma estrela flamejante, descrita com características muito semelhantes às da montanha anterior, que causa a morte de uma parte da humanidade. Agora, rios e nascentes são a área cósmica danificada. De acordo com o simbolismo judaico, parece provável que nessas cenas João evoque a queda dos anjos rebeldes. Não há referência a uma praga no Egito, mas sim ao episódio das águas salobras, em que o Senhor promete poupar os fiéis das feridas infligidas aos egípcios (cf. Ex 15,23-26).

A *quarta trombeta* (8,12) descreve o escurecimento dos luzeiros: o dano produzido às estrelas reduz parcialmente a luz na terra, como a nona praga acarretou trevas para os egípcios (cf. Ex 10,21-23). A ruína dos luzeiros é uma imagem muito comum nas representações apocalípticas (cf., p. ex., Is 13,10; Ez 32,7-8; Gl 2,10; Mt 24,29).

Neste ponto, como novo motivo estruturante, insere-se o anúncio dos "três ais" (8,13), que coincidem com as três últimas trombetas. A figura simbólica de uma águia chama a atenção para os últimos três elementos do setenário: o anúncio dos "três ais", que é a situação difícil deste mundo, não está separado da confiança na intervenção de Deus.

A invasão dos gafanhotos (9,1-12)

A *quinta trombeta* propõe uma grande cena simbólica, retomando as quatro anteriores e ampliando a perspectiva da relação do demoníaco com a humanidade: na verdade, o dano mais grave causado ao cosmo pela queda dos anjos rebeldes é a rebelião dos homens e sua ruína. O quadro é dominado pelo símbolo dos gafanhotos, apresentados em sua ação e em sua figura: a oitava praga do Egito consistia precisamente nesse flagelo (cf. Ex 10,12-15). O anjo do abismo (9,11) tem uma capacidade organizacional ("a chave") de influenciar todo o cosmos; mas isso é algo que lhe foi concedido e, portanto, tudo permanece sob o controle de Deus. O contato do demoníaco com o cosmos e com o homem é evocado pela fumaça tóxica que obscurece o sol e danifica o ar (cf. 8,12) e pelos gafanhotos estranhos que podem inocular veneno doloroso e mortal como escorpiões. É claro que se trata de gafanhotos "inaturais": eles não danificam a vegetação, mas a humanidade; nem toda a humanidade, mas somente aqueles que não aderem fielmente a Deus (cf. 7,3); eles não têm o poder de matar, mas de atormentá-los e fazê-los sofrer. O veneno da rebelião, de fato, é colocado nos homens e dele deriva uma profunda angústia existencial.

Os detalhes descritivos tendem a oferecer a ideia de um híbrido vulgar, evocando as desarmonias e contradições que perturbam a história humana. Esses gafanhotos monstruosos são os sinais da influência diabólica nos homens: numa linguagem moderna, poderíamos dizer que a distorção de valores é demoníaca e, justamente, da difusão e aceitação de pseudovalores, vem a destruição da humanidade. Com dois nomes simbólicos que evocam a morte espiritual, o anjo do abismo é apresentado como aquele que faz a humanidade morrer, sem poder tirar a vida física (cf. Sb 2,24). Um versículo de cesura e transição (9,12) encerra a cena da quinta trombeta identificada com o primeiro "problema" e chama a atenção para os dois últimos elementos do setenário: como sempre, os decisivos.

A sexta trombeta (9,13–11,14)

A *sexta trombeta* é o elemento mais desenvolvido dos outros: não se trata de uma simples continuação, mas de uma recuperação dos temas para acrescentar a conclusão, que é fundamental. A partir da observação dos graves danos causados pela influência demoníaca, é amplamente considerada a intervenção libertadora de Deus até o ápice do grande terremoto e o início do louvor a Deus, essa grande unidade é dividida em duas partes principais: a primeira (9,13-21) termina com uma reação negativa dos homens que se recusam a converter, enquanto a segunda (10,1–11,13), depois de apresentar vários símbolos da intervenção salvífica de Deus, termina com a reação positiva dos homens que dão glória a Deus. A sexta trombeta é de alguma forma paralela ao sexto selo: ambos falam da intervenção escatológica de Deus e têm em comum a referência ao grande terremoto. Mas, enquanto no sexto selo o terremoto é o primeiro elemento da cena (6,12), na sexta trombeta o terremoto é o último (11,13): se no sexto selo a atenção se colocava nas consequências do terremoto (a salvação); na sexta trombeta, insiste-se no que precede o grande terremoto. Trata-se, portanto, da intervenção divina, mediada pelos anjos, na antiga aliança que culmina no mistério pascal do Cristo morto e ressuscitado. De fato, a sexta trombeta é essencialmente estendida à sétima trombeta, anunciada em 10,7 como "o cumprimento do mistério de Deus": essa tensão explícita indica uma fase de preparação.

A trágica condição da humanidade (9,13-21)

A primeira parte, retomando o tema do demoníaco que arruína o mundo humano, introduz uma tremenda cavalaria infernal: no entanto, na repetição de imagens semelhantes, há um desenvolvimento constante. Neste caso, acrescenta-se que a ação demoníaca também leva à morte física e à autêntica destruição dos homens. Os quatro anjos são transformados em um exército sem fim, uma cavalaria infernal lançada ao ataque da humanidade: sua descrição é concluída por uma intervenção hermenêutica (9,19) que ajuda a entender seu valor, dizendo que o poder desses simbólicos cavalos está na boca e na cauda (cf. 9,3.10). A boca é o órgão da fala; mas, nessas figuras, sai da boca uma fumaça sufocante, um símbolo terrível de um discurso que mata. A cauda não é particularmente significativa, mas aqui assume a forma de uma serpente: assim, o símbolo demoníaco venenoso e assassino é claro. Em suma, a cavalaria infernal assume as conotações do flagelo da guerra: nele João vê um sinal eloquente de orgulho e violência demoníaca que arruína a humanidade. A reação dos homens a essas feridas é semelhante à dos egípcios, de acordo com a narrativa do Êxodo: obstinação e recusa. O culto reservado aos ídolos é indicado como o efeito da corrupção trazida pelos demônios: eles arruínam a humanidade e se fazem reverenciados como deuses. Estritamente ligada à idolatria está a imoralidade: o mundo humano é profundamente corrupto; o sistema terrestre pervertido pelas forças do mal está fechado para Deus e, assim, torna-se a fonte e instrumento da morte. Apesar da lição das pragas, a humanidade sozinha não pode se libertar e mudar sua mentalidade.

A revelação de Deus (10,1-11)

Então, a segunda parte (10,1–11,14) propõe a intervenção de Deus como absolutamente necessária para remediar essa corrupta situação. O tema desta segunda parte é precisamente a revelação de Deus na economia do Antigo Testamento como uma proposta de remédio. Esse tema é desenvolvido em três cenas: primeiro um anjo oferece um livreto para comer, então é evocada a medida do Templo e, finalmente, a grande figura das duas testemunhas termina com o terremoto cósmico que determina uma reação humana positiva.

Em uma nova visão (cap. 10) apresenta-se um anjo diferente dos anteriores, inserido em uma imagem grandiosa que evoca uma cena marinha depois de uma tempestade, quando as nuvens se abrem e o sol lança através delas dois raios poderosos, enquanto isso são vislumbradas as cores do arco-íris. O anjo aparece na cena dotado de força e caracterizado por símbolos típicos de teofanias: em sua mão há um pequeno livro, em torno do qual toda a visão está concentrada. De repente, a voz de sete trovões é acrescentada como um novo elemento, que um comando preciso ordena a não escrever, mas manter seu segredo: provavelmente João pretende sublinhar a incompletude da revelação do Antigo Testamento simbolizada pelo livro e, assim, contrastar a revelação completa contida na sua obra (cf. 22,10). Após o parêntese dos trovões, retorna o anjo inicial, que, antes de entregar o livreto, anuncia o cumprimento do mistério de Deus, objeto das boas-novas anunciadas pelos profetas: esse evento é simbolicamente reservado para a sétima trombeta. No entanto, não é explicado em que consiste esse "mistério"; o esclarecimento virá depois; por enquanto, o autor está interessado em criar tensão para a conclusão e repetir que a revelação angélica é temporária e incompleta. Então, uma nova ordem comunicada pela voz celeste repropõe o mesmo gesto simbólico narrado por Ezequiel, no momento da sua vocação (cf. Ez 2,8–3,3): comer o rolo escrito significa, por parte do profeta, assimilar a mensagem divina e ser capaz de passá-la aos outros. Parece, portanto, evidente que o livreto contém a revelação divina confiada aos profetas. Mas entre o modelo e a versão apocalíptica há uma diferença importante: enquanto Ezequiel mencionou apenas a doçura do livro, João apresenta um contraste, acrescentando também a impressão de amargor. O contraste é entre a boca e o ventre, portanto numa sucessão cronológica: a princípio parece doce, mas depois se torna amargo. Pode-se reconhecer outra pista que conota a revelação antiga em tensão para a realização, portanto limitada e imperfeita. Finalmente, o cristão vidente recebe outro ofício profético, que consiste em comunicar a mensagem assimilada ao mundo inteiro.

A medição do Templo (11,1-3)

A cena de medição do templo faz alusão a outra característica fundamental da revelação do Antigo Testamento em relação ao santuário: ao ecoar as famosas cenas proféticas, João as reelabora de maneira original. A alusão às dramáticas ocupações e destruições de Jerusalém confirma que o antigo santuário não era perfeito e intangível, como bem sabiam Ezequiel e Zacarias. O contraste com a "nova" Jerusalém, descrita no final do Apocalipse com elementos similares, deve necessariamente ser sublinhado (cf. 21,15-27). Em 11,3 continua o discurso divino dirigido a João, contrastando a figura de duas testemunhas com o povo: ao conceder aos pagãos momentos de proeminência, Deus promete conceder aos seus profetas a oportunidade de cumprir seu ministério de pregação. O anúncio das duas testemunhas marca a transição para a nova cena.

As duas testemunhas (11,4-14)

O grande quadro das duas testemunhas acumula muitos detalhes simbólicos a serem interpretados em relação ao contexto geral em que estão inseridos, sem poder reconstruir uma sequência histórica a ser colocada em uma época precisa. As duas testemunhas enigmáticas são pessoas consagradas, intimamente unidas a Deus e portadoras de sua luz; elas têm a capacidade de eliminar quaisquer inimigos injustos com fogo e são simbolicamente trazidas perto de dois grandes personagens bíblicos: a habilidade de comandar a chuva é o emblema claro de Elias (cf. 1Rs 17,1), como o poder de mudar a água em sangue refere-se ao épico de libertação do Egito, que tem como seu protagonista Moisés (cf. Ex 7,17-21).

O fim de seu ministério, definido como "profecia" e "testemunho", é apresentado com traços tirados de Dn 7, nos quais aludimos à opressão de Antíoco IV, ao assassinato dos fiéis israelitas e à promessa divina de estabelecer um novo reino. Assassinadas em Jerusalém, as duas testemunhas são ressuscitadas por um espírito divino e ascendem triunfalmente ao céu sob os olhos atônitos de seus adversários: Mas quem são eles?

Sua identificação não encontra concordância entre os acadêmicos; as inúmeras interpretações propostas podem ser substancialmente reduzidas a três: a) figuras históricas do Antigo Testamento (p. ex., Moisés e Elias); b) figuras históricas do Novo Testamento (p. ex., Pedro e Paulo); c) figuras simbólicas (p. ex., a Lei e os Profetas). Com base no contexto literário da sexta trombeta, entendida como a intervenção divina na economia do Antigo Testamento, as duas testemunhas podem resumir simbolicamente todos os fiéis da Antiga Aliança suprimidos pelo judaísmo infiel.

A corrupção do mundo começou com uma queda do céu (cf. 9,1): a intervenção divina atinge seu ápice permitindo a ascensão ao céu (11,12). De acordo com as expectativas dos apocalípticos, o tremendo momento de angústia e perseguição será seguido pela ressurreição e a inauguração de um novo reino (cf. Dn 12,1-3): seguindo esse esquema, João conclui a sexta trombeta com a memória da ressurreição das duas testemunhas.

Evocado pelo símbolo do terremoto, o evento pascal de Cristo, portanto, vem como o vértice do sexto elemento e é apresentado como a intervenção decisiva de Deus: até mesmo o Evangelista Mateus liga a morte de Jesus a um terremoto e à ressurreição de muitos santos (cf. Mt 27,51-53). O versículo de transição e sutura (11,14; cf. 9,12) chama a atenção para o último momento e sublinha, apesar de sua aparência triunfal, seu caráter dramático e definitivo de julgamento (cf. 11,18): à sétima trombeta não resta outra coisa senão celebrar o estabelecimento do reino, esperado pelos apocalípticos, inaugurado com a ressurreição de Jesus.

O cumprimento do mistério de Deus (11,15-19)

A *sétima trombeta* é o elemento final: sem distinguir-se claramente da que a precedeu, celebra liricamente seu significado e valor. A unidade literária é incluída pela menção dos típicos fenômenos teofânicos a desenhar a moldura simbólica da grande revelação que anuncia a realização do senhorio divino: a novidade da fórmula está em afirmar que Cristo compartilha com Deus o reino do mundo. Começou um reino que nunca terminará, como Gabriel anunciara a Maria (cf. Lc 1,33) e como os Padres da Igreja relataram no símbolo da fé. Os vinte e quatro anciãos, já apresentados na seção dos selos, repetem agora o seu ato de adoração (cf. 4,4.10; 5,8.14), entoando um hino de ação de graças, que talvez reproduza um texto litúrgico efetivamente utilizado na comunidade joanina para celebrar o inauguração do reino do Cristo ressuscitado. De acordo com um clássico esquema apocalíptico, a possibilidade real de julgamento da história é assim anunciada, entendida como uma separação entre o bem e o mal: na verdade, "julgar os mortos" significa "dar a recompensa" e "destruir". O episódio das duas testemunhas antecipou narrativamente essa afirmação teológica; terminou com a ressurreição dos mortos e sua aceitação no mundo divino, em oposição ao assassinato dos homens e à destruição da cidade. Nas palavras do hino, podemos encontrar a definição das duas testemunhas: são os servos de Deus, os profetas e santos, todos aqueles que temem a Deus sem distinção entre pequenos e grandes (11,18b). A ruína, por outro lado, destina-se àqueles que arruínam a terra: essa imagem mostra o começo do setenário e os sérios danos causados à terra pelos anjos decaídos (cf. 8,6-12).

O setenário é concluído por uma cena grandiosa que tem como objeto o santuário de Deus no céu e conectada com a visão introdutória que apresentou o culto angélico, símbolo da economia veterotestamentária, a ser realizada no altar dos perfumes que se encontra diante do santuário; agora, com inclusão literária, a liturgia se move dentro do próprio santuário para celebrar o cumprimento que é o mistério pascal de Cristo. A abertura do santuário permite que a aparição da Arca da Aliança e seu aparecimento, acompanhado pelos fenômenos teofânicos do Sinai (cf. Ex 19,16), evoca uma renovação e uma realização: alude à história da antiga aliança e celebra com entusiasmo a inauguração do novo (cf. Hb 8,6; 9,15). Também neste caso o fim de uma seção também marca o começo da seguinte: a sétima trombeta com o canto de inauguração do reino inicia a última grande parte do Apocalipse, que retorna à mesma mensagem fundamental apresentando-a com outras imagens.

A última parte do Apocalipse

Os últimos capítulos da obra (12,1–22,5) não apresentam uma estrutura evidente, de modo que muitos exegetas falaram de confusão e hipotizaram retoques redacionais, propondo deslocamentos ou retomadas. Em nosso caso, preferimos, ao contrário, dar valor ao texto como nos foi transmitido, buscando nele as pistas para entender a estrutura geral.

O terceiro setenário, o das "taças", ocupa adequadamente apenas o capítulo 16, mas os capítulos que o precedem e os que o seguem estão intimamente ligados a ele e representam sua preparação e complemento.

Os capítulos 12–15 desempenham a função de um grande prefácio ao setenário e caracterizam-se pela presença de três "sinais" (12,1.3; 15,1): por isso falamos de um *tríptico dos sinais*.

Os capítulos 17–21, por sua vez, refletem amplamente o tema das taças em uma fantasmagoria setenária de cenas e gêneros literários para apresentar os dois grandes símbolos de mulheres/cidades, Babilônia e Jerusalém (17,1–22,5). Assim toda a seção pode ser considerada unitária e composta de três partes com um verdadeiro setenário no centro.

Representando o centro de toda a seção, o capítulo 16 evoca mais uma vez a intervenção definitiva de Deus na história humana e a realização do mistério da salvação, enquanto o tríptico dos sinais descreve seus precedentes e a terceira parte explica suas consequências como julgamento e salvação. Ambas as seções compreendem uma série setenária formada por três anjos mais três, com a figura de Jesus Cristo no centro: como "Filho do Homem" (14,14) e como *Logos* de Deus" (19,11-16).

Cap. 12-15: O tríptico dos sinais

O setenário das trombetas não termina de maneira clara: mas o procedimento usual do Apocalipse consiste precisamente em assumir os mesmos temas, variando as imagens e desenvolvendo a mensagem teológica. A abertura do santuário celestial, por exemplo, é uma imagem que inclui toda a seção dos sinais (11,19; 15,5), oferecendo a impressão de retornar desde o princípio; os fenômenos teofânicos, presentes na sétima trombeta (11,19), retornam enfatizados na sétima taça (16,18.21), mostrando simbolicamente a afinidade entre os dois setenários.

Dois sinais são colocados no início (12,1.3) e depois repetidamente contrapostos (12,4.13.15.17); o terceiro sinal, definido como grande e maravilhoso, aparece depois de dois capítulos (15,1) e também inclui o setenário das taças, vértice de toda a seção. As várias cenas que compõem os capítulos 13-14 são colocadas no meio dos sinais e precisam ser explicadas em relação a eles.

Na última grande parte da obra, portanto, não nos deparamos com quadros cronologicamente sucessivos, mas voltamos a considerar o mesmo tema: Deus intervém na situação negativa do mundo e o transforma radicalmente. Os primeiros dois sinais (a *mulher* e a *serpente*) representam o conflito, enquanto o terceiro sinal (os *sete anjos* que derramam taças) simboliza essa solução confronto: os capítulos intermediários, portanto, a intenção de evocar simbolicamente a dinâmica histórica do poder satânico e de intervenção salvífica de Deus.

A mulher e a serpente (cap. 12)

A cena de uma mulher em oposição a um monstro pertence à imaginação de muitos povos e importantes mitos antigos (babilônios, egípcios, persas e gregos) descrevem eventos similares; mas o autor do Apocalipse tem suas raízes na tradição bíblica e rejeita fortemente as culturas idolátricas. Portanto, é inútil procurar paralelos e explicações fora da Bíblia. O conjunto narrativo e simbólico do capítulo 12 é inspirado na narrativa de Gn 3, em particular no chamado "protoevangelho" (Gn 3,15): a cena apocalíptica é, portanto, apresentada como uma releitura cristã do evento primordial e decisivo, com uma síntese simbólica de suas consequências históricas. A essa referência principal são acrescentadas outras: a antiga serpente é chamada *drákon*, como o mítico monstro do caos, entendido pelos profetas também como o emblema do poder tirânico do Egito; muitos detalhes referem-se à epopeia da libertação de Israel do Egito; o filho que deve nascer é evocado com as características do Rei Davi, o Messias; a cena da mulher em trabalho de parto é inspirada por grandes imagens proféticas já imbuídas de mentalidade apocalíptica e a guerra celestial entre poderes angélicos é um tema recorrente nesse tipo de literatura.

Uma interpretação correta deve, portanto, levar em conta todo o capítulo e esse substrato simbólico muito rico, uma vez que João compõe um novo mosaico, com a forma de uma narração com sucessivos episódios, que requerem respeito na interpretação. Parece se tratar de uma reflexão adicional sobre a história da salvação: a inimizade, colocada por Deus entre a mulher e a serpente, desenvolve-se na história como um conflito dramático entre a humanidade e o poder demoníaco, em tensão para uma solução; o esquema do êxodo, como já havia servido outros autores bíblicos, também para João se torna o tipo de intervenção divina em favor de seu povo, até o ápice da obra messiânica de Jesus.

Uma mulher

O primeiro grande sinal é uma mulher: uma figura simbólica muito rica e múltipla, frequente no Antigo Testamento com nuanças de versos. Os símbolos femininos dominam a última parte da obra (cap. 17–22), em que emergem duas mulheres/cidades: Babilônia, a prostituta; e Jerusalém, a noiva. É razoável pensar que, também no início da seção, a simbologia feminina quer evocar a relação pessoal que a humanidade tem com Deus. Na história da exegese, a mulher do capítulo 12 tem sido interpretada com as formas mais díspares e a multiplicidade contínua de opiniões a esse respeito atesta a dificuldade dessa passagem; mas as soluções mais confiáveis enfatizam o fato de que essa mulher gera uma criança com características messiânicas.

Assim, as propostas hermenêuticas, sem se excluírem, podem ser reduzidas a quatro modelos em ordem crescente de amplitude simbólica: a) Maria, mãe de Jesus, o Cristo; b) a Igreja, comunidade religiosa que continua no drama da história a gerar o Cristo; c) o povo de Israel, esposa de Deus que preparou o nascimento do Messias com sua história; d) a primeira mãe, o melhor a humanidade a que é prometida salvação na luta contra o mal por meio da obra de sua própria "semente".

O contexto narrativo do conjunto nos leva a preferir uma interpretação ampla que veja na mulher sobretudo a humanidade em sua beleza original e também a experiência de misericórdia vivida pelo povo eleito, isto é, o ponto de partida da história humana marcada pelo pecado e pela intervenção salvífica de Deus. Com algumas pinceladas surrealistas, a figura da mulher evoca a situação original da humanidade, criada por Deus tão bela como o sol, superior às fases do tempo (simbolizadas pela lua), coroamento de todo o cosmos (as doze constelações); no entanto, o trabalho de parto diz que não é perfeita em si mesma, mas em tensão para uma futura novidade.

Uma grande serpente

O segundo sinal é o monstro demoníaco, herdeiro literário dos antigos mitos sobre a origem do mundo, é descrito de acordo com o modelo oferecido pelas bestas de Daniel e colocado imediatamente diante da mulher, como na narrativa do início do Gênesis. O futuro da humanidade é posto em perigo pela invocação do diabo (cf. Sb 2,24), que quer devorar o nascituro da mulher. A ação é reduzida a algumas referências essenciais: o nascimento da criança e seu arrebatamento por parte de Deus. Alguns intérpretes viram nessas imagens a síntese extrema da história terrena de Jesus (nascimento e ascensão), mas a estrutura simbólica das origens levam a destacar o tom amargo da solução. De fato, parece que João usou a imagem do parto frustrado, partindo dos símbolos apocalípticos de Is 26,17-19, para dizer o fracasso original do homem e sua incapacidade de produzir salvação; o filho da mulher pode assim simbolizar o grande destino da humanidade nas mãos do Criador (cf. Is 66,7-11).

A solução amarga parece ainda mais evidente na mudança que toca a mulher: da condição celestial e esplêndida do começo ela passa a uma situação terrestre, precária e dolorosa no deserto. A intervenção de Deus foi sim punitiva, mas o começo de um projeto de misericórdia e salvação que terá plena realização no futuro (cf. 19,15).

O destino da mulher é contrastado com o do dragão. De acordo com um esquema apocalíptico generalizado, a solução é alcançada por meio de uma batalha militar, que ocorre na transcendência divina, entre alinhamentos angélicos opostos. João menciona assim novamente (cf. 8,7–9,12) a queda dos anjos: ao anjo rebelde, que havia enganado a humanidade com a soberba reivindicação de "ser como Deus" (cf. Gn 3,45), opõe-se Miguel, o anjo fiel, que com seu próprio nome ("Quem-como-Deus?") lembra a necessidade de uma dócil submissão. O resultado da batalha é desfavorável aos rebeldes: o dragão e seus cúmplices são derrotados e jogados do céu. A terra então se torna o ambiente de seu operar negativo.

O choque e a vitória

A narração se interrompe no versículo 9 e continua no versículo 13; nos versículos 10-12 deixa espaço para um interlúdio lírico, atribuído a um coro celestial desconhecido. O texto poético reflete provavelmente um hino litúrgico cristão utilizado pela comunidade joanina para celebrar o triunfo da Páscoa de Cristo e a derrota do "príncipe deste mundo" (Jo 12,31). A evocação da queda primordial dos anjos rebeldes é assim comentada com o hino cristão da derrota definitiva do satanás e o começo do poema litúrgico com um advérbio definido de tempo ("agora") coloca em conexão íntima a realização do Reino de Deus e a entronização do Cristo ressuscitado.

Por meio do sangue do Cordeiro, isto é, graças ao mistério pascal do Cristo morto e ressuscitado, os fiéis suplantaram o adversário demoníaco com palavras e atos, graças à imitação da atitude de Jesus, que é a total confiança em Deus até a morte. Aqueles que habitam no céu podem desfrutar plenamente dessa vitória, mas para os habitantes da terra a influência demoníaca ainda pode causar danos: com a imagem mítica, esses danos são atribuídos à ira dos derrotados e sua consciência de ter pouco tempo. Em outras palavras, o hino reconhece que, mesmo depois da Páscoa de Cristo, o mal permaneceu no mundo, embora definitivamente derrotado em sua raiz: para alcançar a vitória plena, os fiéis da terra são convidados a ter a coragem do testemunho.

Quando retoma a narração do conflito mulher-serpente, a batalha move-se do céu para a terra e a mulher é perseguida precisamente por causa da queda do dragão; mas a intervenção de Deus a salva. O substrato veterotestamentário dessa parte orienta claramente ao tema do êxodo e induz a ler as imagens apocalípticas como símbolos da intervenção do Deus que liberta seu povo da escravidão do Egito. Como síntese da história da salvação, João apresenta o compromisso de Deus com a humanidade caída na experiência fundamental da história de Israel: o sinal da mulher evoluiu e, a partir de uma evocação da humanidade primordial, e agora assume o valor usual de símbolo bíblico do povo escolhido. Os profetas já tinham historicizado o monstro caótico e o entendiam como o emblema do tirano egípcio (cf. Is 51,10; Ez 29,3; 32,2): em linguagem apocalíptica o épico do êxodo é assim facilmente repetível como um embate entre o dragão (satanás/Egito) e a mulher (Israel). A perseguição assume a forma simbólica da água que engole: o monstro marinho tenta submergir o projeto de Deus nas águas do caos, mas pela segunda vez ele vê seus projetos falharem contra a mulher.

Cada vez mais furioso, o dragão não desiste: desta vez, porém, sua guerra não é mais contra as fileiras dos anjos, nem contra a própria mulher, mas com o resto de sua descendência. A derradeira tentativa demoníaca é, portanto, a batalha contra o grupo fiel que guarda as leis divinas e tem a certeza da salvação messiânica. Com um toque magistral, o narrador conclui a grande imagem do conflito, deixando o leitor na expectativa. A cena seguinte será dividida por símbolo geográfico, entre o mar e a terra: o *grand finale* então mostra o dragão de pé na praia. Com boa ironia, João indica o dragão, pronto para a guerra, permanecendo na marca de seu limite e sua derrota.

A besta que se eleva do mar (13,1-10)

A narração é interrompida para dar lugar à descrição simbólica: de fato, antes de encontrar o terceiro "sinal" (15,1), o da solução, o autor se detém a descrever os métodos diabólicos (cap. 13) e a intervenção divina (cap. 14). Antes de mais nada, João apresenta, seguindo o modelo de Dn 7, dois animais que resumem as características da ação demoníaca no mundo. Todo o capítulo 13 constitui uma clara unidade literária dividida em duas partes: a primeira descreve a besta que se eleva do mar; enquanto a segunda é dedicada à besta que se eleva da terra.

Em um sonho noturno, o apocalíptico Daniel viu quatro feras horríveis surgirem do mar, símbolos dos quatro impérios históricos que oprimiam Israel (cf. Dn 7,2-7.17-27); referindo-se a este texto, o apocalíptico João descreve uma única besta que combina as características desses quatro e, como eles, emerge do mar o sinal primordial do caos. Assim, João resume as ideias apocalípticas sobre as grandes e organizadas forças do mundo: o poder é bestial e demoníaco; a queda original de satanás não o privou de sua força e o mundo infelizmente é a vítima de sua ação; de fato, as manifestações de seu poder despertam admiração em alguns homens, a tal ponto que chegam adorar o seu poder, considerando-o superior ao próprio Deus. O orgulho, que causou a queda de satanás e do homem, continua a se mostrar em algumas situações históricas como uma reivindicação ao poder absoluto que quer substituir Deus.

Parece claro que a besta em questão é um símbolo do poder político corrupto, uma imagem abstrata e geral, válida para representar toda organização histórica dominante. Daniel havia falado dos quatro impérios de seu tempo; João, por outro lado, reduz o símbolo a uma única figura, não tanto para descrever o Império Romano, mas para ampliar o horizonte e indicar o poder em geral em sua pretensão arrogante de superioridade absoluta. Ainda que concretamente no século I não se possa deixar de pensar no poder imperial de Roma, o símbolo proposto tem, todavia, um valor universal.

A atenção é então direcionada para a ação da besta e também neste caso as imagens derivam de Dn 7, especialmente a partir do detalhe que simboliza o tirano selêucida, que no século II a.C. travou uma guerra contra os fiéis de Israel (cf. 1Mc 1–4; 2Mc 5–8), tornando-se o emblema do poder político corrompido por satanás: a besta descrita por João reproduz desse tirano fisionomia para criar continuidade com o texto antigo e também generalizar o grave problema, que reaparece de outras maneiras para a comunidade cristã no final do século I. Os que permaneceram fiéis ("os santos") foram derrotados e mortos pelo poder tirânico intolerante; outros, por outro lado, negaram a fé e curvaram-se em adoração à besta.

No final do primeiro quadro, abre-se um parêntese (v. 9-10), no qual o autor se dirige diretamente aos seus ouvintes para convidá-los a uma atenção particular. Com expressão proverbial, afirma o poder do projeto divino e reafirma que, apesar da arrogância dos impérios terrenos, a história permanece nas mãos de Deus. A expressão final comunica uma ideia fundamental: "os santos" são aqueles que guardam a fé só em Deus, não se curvam aos tiranos deste mundo e sabem resistir à sua opressão justamente porque sabem que a história está nas mãos de Deus.

A besta que se eleva da terra (13,11-18)

O segundo quadro, próximo da primeira, é dedicado à descrição de outra besta. O lugar de origem é deliberadamente oposto ao elemento caótico marinho: a terra é de fato o ambiente habitável para os homens. A descrição, muito sintética, é baseada em um contraste que causa ambiguidade: a besta se assemelha a um cordeiro (= Cristo) no exercício do poder ("chifres"), mas no modo de expressão é igual a um dragão (= satanás). Esta representa, portanto, uma pregação de Deus apenas aparentemente boa, mas falsa em conteúdo e prejudicial aos destinatários: como foi dito do próprio diabo (12,9), assim se diz desta figura que "engana" toda a humanidade. A insistência no verbo "fazer" lembra a dimensão criativa de Deus e a ação de formar e manipular: de fato, o segundo animal vive em função do primeiro e tende a transformar a mentalidade dos homens para escravizá-los ao regime. A expressão-vértice desse totalitarismo está em uma "marca" que faz sua influência ser sentida tanto nas ações ("mão") quanto na mentalidade ("fronte"): corresponde ao nome da besta, ou seja, às suas características pessoais que a fazem ser o que é.

Do conjunto de detalhes pode-se concluir que esse símbolo representa a autoridade religiosa corrupta, ou poder ideológico, escravizado pelo poder político e traidor de sua função específica de conduzir a Deus, pois todo soberano tem seu profeta, juntamente com a "besta" do poder político é colocada a besta do falso profeta, que distancia de Deus e cria uma mentalidade de escravos. As imagens bíblicas a que João alude podem ser o faraó e seus magos, Nabucodonosor e seus adivinhados, Antíoco Epífanes e a corrupta classe sacerdotal de Jerusalém. Na realidade histórica do século I a comunidade do Apocalipse não poderia deixar de pensar no imperialismo romano e nas autoridades religiosas (tanto judaicas quanto helenistas) coniventes com o poder imperial; no entanto, a riqueza do símbolo está em reconhecer nele um esquema geral, válido para qualquer outra situação.

Como o primeiro quadro, o segundo também termina com um convite para a assembleia: o que agora é exigido dos ouvintes é a "sabedoria", que é a capacidade de interpretar o símbolo numérico de 666 que designa a besta. Essa operação, no contexto apocalíptico, toma a forma de um enigma: a comunidade, na verdade, deve tentar identificar na realidade humana que a rodeia a figura simbólica dessa besta, ou o sentido da marca escravizadora. O número enigmático foi interpretado de muitas maneiras segundo os cálculos da gematria: tanto para os judeus como para os gregos, de fato, as letras do alfabeto também tinham valor numérico; Assim, dando às letras de um nome o valor numérico correspondente e, somando-os conjuntamente, cada nome se transforma em um número. Dessa forma, o enigma não pode ser resolvido com certeza; enquanto outra linha interpretativa, preferível, se move do símbolo numérico do "seis", cifra típica do homem, um sinal de limite e imperfeição. Assim, a repetição tripla desse número pode aludir ao esforço vão da criatura para alcançar a plenitude e a perfeição com suas próprias forças: com essa reflexão, a comunidade deve reconhecer como ilusória a reivindicação de toda ideologia que rejeita a Deus e visa a substituí-lo.

O Cordeiro e os 144 mil (14,1-5)

O drama da história foi representado pelo conflito entre a serpente e a mulher; as duas bestas evocaram então a corrupção histórica do poder político e a instituição religiosa. Como apocalíptico, João descreveu o estado miserável da condição humana, oprimida por terríveis forças satânicas; como cristão, no entanto, ele não se limita a desejar a intervenção de Deus, mas repete mais uma vez sua fé na intervenção divina na pessoa de Cristo, a culminação de uma longa história de preparação.

Nessa nova seção, portanto, parece que o Apocalipse apresenta uma síntese da história da salvação, organizando-a em duas cenas. O primeiro quadro lembra a figura do Cordeiro (5,6), em pé no Monte Sião, o centro da religiosidade veterotestamentária, e retoma o símbolo numérico do resto de Israel (7,4), os membros do povo da antiga aliança que foram salvos: a união das duas imagens evoca o plano divino de salvação já em ação na experiência histórica de Israel.

Então as imagens e sons dão lugar a três definições simbólicas. A primeira nota as qualifica como "virgens": mesmo que se possa entender esse termo em um sentido real como aquelas que se abstiveram de relações sexuais, esse termo deve ser interpretado em um sentido metafórico, indicando aqueles que, não tendo desfigurado o relacionamento de aliança com o Senhor, estão em condições de se aproximarem dele. A segunda imagem define-os como "os seguidores do Cordeiro", ou aqueles que seguem em suas vidas a dinâmica da entrega de si mesmo realizada pelo Cristo. Na terceira definição, a imagem da aquisição combinada com a das "primícias" retorna, para evocar o primeiro grupo humano salvo pelo sangue de Cristo e oferecido como sacrifício vivo a Deus. O tom sacrificial é de fato acentuado pelos últimos elementos que completam o quadro com o qual João, após os horrores e violências das duas bestas, apresenta a obra salvífica realizada por Deus nas pessoas que, embora pertencendo à antiga aliança, aceitaram o novo cântico do Cordeiro, essa é a atitude de confiança oblativa do Cristo.

O Filho do Homem rodeado por seis anjos (14,6-20)

A nova série de cenas evoca mais especificamente a intervenção messiânica, que constituía o ardente desejo dos antigos profetas e representa a solução definitiva da crise terrena. A estrutura da perícope pode ser reconstruída como uma forma setenária, baseada nas pistas textuais que mostram o Filho do Homem precedido por três anjos e seguido por outros três. Quanto à mensagem do conjunto, podemos dizer que o mesmo Filho de Deus se apossa da lei de Deus dada pelos anjos: marcando a plenitude do tempo, Ele começa com sua vida a colheita escatológica e realiza em sua morte o mistério da intervenção divina.

O primeiro anjo (14,6-7), em uma posição solene e simbólica, tem uma "boa-nova" para toda a humanidade, que consiste em três imperativos: reconhecer e glorificar a Deus como o único e, então, adorá-lo como o criador do universo. Sem citar qualquer fórmula específica, o sentido da Lei antiga é assim resumido, destacando sua tensão rumo à realização do projeto divino.

O segundo anjo (14,8), antecipando a celebração pelo fim do mal (cf. 18,2-3), anuncia a queda da Babilônia e simbolicamente expressa a fé na intervenção histórica de Deus contra a corrupção.

O terceiro anjo (14,9-11) é o porta-voz de toda a tradição profética anti-idólatrica; seu discurso, muito mais longo do que os outros, é incluído pela menção dos três símbolos maléficos (besta/imagem/marca: cf. 13,12-17) e ameaça a punição dos idólatras, desenvolvendo imagens tipicamente proféticas.

A alusão final à ação maléfica da besta induz uma outra intervenção direta do autor (v. 12), dirigida à assembleia, com uma fórmula muito semelhante às duas anteriores (cf. 13,10.18). Diante do poder do mal, pede-se aos homens de Deus uma resistência corajosa, que se manifesta de duas maneiras principais: por meio da fidelidade à lei divina e pela confiança na intervenção messiânica da salvação. Após a série dos três anjos, uma fórmula habitual de passagem abre um breve *interlúdio lírico* (v. 13), ocupado por uma comunicação divina explícita que ordena que João escreva uma bem-aventurança em favor dos que morrem no Senhor: O fortalecimento da intervenção do Espírito garante o repouso para esses fiéis após a perseguição e a recompensa de sua constância.

No coração da estrutura setenária aparece o símbolo da transcendência e da vida divina ("nuvem branca"), sobre a qual o Filho do Homem (14,14) domina com uma atitude de autoridade ("sentado"). Essa figura, derivada da visão de Dn 7, já havia aparecido no início da obra (1,13-16) e claramente se identifica com o Cristo ressuscitado; a cor branca, imagem da ressurreição, caracteriza o elemento em que o personagem está sentado, como o cavalo do primeiro selo (6,2) e o cavalo do divino *Logos* (19,11). A essas outras figuras presentes na obra corresponde o Filho do Homem, tanto em forma simbólica quanto na mensagem teológica: evoca o messias anunciado pelos profetas, portador da vitória divina ("coroa de ouro") e juiz efetivo de todo o mundo ("foice afiada").

A segunda série de três anjos é unificada pelo símbolo da foice, de onde derivam as duas imagens de colheita e colheita. A interpretação geral desta seção está longe de ser concordante; as opiniões podem ser reduzidas a três fundamentais: a) todas as cenas indicam a punição dos ímpios; b) a colheita representa a reunião dos bons, enquanto a colheita evoca a punição dos ímpios; c) ambas as imagens têm um valor escatológico positivo. Na formulação da cena, João partiu de um versículo do Profeta Joel (4,13), um texto apocalíptico que anunciava o dia decisivo do juízo divino; os símbolos da colheita e da colheita eram de fato habituais para evocar a intervenção escatológica no final do processo de maturação, para iniciar uma nova vida, e nos textos do Evangelho tais imagens frequentemente se repetem para significar a presença decisiva do Cristo e a tarefa dos seus discípulos (cf. Mt 9,37-38; Mc 4,29; Jo 4,35-38).

O primeiro anjo (14,15-16) leva a ordem da colheita para fora do santuário celestial e o Filho do Homem recolhe a messe da terra: a alusão escatológica é clara, mas o *éschaton* ("o último") a que se alude parece ser, de acordo com a linguagem do Evangelho, a obra decisiva realizada em sua vida histórica pelo Messias Jesus, quando chegou ao fim o tempo de amadurecimento (cf. Mc 1,15).

O segundo anjo (14,17) só é apresentado porque age depois: por enquanto, ele desempenha a função estrutural de completar o trio.

O terceiro anjo (14,18-20) está conectado com o altar dos sacrifícios e traz a ordem da vindima, confiando ao segundo anjo essa operação. Mas a imagem não para por aí, como para a colheita; continua de fato com a operação seguinte, isto é, a pisa das uvas no lagar. A mesma imagem retorna mais tarde em relação ao *Logos* de Deus (19,13.15), em que o autor sugere querer aplicá-la à morte de Cristo. É, portanto, justificável ver, mesmo nesse contexto, uma referência à paixão de Jesus: no lagar da ira, Ele não esmagou seus inimigos, mas sim foi esmagado; fora da cidade de Jerusalém, sua morte foi consumada com valor sacrificial, como Hebreus sublinha teologicamente (cf. Hb 13,10-15). Seu sangue é um novo Mar Vermelho que detém a cavalaria infernal (cf. 9,16-19) e estende seus efeitos salvíficos até os confins da terra.

O sinal grande e maravilhoso (cap. 15)

O tríptico de sinais agora atinge sua completude: o sinal da solução é agora acrescentado aos sinais de conflito (12,1.3). Os dois blocos foram separados das imagens simbólicas do poder demoníaco e da intervenção messiânica culminando no derramamento do sangue de Cristo. O terceiro sinal concentra-se precisamente neste último evento, o centro fundamental do plano divino de salvação; mas o desenvolvimento simbólico do tema acontecerá no setenário das taças (cap. 16).

O capítulo 15 constitui sua preparação imediata e, de acordo com o método típico do Apocalipse, retoma e resume muitos temas já apresentados. Como os outros dois sinais, o terceiro também é colocado no nível da transcendência divina; é "grande" e "digno de admiração", não tanto pelos sete anjos como pelo evento que estes representam simbolicamente. As lições definitivas marcam o cumprimento da fúria divina, a intervenção "punitiva" decisiva ou a superação da situação universal de mau relacionamento com Deus.

Os protagonistas da nova visão são os vencedores, isto é, aqueles que não se deixaram envolver pelas forças demoníacas que operam na história: eles permanecem, na posição dos vivos, como o Cordeiro; dominam o mar, que se tornou sólido; eles têm nas mãos os instrumentos musicais para o louvor de Deus como os vivos e os idosos e executam uma canção de louvor. O hino de Moisés agora se torna o cântico do Cordeiro, uma vez que as palavras de Moisés dizem respeito a Jesus: de fato, o mistério pascal do Cristo morto e ressuscitado interpreta e concretiza as antigas perspectivas bíblicas de libertação do poder do mal.

O texto reportado (15, 3b-4) é talvez um hino litúrgico autêntico usado na comunidade joanina, mesmo que não contenha elementos propriamente cristãos. O tema da música é a celebração de Deus por suas obras, mas não tanto pela criação como por suas intervenções históricas; a insistência recai sobre as "gentes", isto é, sobre os não israelitas, e a alegria do canto consiste precisamente nesta certeza: a vontade divina de salvar toda a humanidade se manifestou e certamente esse projeto será realizado. O interlúdio lírico serve como um comentário válido sobre a narrativa simbólica: na verdade, o que é descrito na sequência é o cumprimento desse projeto salvífico.

A última unidade (15,5-8) dessa seção introdutória ao setenário das taças forma uma perfeita inclusão com o fim do setenário das trombetas (11,19): a abertura do templo no céu constitui a grande imagem que contém toda a seção 12–15. De acordo com o habitual procedimento circular do Apocalipse, voltamos ao ponto de partida, depois de um notável aprofundamento na história da humanidade. A comunidade cristã de João sabe reler os textos litúrgicos do Antigo Testamento como "sombra e cópia das realidades celestes" (Hb 8,5) e crê que a liturgia terrena de Israel é apenas uma figura da realidade: as celebrações no templo celeste, portanto, visam a explicar o cumprimento das figuras antigas.

Do santuário saem os sete anjos com as sete lições definitivas (15,1), caracterizados por uma indumentária tipicamente sacerdotal: recebem sete vasos de ouro que simbolicamente contêm a ira de Deus, sendo, portanto, o símbolo do juízo divino, ou de sua intervenção decisiva no drama da história. Finalmente, a glória e o poder de Deus invadem o templo, como é simbolizado na liturgia pelas densas nuvens de incenso (cf. Ex 40,34; 1Rs 8,10-11; 6,4): o acesso ao santuário é impossível. Portanto, por meio do revestimento simbólico, João significa que a liturgia histórica de Israel realmente não colocou o homem em contato com Deus e, até que a perfeita lição fosse completada, ninguém poderia realmente entrar em comunhão com Deus.

Cap. 16: O setenário das taças

É o centro da grande seção conclusiva do Apocalipse: após o prefácio que consiste no tríptico dos sinais (cap. 12–15), este setenário repropõe o mistério da intervenção definitiva de Deus na história humana para resolver o dramático conflito com as forças de ruim. Será seguido pela última parte do livro (17,1–22,5) com a função de expressar as consequências negativas e positivas dessa intervenção decisiva.

São retomados os esquemas e temas dos setenários anteriores (selos e trombetas), mas o desenvolvimento literário é muito mais restrito: dividido em sete partes, é pontuado por um refrão que inicia cada pequena cena. Também neste caso nota-se uma ampliação do sexto elemento, enquanto se alcança, no sétimo, o vértice de conclusão. Além disso, como para as trombetas, mesmo nesse setenário o substrato simbólico está ligado ao esquema das pragas do Egito de acordo com a narrativa do Êxodo em que Deus intervém para libertar seu povo e punir os opressores. Também essa intervenção definitiva marca uma distinção: julga aqueles que se opõem a ela, enquanto salva aqueles que a acolhem.

Como os outros setenários, também o das taças recebe sua própria conotação da visão que o introduz (15,5-8; cf. 11,19), que, apresentando a abertura do santuário, parece aludir à única ocasião em que, na liturgia de Israel, abria-se um acesso para que um homem ali pudesse entrar, isto é, o dia da expiação (cf. Lv 16). Muitos outros elementos concordam nesta orientação: os sete anjos se vestem de linho (15,6) como o sumo sacerdote (Lv 16,4), a fumaça do incenso enche o santuário celestial (15,8) como acontecia no Templo (Lv 16,13), as sete taças (*fiálai*) dadas aos anjos (15,7) correspondem aos vasos rituais para conter o sangue que o celebrante levava ao Santo dos Santos para fazer sete aspersões (Lv 16,14.15.19). Portanto, supomos que João desenvolveu este setenário a partir da festa judaica do *yom kippúr* ("dia da expiação"), uma vez que a comunidade cristã havia aprendido a pensar nessa liturgia de expiação como uma figura do sacrifício redentor de Cristo (cf. Rm 3,25; Hb 9,1-14). Com uma ideia teológica próxima à de Hebreus, o setenário das taças parece evocar a morte de Cristo como sacrifício de expiação que mudou radicalmente a situação da humanidade: ao derrotar o poder do mal, tornou possível a comunhão com Deus. Ao invés de se concentrar em toda a extensão da história da salvação, a atenção teológica de Deus se concentra em um único evento, o cumprimento definitivo dessa história.

As primeiras três taças e o interlúdio lírico (16,1-7)

Cada cena introduzida por uma taça corresponde a uma das sete trombetas; cada taça é derramada em um ambiente diferente, para significar o escopo universal do evento redentor, e causa uma catástrofe em geral semelhante a uma das pragas do Egito.

A *primeira taça* (16,2) corresponde à primeira trombeta (8,7) e diz respeito à terra, ao mundo dos homens: causa uma úlcera maligna, mas só àqueles que aceitaram a ideologia da besta e a veneraram em lugar de Deus.

A *segunda taça* (16,3) corresponde à segunda trombeta (8,8-9) e é derramada no mar, o ambiente do qual veio o símbolo do poder político corrupto (cf. 13,1).

A *terceira taça* (16,4) corresponde à terceira trombeta (8,10-11) e apresenta o dano causado às águas terrestres: a transformação em sangue repete a referência simbólica à mesma praga.

Então, a série setenária é interrompida por um *interlúdio lírico* (16,5-7), como aconteceu depois do terceiro anjo em 14,13 e como se repetirá após o terceiro anjo em 19,1-10. O anjo responsável por esse elemento reage à ferida das águas e explica o critério da retaliação usada no julgamento divino: aqueles que derramaram o sangue dos fiéis estão condenados a beber sangue. E é o próprio altar que faz ouvir sua voz para aprovar o divino operar. Esse interlúdio, portanto, ajuda a entender o significado do símbolo anterior: representa o julgamento contra a corrupção política e religiosa do poder.

As outras três taças (16,8-16)

A *quarta taça* (16,8-9) corresponde à quarta trombeta (8,12), diz respeito ao sol e produz um calor terrível; não parece se referir a uma praga do Egito, mas sim de maneira mais genérica à obstinada resistência do faraó. A resposta blasfema ao poder de Deus e a recusa de lhe dar glória são os emblemas do orgulho soberbo contra o qual se exercita o julgamento divino.

A *quinta taça* (16,10-11) não mais se refere a um ambiente geográfico, mas ao próprio símbolo do poder demoníaco: o julgamento divino se dirige diretamente à raiz da corrupção. Dada a trama geral das relações, também é possível reconhecer um contato com a quinta trombeta e o escurecimento do sol causado pela fumaça do abismo infernal (9,2). A obstinação no mal leva à blasfêmia que consiste precisamente em atribuir a Deus o dano causado aos homens pelo veneno demoníaco da rebelião, simbolizado pelos gafanhotos.

Embora o sexto elemento seja mais desenvolvido do que os outros, como de costume, neste caso o foco está no sétimo elemento, que representa o momento decisivo na história da salvação. A *sexta taça* (16,12-16) corresponde à primeira cena da sexta trombeta (9,13-19) e se relaciona com o Rio Eufrates (9,14), linha de fronteira oriental simbólica, de onde a cavalaria infernal começa a devastar a humanidade. O derramamento da sexta taça torna simbolicamente possível o ataque dos reis. Com a fórmula da visão, João introduz outra cena: da boca da tríade infernal surgem três espíritos imundos para organizar o embate escatológico e definitivo.

De repente, o discurso é interrompido para deixar a palavra para o próprio Cristo (16,15): a imagem da "vinda" chama a atenção para as cartas do início e prepara a insistência do final, indicando o centro ideal da revelação, precisamente porque é encravado no simbolismo do mistério pascal de Cristo. Esse breve interlúdio, portanto, recorda a dimensão litúrgica do Apocalipse e a necessidade contínua de seus leitores interpretarem os símbolos, ligando-os ao passado bíblico, mas aplicando-os à nova realidade da comunidade cristã.

Finalmente, o símbolo apocalíptico do confronto com os reis da terra evoca o evento culminante e trágico da morte de Cristo (16,16). O local da batalha é indicado pelo nome hebraico Armagedom, isto é, "Monte de Megido", palco de grandes batalhas, mas lembrado particularmente porque foi aí que, em 609 a.C., morreu em batalha o Rei Josias. A morte do rei piedoso, proponente da reforma religiosa, afetou profundamente os fiéis de Jerusalém e, séculos depois, o Profeta Zacarias apresentou a figura de um misterioso "traspassado" a quem todos olharão e que chorarão como Josias em Megido (Zc 12,10-11). Exatamente esse oráculo de Zacarias é citado por João sobre a morte de Cristo (Jo 19,37) e é retomado no início do Apocalipse (1,7), aludindo à vinda gloriosa dos *Kýrios*. Esse detalhe pode, portanto, aludir ao Gólgota, o lugar onde – segundo o apocalíptico cristão – ocorreu a batalha escatológica entre o Cristo e as forças adversas, marcando a derrota definitiva do mal.

O derramamento da sétima taça (16,17-21)

A *sétima taça* corresponde à sétima trombeta, que celebra o cumprimento do mistério de Deus e o advento do reino messiânico (11,15-19): alude, portanto, à dimensão cósmica do *kipúr* simbólico ("expiação") operado pelo sangue de Cristo. Os efeitos deste evento são evocados pela poderosa voz divina que vem do "santuário" e "trono", símbolos da presença ativa de Deus: em Cristo, o projeto divino de salvação "está consumado". A lista dos habituais fenômenos catastróficos indica a intervenção definitiva de Deus, que anula completamente a história: essa é a última ocasião em que esses fenômenos aparecem no Apocalipse e assumem uma ênfase literária particular, especialmente o terremoto e o saraivada. A natureza excepcional dessas catástrofes diz, com linguagem apocalíptica, a singularidade de um evento único: o mistério pascal de Cristo. A referência final à cidade de Babilônia prepara o tema da seguinte grande cena sobre as consequências da intervenção messiânica.

17,1-22,5: Julgamento e salvação

A interpretação desta última parte do livro está entre as mais controversas; ao longo dos séculos, as opiniões dos exegetas foram as mais divergentes; e ainda hoje as explicações são muito diferentes. Na linha hermenêutica proposta, o fim do Apocalipse pode ser lido como a revelação festiva e comovente da novidade: a assembleia litúrgica relê os oráculos proféticos contra a inimiga Babilônia e as antigas profecias sobre a Jerusalém messiânica e, como uma comunidade de Cristo, celebra com entusiasmo a realização já iniciada das promessas e renova, ao mesmo tempo, o desejo e a expectativa do cumprimento final. Esta última seção, portanto, retoma o tema do setenário das taças e desenvolve suas consequências: o mistério pascal de Cristo, como intervenção decisiva de Deus na história da humanidade, representa o julgamento contra o poder demoníaco do mal e a inauguração de uma nova realidade.

A estrutura literária dessa seção pode ser determinada a partir de um evidente fenômeno de inclusão. De fato, o versículo 17,1 repete-se quase identicamente em 21,9: em ambos os casos, é solenemente introduzido como anjo intérprete um dos sete que derramaram as taças. Estes mostram a João duas realidades simbólicas particularmente importantes e contrastantes: a prostituta-Babilônia (17,1-18) e a noiva-Jerusalém (21,9–22,5). Entre esses dois extremos aparecem quatro unidades temáticas, cada uma introduzida pela visão de um anjo diferente (18,1-20; 18,21-24; 19,17-21; 20,1–21,8); no centro domina a figura do "*Logos* de Deus" que desce do céu para o grande embate (19,11-16). Em tudo, portanto, sete cenas: estruturação habitual para o Apocalipse. Além disso, após o terceiro elemento, antes do quadro central, um interlúdio lírico interrompe o esquema e oferece pistas interpretativas. Encontramos o mesmo esquema de composição da seção que precede o derramar das taças, onde seis anjos rodeiam o Filho do Homem

(14,6-20): se aquela série representa a preparação, esta é, de maneira especular, o complemento das sete taças.

Por meio do papel central do "Rei dos reis, Senhor dos senhores", a complexa estrutura expressa um movimento de passagem de uma cidade para outra, isto é, de Babilônia para Jerusalém, da prostituta para a noiva, do antigo para o novo. As duas imagens fundamentais (a cidade e a mulher) são intercambiáveis e resumem a ideia de relação. A cidade evoca diretamente uma vida social, composta de relações e contatos com muitas pessoas; a cidade é o signo da coexistência humana. Da mesma forma, a mulher recorda a relação pessoal e é o sinal típico do amor e de uma vida de comunhão. Mas ambos os símbolos têm duas implicações: a cidade pode ser Babilônia ou Jerusalém e a mulher pode ser uma prostituta ou a noiva. O terreno da relação é, portanto, o lugar decisivo da intervenção de Deus e o profeta apocalíptico celebra justamente a obra do Cristo ressuscitado que tornou possível uma nova vida de relacionamento com Deus e com a humanidade: a prostituta marcou o fim da Babilônia (humanidade corrupta) e deu vida a Jerusalém, à esposa (humanidade redimida).

Babilônia, a prostituta (cap. 17)

A primeira cena se concentra na visão da figura feminina negativa, identificada com uma cidade e uma prostituta. A histórica cidade da Babilônia, o grande inimigo de Israel, a causa da ruína do Templo e da Cidade Santa, tornou-se na era judaica, graças a alguns poemas proféticos (cf. Is 13–14; 21; Jr 50–51), o próprio símbolo do poder maligno e demoníaco; no ambiente apocalíptico, o seu fim tornou-se sinal da destruição de toda força perversa.

A interpretação desse símbolo tem sido muito variada ao longo dos séculos e ainda hoje não encontra acordo entre os exegetas; portanto, o decisivo é esclarecer "o mistério da mulher", mantendo-a distinta da figura da besta. As principais explicações podem ser resumidas da seguinte forma: a) aqueles que leem o Apocalipse como uma previsão de eventos futuros reconhecem na Babilônia o símbolo de *alguma poderosa realidade corrupta*, futura em relação ao autor, mas contemporânea de quem a reconhece (p. ex.: o Sacro Império Romano degenerado, a corrupção da hierarquia eclesiástica, a realidade islâmica); b) como reação a esse método incorreto, o sistema interpretativo denominado "escatológico" via na Babilônia uma *realidade demoníaca* aliada ao anticristo, ou a figura mítica do inimigo que no final dos tempos se oporia a Deus e a Cristo; c) os exegetas modernos, por outro lado, que dão grande peso ao ambiente histórico em que o Apocalipse foi composto, veem na prostituta simbólica uma alusão aos *falsos profetas* que colocam a comunidade em crise, induzindo a frouxidão moral e o sincretismo religioso; d) muitos pesquisadores contemporâneos, vendo no Apocalipse uma polêmica antirromana, reconhecem na Babilônia um símbolo de *Roma*, da arrogante estrutura de poder que quer submeter a todos chegando à autodivinização; e) outros estudiosos, enfim, considerando o Apocalipse um ensaio teológico antijudaico, veem na figura de Babilônia uma alusão paradoxal a *Jerusalém*, isto é, à corrupção do poder religioso judeu que foi vendido ao poder político romano.

Cada uma dessas propostas interpreta um aspecto da grande imagem apocalíptica, com maior ou menor aderência ao texto, sem, no entanto, esgotar sua força evocativa. Por isso a riqueza do símbolo e seu valor universal levam à superação de uma identificação precisa, de modo a alcançar um sentido universal, tão profundo que pode ser atualizado por todo leitor em qualquer época. Não se trata de nenhuma explicação "atemporal" ou "moralista", mas visa-se a colocar o símbolo na grande imagem da história da salvação, para destacar que, com o evento pascal, Cristo mudou o destino da humanidade: partindo de fatos e situações concretas do final do século I, o teólogo poeta criou uma imagem nova e "mística" que, com linguagem profética, evoca a corrupção da própria humanidade, que trai seu Senhor e faz uma aliança com a besta.

Por isso João usa a importante palavra *mystérion*: a condenação da grande prostituta indica a ruína de toda força maligna que corrompe a humanidade (cf. 2Ts 2,7: "o mistério da iniquidade"), ou seja, da mesma humanidade pervertida e corrupta, que, no entanto, não é destruída, mas redimida e transformada na noiva do Cordeiro. De fato, há uma continuidade narrativa e simbólica entre a mulher que foi perseguida no deserto pela serpente (12,14) e essa prostituta que fez uma aliança com a besta: na última seção do Apocalipse (cap. 12–22) pode-se, portanto, reconhecer um caminho simbólico que parte da mulher do capítulo 12 e, passando pela do capítulo 17, culmina no capítulo 21 com a terceira figura feminina que é a "esposa do Cordeiro" (21,9). O símbolo da mulher, portanto, recorda a própria humanidade, isto é, a pessoa ou a natureza humana, caracterizada por diferentes situações e atitudes: é precisamente para isso que a ação divina se concentra para realizar sua *mística* (cf. 10,7).

No começo do capítulo 17 uma conexão marcante com o setenário anterior das taças introduz o anjo intérprete que promete mostrar ao vidente "a condenação da prostituta". Após a descrição da mulher com muitos detalhes simbólicos, o intérprete revê os cinco elementos acima mencionados e explica seu significado alegórico. Sobretudo o enigma das sete cabeças e dos dez chifres ocupou os exegetas do Apocalipse ao longo dos séculos em um esforço vão de transformar essas alusões em um esboço histórico preciso do século I: é conveniente renunciar a uma estrutura lógica e realista. De fato, o autor apresenta a sucessão de governantes individuais como uma realidade transitória, manifestação do único poder bestial, emissário de satanás, destinado à aniquilação. A besta demoníaca do poder, que primeiro sustenta a humanidade corrupta, então se volta contra ela e a derruba: mas o cumprimento final é, em todo caso, a vitória do Cordeiro e de seus aliados.

Ao delinear essa perspectiva, João sente-se muito próximo da situação e do pensamento de Ezequiel, pois – na perspectiva cristã – a queda de Jerusalém no ano 70 é um sinal da intervenção punitiva de Deus contra a infidelidade (prostituição) de seu povo, como fora interpretada pelos antigos profetas a destruição dos babilônios no século VI a.C.: o mesmo poder político corrupto com o qual a mulher havia se envolvido se tornou um instrumento para o cumprimento das palavras divinas. Contudo, a imagem apocalíptica não se detém em um evento histórico, ela fala da situação de cada homem em todas as épocas e, portanto, pode ter uma infinidade de aplicações concretas.

O anúncio e o lamento (18,1-20)

A aparição de outro anjo marca o início de uma nova cena, não mais descritiva, mas lírica. A queda e Babilônia, tema de toda a seção, já havia sido anunciada pelo segundo anjo da série de sete anos que precedeu as taças (14,8); o segundo anjo desta nova série retoma o mesmo anúncio e outras vozes são adicionadas à sua para comentar o evento; entre esses dois anúncios há o próprio evento, evocado pelo derramamento da sétima taça (16,19). Ao compor essa seção, que tem a tarefa de comentar o evento como coro lírico, João inspirou-se em alguns poemas veterotestamentários e esboçou imagens e fórmulas significativas.

Essa cena inclui três partes distintas: em primeiro lugar, o anúncio da queda da Babilônia por um poderoso anjo (18,1-3); então há o convite para deixar a cidade pecaminosa para não participar de sua condenação (18,4-8);

finalmente, um complexo lamento coral pela queda da cidade, dividido em três estrofes cantadas por diferentes coros: primeiro os reis da terra (18,9-10), depois os mercadores da terra (18,11-17a) e finalmente os marinheiros (18,17b-20). O último versículo (v. 20) na verdade não pertence mais ao lamento dos marinheiros, mas é desprovido de rastreamento narrativo: é um fragmento lírico que abandona o esquema literário anterior e destaca a função coral interpretativa. A própria comunidade litúrgica parece intervir para celebrar o evento em que Deus fez justiça.

O gesto simbólico da pedra lançada ao mar (18,21-24)

A terceira cena contém o comentário lírico de uma ação simbólica de natureza profética. O autor insiste na repetição (seis vezes) da fórmula "não... mais", para destacar o fim da vida na cidade, caracterizada por várias relações. O fim da cidade corrupta é atribuído à "magia", que é uma deformação da religião, uma alegação ilusória e demoníaca de ter domínio sobre Deus. Nesse sentido, Babilônia "se prostituiu": ela deformou o relacionamento com Deus, tornando-se um instrumento satânico para enganar o mundo.

O último versículo da cena (v. 24) já não é dirigido diretamente para a cidade caída, mas parece um glossário explicativo, isto é, uma intervenção hermenêutica do autor para caracterizar mais fortemente a causa da destruição e introduzir o tema seguinte: a intervenção divina representa de fato o julgamento do sangue derramado pelo poder corrupto (19,2) e de maneira paradoxal se realiza e exatamente no derramamento do sangue do Cordeiro (cf. 5,9; 7,14; 19,13).

O interlúdio lírico (19,1-10)

O parêntese comemorativo, que interrompe as cenas, é particularmente extenso e divide-se em duas partes principais: um hino de louvor e um diálogo didático. Em primeiro lugar, o cântico aleluiático (19,1-8) é construído de maneira sofisticada, contrastando a condenação da cidade/prostituta (anteriormente discutida) com as núpcias da cidade/esposa (das quais se tratará mais adiante). Esse pequeno poema de interlúdio é justificado por dois motivos: a inauguração do reino messiânico, que se refere ao hino da sétima trombeta (cf. 11,17), e a celebração das núpcias entre o Cordeiro e "sua mulher", um tema que ocupará a última seção (cf. 21,2; 21,9–22,5). A intervenção escatológica do Cordeiro divino, portanto, destrói o mundo corrompido e transforma a humanidade ("a mulher"), de prostituta em noiva, tornando-a capaz de autêntica comunhão com Deus ("as núpcias"). A última parte do versículo 8 não pertence mais ao cântico, mas é um glossário explicativo: o vestido que é dado à noiva para vestir é reconhecido como o efeito da redenção operada por Jesus Cristo, que colocou a humanidade na justa relação com Deus.

O cântico é seguido por um diálogo didático (19,9-10), em que alguém convida o autor a escrever a quarta das sete bem-aventuranças do Apocalipse. A reação de adoração que João tem em relação a essa figura é seriamente proibida: só Deus deve ser adorado, porque os anjos são "servos" da revelação divina como João e as outras pessoas que, guiadas pelo espírito de profecia, mantiveram vivo o testemunho do messias.

A intervenção do *Logos de Deus* (19,11-16)

No centro da seção, precedida e seguida por três anjos, aparece uma figura simbólica claramente identificada com Jesus Cristo. A fórmula usual de visão introduz a unidade, inteiramente dedicada à descrição do personagem: a recuperação de muitos elementos simbólicos já encontrados e a colocação na estrutura geral levam a considerar a perícope como outra descrição da intervenção de Deus na história por meio da pessoa e da obra de Jesus Cristo. A insistência em seu nome o apresenta como conhecido, embora incognoscível: no entanto, graças ao título *"Logos de Deus"* a identificação torna-se clara. Além disso, sua ação, caracterizada pelo julgamento e marcada pelo sangue, remete ainda ao evento pascal em que o Messias demonstrou o autêntico senhorio divino.

No contexto simbólico da última seção, portanto, bem no quadro central, João recorda o papel decisivo de Cristo em seu mistério de morte e ressurreição, apresentando-o por meio da imagem – típica do apocalipse – de uma luta entre dois lados opostos: de sua "batalha escatológica", portanto, derivam julgamento e salvação.

O gesto simbólico do convite ao banquete macabro (19,17-21)

A visão de outro anjo marca o início de uma nova cena, que corresponde simetricamente à terceira (18,21-24): àquele gesto simbólico de destruição corresponde esta imagem com a qual queremos evocar o resultado do embate entre o *Logos* e a besta. O anjo faz um convite aos pássaros do céu, reproduzindo um detalhe do poema apocalíptico contra Gogue e Magogue, símbolos dos inimigos de Israel que serão destruídos pela intervenção de Deus (Ez 38-39). Essa imagem de um banquete macabro, em contraste com a festa das núpcias do Cordeiro, mais uma vez sublinha o efeito duplo e oposto da intervenção divina na história.

Um rápido esboço descreve os dois lados opostos: de um lado, o símbolo do poder político corrupto cercado por homens que o exercem concretamente na história; por outro lado, o símbolo do *Logos* de Deus. Com uma sobriedade incomum no gênero apocalíptico a esse respeito, João apenas sugere uma guerra, sem qualquer descrição: de repente, ele passa a descrever o resultado do confronto com a neutralização do exército bestial. O fim dos poderes corruptos consiste em serem precipitados no lago de fogo e enxofre, enquanto os poderosos da terra são aniquilados pela palavra de Cristo, simbolizada pela espada.

As consequências do embate: os mil anos (20,1-21,8)

Exatamente por ser a sexta, esta unidade simbólica é mais desenvolvida do que as outras. Há muitas imagens que se seguem nesta seção, dando a impressão de confusão; mas com base em elementos formais e de conteúdo, ela pode ser dividida em cinco estruturas, dispostas em modo paralelístico-concêntrico. Toda a cena é incluída por dois movimentos de descida: o inicial marca a punição de satanás (20,1), enquanto o final mostra o dom de uma nova comunhão com Deus (21,2). Com base nessa estrutura, pode-se dizer que a sexta cena retoma e aprofunda os temas já desenvolvidos: como de costume, dá um passo atrás, retomando a imagem da batalha escatológica, para destacar todas as consequências, além das negativas, especialmente a positiva que é a fundação de uma nova Cidade Santa.

Os primeiros quadros são dominados por um símbolo numérico, difícil de interpretar: "os mil anos" (20,2.3.4.5.6.7). Toda a exegese da seção depende do significado atribuído a esse símbolo. Já nos primeiros séculos do cristianismo, as opiniões sobre esse número eram muito divergentes, a ponto de dar à luz a uma escola de pensamento chamada "milenarismo" (ou, do grego, "quiliasmo"). A ideia do milênio não é original do Apocalipse; antes, deriva de uma opinião judaica generalizada sobre os sete mil anos do mundo e sobre o reino intermediário do Messias: a duração desse período é indicada de muitas maneiras, mas algumas fontes importantes falam de mil anos.

Talvez João use esse símbolo precisamente porque ele é conhecido e pretende inseri-lo em sua própria interpretação messiânica.

Apesar das inúmeras diferenças, as opiniões dos exegetas sobre o significado do milênio são substancialmente reduzidas a duas: interpretação cronológico-literal ou então simbólico-espiritual. A ideia de um reino terrestre do Cristo da real duração de mil anos foi compartilhada por muitos escritores cristãos até os séculos III e IV; condenada pelo Concílio de Éfeso (431), ressurgiu apenas em alguns movimentos medievais e nas seitas fundamentalistas modernas. Por outro lado, a interpretação simbólica e espiritual desses "mil anos" remonta a Orígenes e Agostinho e é hoje a mais comumente sustentada. Com essa imagem, João parece apresentar a poderosa influência de Cristo na história; mas, significando esses mil anos como o período da ressurreição de Cristo até sua gloriosa vinda, muitos detalhes do texto apocalíptico permanecem difíceis de entender ou oferecem ideias únicas no Novo Testamento e não incorporadas na tradição teológica cristã. Se, em vez disso, lermos esse símbolo como uma imagem adicional para apresentar a intervenção divina na antiga aliança, enquanto alguns detalhes permanecem incertos, a totalidade da seção adquire uma racionalidade teológica e retoma, em resumo, a mensagem da história da salvação já proposta várias vezes.

No *primeiro quadro* (20,1-3) aparece um anjo que acorrenta satanás, como um sinal da intervenção divina que limita os danos causados pela rebelião à humanidade: podemos assim entender o milênio como se referindo à primeira intervenção salvífica de Deus na aliança antiga. Portanto, a cena termina com uma tensão para a realização desse período milenar e uma nota teológica do autor afirma a "necessidade salvífica" da libertação de satanás: a atenção está claramente voltada para um evento decisivo ainda a ser cumprido.

No *segundo quadro* (20,4-6), João alude às figuras dos antigos mártires, violentamente mortos porque acreditavam em Deus, esperavam no Messias e não se conformavam com a corrupta mentalidade dominante. Como os mortos sob o altar recebem a veste branca, um sinal de participação na ressurreição (6,11), como as duas testemunhas são ressuscitadas por um espírito de vida (11,11), assim é dito desses "executados" que "eles viveram e reinaram" com o Cristo (já que o Messias existe e opera antes mesmo de sua aparição histórica), ao contrário dos outros mortos, que devem esperar pelo cumprimento do tempo (os mil anos), que é a intervenção decisiva do

Cristo. Essa situação, particular e reservada a poucos, é chamada de "primeira ressurreição", antecipação da definitiva e universal.

O *quadro central* (20,7-10) propõe o êxito do embate que marca a derrota definitiva de satanás e provavelmente se refere, como as imagens análogas anteriores, ao mistério pascal de Cristo. De acordo com a estrutura simbólica de Ezequiel, o objetivo da guerra é a cidade de Jerusalém, que, no entanto, não é mencionada: na verdade, mais do que a cidade histórica, trata-se de um simbólico resto fiel, vítima da opressão demoníaca. Sob o véu das imagens apocalípticas podemos vislumbrar o mistério pascal de Cristo, o cume de uma história de amor e morte: o Messias enfrenta o choque com o império das trevas e, morrendo, vence.

No *quarto quadro* (20,11-15) é celebrado o juízo universal: diante do trono divino, símbolo do governo cósmico ("grande") e destinado a dar a vida ("branco"), todos os mortos são reunidos na posição dos viventes. À luz de Jo 12,31 esse julgamento pode ser entendido como uma alusão aos efeitos da morte de Cristo que marca a derrota do poder demoníaco e comunica aos homens o dom da vida divina: constitui, portanto, o fundamento do juízo e da salvação, para toda a humanidade sem distinção.

O *quinto quadro* (21,1-8) dessa seção chama a atenção para os efeitos positivos do evento apocalíptico: perícope fragmentária ou antológica, rica em muitos elementos estilísticos e teológicos diferentes, constitui um mosaico em miniatura que anuncia a esplêndida "boa-notícia". O primeiro e fundamental anúncio é a "nova" realidade que a comunidade cristã experimenta e testemunha: a cidade/esposa, imagem da comunhão com Deus possibilitada pelo mistério pascal, recorda, portanto, a singular novidade de Jesus Cristo. Do trono divino vem uma voz que proclama uma série de oráculos proféticos, indicando na nova cidade o início da realização do projeto divino: é uma espécie de liturgia cristã em que a comunidade celebra a intervenção efetiva de Deus e à sua luz interpreta sua própria história presente, expressando o anseio pela plenitude futura. A intervenção do próprio Deus dá solenidade a esse ápice de revelação: Ele confirma a mensagem, dirigindo-se ao profeta o convite para colocá-lo por escrito. Após a apresentação de si mesmo, o Senhor do cosmos e da história descreve sua ação e anuncia o prêmio concedido ao vencedor. Essa parte, tipicamente profética, é caracterizada por verbos no futuro: na verdade, apresenta uma realidade já iniciada, mas destinada a continuar e crescer no futuro até a plenitude definitiva. O quadro termina com uma fórmula de exclusão, listando os tipos de pessoas que não podem herdar os bens escatológicos, porque se recusaram a aceitar a revelação de Deus.

Jerusalém, a esposa (21,9–22,5)

A última cena da seção, em contraste com a primeira (17,1-18), enfoca a visão da figura feminina positiva: a condenação da prostituta e a destruição de Babilônia é contrastada com a apresentação da noiva que é a nova Jerusalém. Ápice do Apocalipse, esse texto literário celebra a implicação positiva do julgamento de Deus sobre a história, já antecipado em 21,1-8: trata-se de um texto nascido da liturgia que encontra o seu próprio ambiente vital na celebração litúrgica, como um louvor coral de uma comunidade que reconhece o dom da nova vida e anseia pela consumação final. Para celebrar o cumprimento do projeto salvador operado por Cristo, a imagem da "Cidade Santa" se prestava muito bem como vértice final e por isso João continua a releitura do Antigo Testamento, compondo um florilégio com vários símbolos de boa relação: a eleição do povo, a aliança e a herança, as doze tribos e os doze apóstolos, a presença de Deus e suas núpcias, a filiação divina e a contemplação do rosto amado.

Em relação antitética com a descrição de Babilônia, essa visão tem como objeto a outra consequência do mistério pascal simbolizada pelo derramamento das taças: a preparação da noiva para o Cordeiro e a fundação de uma nova Cidade Santa por parte do próprio Deus. A destruição de Jerusalém em 70 d.C. levou o judaísmo a desenvolver uma nova organização religiosa e até mesmo os discípulos de Jesus se viram diante de um terrível acontecimento que carecia de uma interpretação. Talvez como o Profeta Ezequiel no exílio planejou a reconstrução de Jerusalém, o Profeta João anuncia a realização de uma nova cidade por Deus. Na verdade, a introdução da cena (21,9-11) segue o início da Torá de Ezequiel (cf. Ez 40,2): aos olhos da comunidade cristã a destruição da Cidade Santa pelos romanos pode ter parecido um sinal do fim do mundo antigo, corrompido e julgado por Deus; ao mesmo tempo, porém, a pregação do Evangelho a todos os povos é proposta como a imagem de uma nova realidade, possibilitada pela intervenção escatológica de Deus em Cristo.

A seguir, a atenção se volta para a descrição (21,12-23) dos elementos simbólicos, de acordo com a forma das cidades antigas: as paredes, as portas e os alicerces. João usa o conceito de "medir" para significar o desenho de um edifício e comunicar uma avaliação da realidade por meio de seu simbolismo, principalmente com base no número 12, que qualifica como uma nova comunidade profundamente unida ao seu Senhor, como própria morada de Deus. Particularmente, as 12 portas, três para cada ponto cardeal, apresentam-na em relação às tribos de Israel e aos apóstolos de Cristo, abertos ao mundo inteiro em todas as direções. Então o anjo intérprete se ocupa do material de construção: a preciosidade do ouro, do jaspe e das pérolas diz que é o mesmo mundo de Deus e a alusão às pedras preciosas colocadas no peitoral do sumo sacerdote (cf. Es 28, 15-21) provavelmente declara a natureza sacerdotal da nova cidade. Os últimos elementos descritivos sublinham duas importantes ausências na nova realidade, a ponto de evidenciar um forte contraste com a cidade histórica de Jerusalém. De acordo com uma imagem profética (Is 60,19-20), não há mais luzeiros, porque a luz é suprida diretamente pelo Senhor (21,23); mas principalmente, ao contrário do projeto de Ezequiel, na cidade não há mais Templo, porque o próprio Senhor é o Templo (21,22). Ambos os versículos terminam com a referência ao Cordeiro em uma posição enfática: junto de Deus, de fato, o Cordeiro, isto é, Jesus Cristo que morreu e ressuscitou, é um templo e um candelabro (cf. Jo 2,19-21). A novidade de Jerusalém está precisamente nesse novo relacionamento com Deus por meio da pessoa e do sacrifício existencial de Cristo, o modelo fundamental que ilumina a nova comunidade.

A longa descrição é seguida por uma breve perícope profética (21,24-27), caracterizada por verbos no futuro: trata-se de um mosaico de citações proféticas, que são dadas por concluídas ou em vias de conclusão. A ideia principal é a da relação pacífica da nova Jerusalém com todos os povos: com as imagens da antiga liturgia de Israel para as celebrações da peregrinação, João celebra assim a reunião universal dos povos e indica a "novidade" como meta pela qual se esforça toda a humanidade. A luz é o tema dominante e o encontro entre a glória de Deus e a glória das nações simbolicamente representa o ideal luminoso da nova possibilidade de comunhão entre Deus e o homem. A seção é concluída por uma fórmula de exclusão (v. 27) que – de acordo com o modelo já presente em 21,8 – anuncia o interdito a toda realidade impura.

Uma fórmula de demonstração marca o início de uma segunda parte, composta de descrição e profecia (22,1-2), que retoma imagens já mencionadas e introduz outras novas e muito importantes. Deus e o Cordeiro constituem o novo templo do qual jorra o rio que dá vida; da mesma forma, no meio da nova cidade, a árvore da vida produz frutos. Os símbolos da comunhão com Deus, no início e no final da Bíblia, expressam com lucidez a parábola da experiência humana, uma história de pecado e salvação, de amizade perdida e de comunhão filial retornada.

Com uma fórmula tirada de Zacarias (Zc 14,11), que anuncia o dia escatológico, é apresentada a adoração eterna e luminosa a Deus e ao Cordeiro por seus servos (22,3-5). No caso de Jesus Cristo, portanto, a novidade foi realizada: no presente, é doada à sua Igreja e no futuro será plenamente cumprida para toda a humanidade. A última visão do Apocalipse é, portanto, uma releitura cristã das Escrituras para expressar a alegre celebração do paraíso redescoberto.

22,6-21: Diálogo litúrgico final

A obra se conclui como começou, com uma linguagem litúrgica e uma estrutura dialógica. A intenção de criar uma conexão com o começo é evidenciada pela repetição de algumas fórmulas importantes: a memória da revelação (1,1 e 22,6), a definição da obra como uma profecia (1,3 e 22,7.10.18.19), a insistência no testemunho (1,2 e 22,16.18.20), a afirmação de o tempo estar próximo (1,3 e 22,10) e a presença de bem-aventuranças (1,3 e 22,7.14).

Como no diálogo litúrgico inicial, a última seção do Apocalipse apresenta uma espécie de celebração simbólica em que o anjo intérprete e o próprio Jesus tomam a palavra, além de João e da assembleia. Não podemos falar de uma verdadeira estrutura, mas de partes diferentes dependendo do personagem que as pronuncia; a insistência está na natureza profética da obra, o tema norteador é a vinda de Cristo e o tom está definitivamente crescendo em direção ao final solene.

O autor se apresenta expressamente (v. 8) como João (cf. 1,1.4.9), intérprete dessa revelação: pela segunda vez (cf. 19,9-10), ele fala de sua tentativa de adorar o anjo e da proibição severa que lhe foi comunicada. Em clara oposição às práticas de um culto angélico, o autor ensina que somente Deus deve ser adorado; os anjos são "servos" da revelação divina como João (1,1) e os outros homens (1,1; 22,6) que, guiados pelo espírito de profecia, assimilaram essa palavra. Um esclarecimento é necessário para evitar ilusões, já que a nova realidade não significa a eliminação dos ímpios (v. 11). O Apocalipse, na verdade, oferece a possibilidade de compreender o significado da dinâmica histórica e comunica a certeza da solução divina já operante, mas também reconhece o respeito pelas escolhas históricas dos homens.

Quando o próprio Jesus retoma a palavra, Ele o faz para reafirmar a origem divina dessa revelação e sua destinação à comunidade cristã (v. 16), portanto, para garantir a completude da profecia (v. 18-19): no final de todo o cânon cristão essa afirmação solene apresenta Jesus Cristo como a plenitude da revelação, que se encerra com Ele, sem esperar por novos acréscimos nem admitir qualquer redução.

A afirmação de Cristo desperta o entusiasmo da assembleia litúrgica: esta é a noiva, descrita um pouco antes (21,2.9), e seu desejo é movido pelo Espírito de Deus que recebeu. Cada fiel que escuta o Apocalipse sente nascer o desejo da vinda de Cristo, mas o mesmo convite é dirigido ao ouvinte (cf. Jo 7,37-39): parece óbvia referência à vida sacramental da Igreja que afirma a possibilidade atual para aqueles que desejam aceder gratuitamente à fonte da vida (cf. 21,6; 22,1).

Pela terceira vez (v. 20), o Cristo ressurreto, testemunho digno de fé e fiador de revelação, repete o compromisso de vir sem demora: para Ele a comunidade cristã, sujeito implícito, responde expressando seu assentimento e seu desejo. Assim, na dimensão da liturgia, o passado o presente e o futuro são fortalecidos e se complementam: o Senhor *veio* nos eventos fundamentais de sua Páscoa, *vem* na vida da Igreja através da história, *virá* para a consumação final. Portanto, a comunidade que lê essa revelação recorda, vive e espera.

Mensagem teológica

Jerônimo, dizendo que o Apocalipse é superior a qualquer elogio possível, também destacou a dificuldade em interpretá-lo: "*Tot habet sacramenta quot verba* (contém tantos mistérios quantas são as palavras)". Para poder entrar nesse universo fantástico e saboreá-lo plenamente, é necessário, por parte do leitor, uma atitude de "simpatia", com a disposição paciente de viver e compartilhar a experiência da comunidade cristã reunida em torno do vidente de Patmos.

O conhecimento da forma literária e do ambiente de origem constitui a base indispensável para a compreensão do Apocalipse; mas para ser capaz de entender corretamente a mensagem que o autor queria comunicar aos seus leitores, é necessário destacar algum outro fator literário que determina profundamente o significado teológico. Para interpretar um texto, de fato, é necessário antes de tudo respeitar o próprio texto e sua realidade; ao Apocalipse em vez disso se fez dizer de tudo, realmente porque muitas vezes sobre o "texto" prevaleceu a "cabeça" do leitor. Destacamos, portanto, alguns critérios hermenêuticos fundamentais, a serem sempre lembrados na exegese da obra.

O ambiente litúrgico

Antes de mais nada é necessário reconhecer que o Apocalipse é um texto dirigido a uma comunidade cristã e nascido em íntima relação com a celebração litúrgica do mistério pascal. Não é obra de um indivíduo isolado e sonhador, separado de seus leitores e fora do tempo; não é sequer um escrito esotérico que visa a transmitir informações confidenciais a um círculo secreto de iniciados; antes, representa o compromisso eclesial de formar uma mentalidade autenticamente cristã, transmitindo a mensagem evangélica a uma comunidade que, apesar de já ser cristã, por diversas razões entra em crise diante de sérias notícias que a perturbam.

Enraizado na liturgia, o Apocalipse é, portanto, essencialmente uma celebração do mistério pascal de Cristo, o acontecimento fundamental que constitui a chave da leitura e o princípio dinâmico de uma história totalmente nas mãos de Deus. Por isso, a obra está idealmente situada "no dia do Senhor" (1,10): dia escatológico da intervenção de YHWH, isto é, o dia da Páscoa, mas também cada domingo como o dia da comunidade cristã que celebra a ressurreição de Cristo. No dia do Senhor (*dies dominica*) a assembleia litúrgica encontra o Cristo ressuscitado (esse é o significado da primeira visão: 1,9-20), vive a experiência do Espírito (1,10; 4,2; 22,17) e compreende ativamente o significado de sua própria história.

A releitura cristã do Antigo Testamento

Em segundo lugar, é necessário reavaliar a meditação das Escrituras, pois é a ação fundamental que a comunidade realiza na celebração litúrgica: o Apocalipse é uma profecia na medida em que expõe o pensamento autêntico de Deus, plenamente apreendido na revelação do Messias.

No entanto, o método apocalíptico de usar as Escrituras não conhece citações diretas com fórmulas introdutórias; portanto, nenhuma citação explícita aparece no Apocalipse, mas é sempre uma questão de reminiscências e alusões. Em todo caso, trata-se também de reinterpretação, porque o autor usa os textos das escrituras como seu "grande códice", o tesouro do qual extrai material antigo para comunicar uma nova mensagem dentro de um plano orgânico. Ele aborda as passagens bíblicas de maneira temática e sutil; para criar a mesma cena, toma elementos de vários livros e os compõe, com retoques e acréscimos, tão originais que determinam um novo significado.

O Livro do Apocalipse é, portanto, como um grande mosaico, cujas peças derivam na grande maioria de representações anteriores: o objeto que representa – a glória do Cristo *Pantokrátor* – é, no entanto, novo e é precisamente a essa novidade de significado que o autor quer conduzir sua comunidade.

O uso do simbolismo

Para exprimir a mensagem cristã, o autor apocalíptico usa o simbolismo em grande abundância; mas, ao contrário do Quarto Evangelho, que narra fatos históricos com função simbólica, no Apocalipse, os sinais são o resultado da imaginação, concebidos e organizados com a intenção de expressar o sentido da história universal da salvação e da transformação pessoal do cristão.

O Apocalipse é, portanto, uma antologia bem organizada de visões e esse mesmo esquema literário pertence a um modo simbólico de comunicação: são de fato visões teológicas do mundo, que oferecem uma concepção particular da vida e da história. O próprio autor especifica no título da obra (1,1) que sua comunicação ocorre por meio de sinais, que devem ser corretamente interpretados à luz da cultura de origem, isto é, do mundo bíblico e da cultura judaica do século I.

O imenso material simbólico é coletado de acordo com esquemas setenários, coerentes e progressivos, por isso essa mesma ordem ajuda a entender a mensagem e continuamente desafia o leitor/ouvinte, pedindo-lhe uma colaboração inteligente: somente uma operação hermenêutica contínua lhe permite aplicar o significado à sua própria situação concreta. O gênero apocalíptico, além de estar ligado ao movimento profético, é também herdeiro das escolas sapienciais e cultiva apaixonadamente o gosto pela pesquisa, pelo estudo e pela interpretação dos sinais.

Enquanto símbolos, as imagens do Apocalipse têm um alcance universal e comunicam a mensagem cristã em uma dimensão cósmica que é válida para todos os tempos e todas as situações históricas; o leitor tenta decodificá-los para entender seu valor e mensagem, mas não pode substituir o símbolo por uma fórmula conceitual ou uma identificação histórica específica: o símbolo deve permanecer como símbolo, porque é apenas permanecendo assim que continua a comunicar.

Atenção à história

O interesse fundamental do Apocalipse diz respeito à história, mas não é fácil dizer de que história se trata: dependendo das respostas, as interpretações que dela derivam são muito diferentes.

A interpretação do Apocalipse como uma previsão de *eventos históricos futuros* começa com Joaquim de Fiore (1130-1202) e, atravessando a Idade Média e a Idade Moderna, chega até nós. Embora hoje seja superada pelos exegetas, ainda é seguida por seitas e movimentos tendentes ao fanatismo: esse sistema é a coisa mais subjetiva que se possa imaginar, uma ferramenta válida para se dizer qualquer coisa contra alguém. Tal método, estressando a ideia da revelação transcendente, não leva em conta de modo algum a contribuição do autor e dos destinatários humanos, isto é, o ambiente de origem, o uso do Antigo Testamento e o sentido do gênero apocalíptico. Pode-se afirmar com certeza que essa abordagem é incorreta e falsifica o significado da obra; na falta dos pontos seguros de referência entre o texto e a história, toda explicação será inevitavelmente infundada.

Em reação às excessivas fantasias exegéticas do método anterior, desenvolveu-se no final do século XVI o sistema interpretativo chamado "escatológico", segundo o qual o Apocalipse lida com os eventos finais da história, não se importando com a fase intermediária, mas profetizando o futuro fim do mundo. Também esse sistema hermenêutico, no entanto, não leva em consideração o ambiente original em que o texto foi composto e não dá valor à linguagem apocalíptica repleta de alusões ao Antigo Testamento. Portanto, não parece plausível imaginar que o autor tenha composto todo a obra apenas para anunciar ou ameaçar o fim do mundo.

Sempre em reação ao método de história universal, foi então desenvolvido o sistema interpretativo segundo o qual o Apocalipse se referiria à *história contemporânea* ao seu autor, isto é, às dificuldades enfrentadas no século I pela jovem Igreja cristã por conta do judaísmo e do Império Romano. Essa abordagem é válida e digna de consideração, porque respeita o gênero literário e o contexto humano original, mas em seus excessos também se torna arbitrária e hipotética, reduzindo o Apocalipse a um campo de treinamento para enigmistas e arqueólogos.

A atenção de João e sua comunidade parece orientada para o sentido geral e teológico da história, que encontra seu centro de compreensão no evento pascal de Jesus Cristo. Por trás dos símbolos do Apocalipse, portanto, podemos reconhecer *a história da salvação*, que o profeta cristão esboça para explicar os eventos do final do século I e dirigir a reflexão de todos os leitores para o profundo significado de toda a história humana, orientada para a consumação final.

A resposta cristã ao drama da história

O modelo literário e simbólico que inspira o Apocalipse de João é, com toda probabilidade, o Livro de Daniel, nascido durante os terríveis anos da perseguição de Antíoco IV Epífanes (167-164 a.C.), para confortar os fiéis e incitá-los à resistência, garantindo-lhes uma iminente intervenção divina. No final do século I d.C. João percebe que sua comunidade está passando por uma situação histórica muito semelhante à dos *hassidim* da era macabaica: a sombra do tirano romano que afirma ser adorado como uma divindade é ameaçadora; o fascínio da cultura pagã conquista muitos fiéis; Jerusalém não existe mais e a classe dominante do povo judeu agora se opõe firmemente ao grupo cristão. Se o drama da história se repetir, deve ser repetido o corajoso testemunho dos fiéis, com sua resistência pacífica, baseada unicamente na confiança em Deus.

No entanto, um aspecto muito importante distingue a visão teológica de João daquela de Daniel: os escritores apocalípticos do judaísmo, de fato, aguardavam a intervenção decisiva de Deus para o futuro e a anunciavam como iminente; a comunidade joanina, por outro lado, afirma com certeza que a intervenção decisiva e definitiva de Deus na história já se realizou com Jesus de Nazaré, crucificado e ressuscitado, Senhor da história, chave para a leitura de toda a história passada, presente e futura.

Mantendo fixo o olhar no Cristo ressuscitado, assentado gloriosamente à destra do Pai e, ao mesmo tempo, levando em consideração seriamente as dificuldades experimentadas por sua comunidade, o autor do Apocalipse compromete-se a apresentar o papel que Jesus desempenha atualmente na história: Ele é o mediador da nova e eterna aliança, acreditado junto a Deus, constituído permanentemente em sua ressurreição, um ponto de referência objetivo para todos os que nele creem e fonte dos bens escatológicos que Deus pretende conceder. Em sua vida terrena, Cristo foi a testemunha de Deus, no sentido de que Ele oferecia aos homens a revelação de seu conhecimento exclusivo de Deus; mas sobretudo, após o escândalo da cruz, com a sua ressurreição, Ele se mostrou credível e se tornou a prova viva da intervenção escatológica de Deus que salva. E Ele é digno de fé precisamente porque é uma criança, gerada na ressurreição como o primogênito de muitos irmãos, os primeiros frutos da vitória para todos aqueles que aderem a Ele. Além disso, como entronado à direita de Deus, Ele assumiu o poder universal e é atualmente aquele que detém o destino do cosmos, não obstante a prepotência de muitos soberanos terrestres.

Os vários setenários do Apocalipse são, portanto, uma reflexão estruturada sobre o cumprimento das promessas divinas e revelam que a intervenção escatológica de Deus, preparada e prometida por séculos, foi realizada em Jesus de Nazaré, e que com Ele se instaurou o Reino de Deus. Na morte e ressurreição de Jesus Cristo, Deus virou de cabeça para baixo a situação anterior: o poder do mal é definitivamente derrotado e à humanidade realmente concedida a capacidade de realizar o projeto divino. A comunidade cristã, aberta a pessoas de toda a terra, é agora a multidão incontável daqueles que têm sua origem na paixão de Cristo e, no batismo, "lavaram as suas vestes e as alvejaram no sangue do Cordeiro" (Ap 7,14); eis que chegaram as núpcias do Cordeiro, e o novo povo da Igreja é como uma moça pronta para finalmente ser sua esposa (Ap 19,7; 21,9). Como o Profeta Ezequiel, João anuncia a construção de uma nova Jerusalém por Deus; vê a destruição da Cidade Santa pelos romanos como o sinal do fim do mundo antigo arruinado pelo mal e julgado por Deus, enquanto a comunidade cristã aparece para ele como a imagem da nova realidade operada pela intervenção escatológica de Deus em Cristo (cf. Ap 21,9–22,5).

A Igreja já goza plenamente da salvação, mas a morte de Cristo não elimina todos os ímpios de seu exterior: a obra da salvação, na verdade, é um evento de transformação que vem do profundo, diz respeito a cada pessoa e a todas as estruturas do mundo; uma mudança que não se realiza de forma mágica, mas requer colaboração, compromisso e resistência na contínua tensão para o cumprimento final, com a confiança segura de que a história está firmemente nas mãos de Deus.

Bibliografia comentada

Comentários patrísticos ao Apocalipse são raros, pois esse tipo de texto se popularizou mais na Idade Média; poucos são acessíveis traduzidos, mas a extensa antologia oferecida por Weinrich ajuda a entender a interpretação dessas visões ao longo dos séculos:

BEDA O VENERÁVEL. *Commento all'Apocalisse*. Roma: Città Nuova, 2015 [Testi patristici, 242].

CESÁRIO DE ARLES. *Commento all'Apocalisse*. Milão: Paoline, 2016 [Letture cristiane del primo millennio, 56].

WEINRICH, W.C. (org.). *Apocalisse*. Roma: Città Nuova, 2008 [La Bibbia commentata dai Padri – NT, 12].

Entre os numerosos comentários recentes, mencionarei apenas alguns em italiano; embora existam diferenças interpretativas, a abordagem comumente seguida é aquela que favorece a história da salvação:

CORSINI, E. *Apocalisse di Gesù Cristo secondo Giovanni*. Turim: SEI, 2002 [1. ed.: *Apocalisse prima e dopo*. Turim, 1980].

PRIGENT, P. *L'Apocalisse di S. Giovanni*. Roma: Borla, 1985 [orig. francês: 1981].

LUPIERI, E. *L'Apocalisse di Giovanni*. Milão: Fondazione L. Valla/Mondadori, 1999.

BIGUZZI, G. *Apocalisse*. Milão: Paoline, 2005 [I libri biblici – Nuovo Testamento, 20].

SIMOENS, Y. *Apocalisse di Giovanni Apocalisse di Gesù Cristo* – Una traduzione e un'interpretazione. Bolonha: EDB, 2010 [orig. francês: 2008].

VANNI, U. *Apocalisse, libro della Rivelazione* – Esegesi biblico-teologica e implicazioni pastorali. Bolonha: EDB, 2009.

DOGLIO, C. *Apocalisse*. Cinisello Balsamo: San Paolo, 2012 [Nuova versione della Bibbia dai testi antichi, 56].

TRIPALDI, D. *Apocalisse di Giovanni*. Roma: Carocci, 2012.

Muitos estudos monográficos, muitas vezes o resultado de teses de doutorado, fizeram uma contribuição significativa para o conhecimento do Apocalipse, explorando temas e textos importantes:

VANNI, U. *La struttura letteraria dell'Apocalisse*. Bréscia: Morcelliana, 1980.

MORICONI, B. *Lo Spirito e le Chiese* – Analisi del termine "pneuma" nel libro dell'Apocalisse. Roma: Teresianum, 1983 [Studia Theologica, 3].

VANNI, U. *L'Apocalisse. Ermeneutica, esegesi, teologia*. Bolonha: EDB, 1988 [Supplementi alla Rivista Biblica, 17].

BIGUZZI, G. *I settenari nella struttura dell'Apocalisse* – Analisi, storia della ricerca, interpretazione. Bolonha: EDB, 1996 [Supplementi alla Rivista Biblica, 31].

FARKAŠ, P. *La "Donna" di Apocalisse 12* – Storia, bilancio, nuove prospettive. Roma: Gregoriana, 1997 [Tesi Gregoriana, Serie Teologia, 25].

LÓPEZ, J. *La figura de la bestia entre historia y profecía* – Investigación teológico-bíblica de Apocalipsis 13,1-18. Roma: Gregoriana, 1998 [Tesi Gregoriana, Serie Teologia, 39].

PISANO, O. *La radice e la stirpe di David* – Salmi davidici nel libro dell'Apocalisse. Roma: Gregoriana, 2002 [Tesi Gregoriana, Serie Teologia, 85].

MARINO, M. *Custodire la Parola* – Il verbo ΤΗΡΕΙΝ nell'Apocalisse alla luce della tradizione giovannea. Bolonha: EDB, 2003 [Supplementi alla Rivista Biblica, 40].

BOSETTI, E. & COLACRAI, A. (orgs.). *Apokalypsis* – Percorsi nell'Apocalisse di Giovanni. Assis: Cittadella, 2005.

DOGLIO, C. *Il primogenito dei morti* – La risurrezione di Cristo e dei cristiani nell'Apocalisse di Giovanni. Bolonha: EDB, 2005 [Supplementi alla Rivista Biblica, 45].

TRIPALDI, D. *Gesù di Nazareth nell'Apocalisse di Giovanni* – Spirito, profezia e memoria. Bréscia: Morcelliana, 2010 [Antico e Nuovo Testamento, 5].

PÉREZ MÁRQUEZ, R.A. *L'Antico Testamento nell'Apocalisse* – Storia della ricerca, bilancio e prospettive. Assis: Cittadella, 2010.

ROJAS GÁLVEZ, I. *I simboli dell'Apocalisse*. Bolonha: EDB, 2016.

Sempre úteis são as sínteses teológicas que nos permitem reunir as várias contribuições da exegese:

BAUCKHAM, R. *La teologia dell'Apocalisse*. Bréscia: Paideia, 1994 [Letture bibliche, 12] [orig. inglês: 1993].

CORSANI, B. *L'Apocalisse e l'apocalittica del Nuovo Testamento*. Bolonha: EDB, 1996.

DIANICH, S. (org.). *Sempre Apocalisse* – Un testo biblico e le sue risonanze storiche. Casale Monferrato: Piemme, 1998.

MAZZEO, M. *Il volto trinitario di Dio nel libro dell'Apocalisse*. Milão: Paoline, 1999.

VANNI, U. *Dal Quarto Vangelo all'Apocalisse* – Una comunità cresce nella fede, Cittadella, Assisi 2011.

Índice

Sumário, 5
Apresentação da coleção original italiana, 7
Prefácio, 11

1. Os escritos atribuídos a João, 15
   A questão joanina, 15
   A autoridade de João, 16
      Os dados da tradição patrística, 17
      As informações do Novo Testamento, 24
      Uma reconstrução hipotética, 25
   A comunidade joanina como ambiente eclesial, 28
      Uma complexa história de Jerusalém a Éfeso, 28
      A raiz cultural judaica, 29
      O contexto helenístico, 31

2. O Quarto Evangelho, 34
   Introdução, 35
      O autor, 35
         A testemunha garante da tradição evangélica, 36
         O discípulo que Jesus amava, 36
         Outro discípulo sem nome, 39
         O autor implícito e o narrador, 40
         A identificação do autor real, 42

Os destinatários e o propósito, 43

　　　　A intenção explícita do texto, 44

　　　　O leitor implícito, 46

　　　　Outras finalidades secundárias, 49

　　　Diacronia: história da composição, 51

　　　　Os indícios literários de uma história redacional, 52

　　　　Tradição e redação, 55

　　　　O esforço da reconstrução diacrônica, 58

　　　　Data e local da edição final, 62

　　　　A importância da leitura sincrônica, 63

　　　Sincronia: a língua e o estilo, 64

　　　　A língua original, 65

　　　　O vocabulário, 65

　　　　O estilo literário, 68

　　　　Técnicas narrativas e estratégias retóricas, 71

　　　　Comparação com os sinóticos, 73

　　　Disposição e estrutura literária, 75

　　　　A busca por uma estrutura, 75

　　　　Os indícios mais significativos para a trama, 77

　　　　O próprio João sugere uma síntese, 79

　　　　A macroestrutura de todo o Evangelho, 80

　Guia de leitura, 80

　　　1,1-18: O prólogo poético, 80

　　　　Primeira parte: seção introdutória (v. 1-5), 81

　　　　Segunda parte: seção central (v. 6-14), 82

　　　　Terceira parte: seção conclusiva (v. 15-18), 85

　　　Primeira parte: o livro dos sinais (cap. 1–12), 87

　　　　1,19-51: O prólogo narrativo, a semana inaugural, 87

João anuncia aquele que "vem depois" (1,19-28), 87

João indica em Jesus o Cordeiro de Deus (1,29-34), 88

Os primeiros discípulos permanecem com Jesus (1,35-42), 89

Dois outros discípulos encontram Jesus (1,43-51), 91

2,1–4,54: De Caná a Caná, o ciclo das instituições, 92

   O primeiro sinal em Caná: a nova aliança (2,1-12), 93

   A expulsão dos vendilhões: o novo Templo (2,13-25), 96

   O encontro com Nicodemos: o novo nascimento (3,1-21), 97

   O testemunho final do Batista: a chegada do noivo (3,22–4,3), 99

   O encontro com a mulher de Samaria: adoração no Espírito da Verdade (4,4-42), 100

   O segundo sinal em Caná: o filho que vive (4,43-54), 102

5,1–12,50: De Caná a Jerusalém, o ciclo do homem, 103

   Em Jerusalém: o paralítico começa a andar (5,1-47), 104

      O sinal do paralítico (5,1-18), 105

      O discurso que se segue (5,19-47), 106

   Páscoa na Galileia: o pão da vida (6,1.17), 107

      Os sinais e a busca (6,1-25), 108

      O discurso sobre o pão da vida em Cafarnaum (6,26-59), 110

      O drama que se segue (6,60-71), 112

   Em Jerusalém para a Festa dos Tabernáculos (7,1–10,21), 113

      A vinda de Jesus a Jerusalém (7,1-52), 113

      O juízo sobre a mulher adúltera (7,53–8,11), 115

      A controvérsia com os judeus (8,12-59), 115

      O sinal do cego de nascença (9,1-41), 117

      O discurso sobre o bom pastor (10,1-21), 120

   A peripécia decisiva (10,22–11,54), 123

      A grande reivindicação de Jesus (10,22-42), 123

      O sinal de Lázaro (11,1-44), 124

      A decisão de matar Jesus (11,47-54), 126

   Em Jerusalém: para a última Páscoa (11,55–12,50), 128

      A unção de Betânia (12,1-11), 128

      A recepção da multidão em Jerusalém (12,12-19), 129

      É chegada a hora da glória (12,20-36), 130

      Reflexão teológica do narrador (12,37-43), 132

      Monólogo final (12,44-50), 132

Segunda parte: o livro da glória (cap. 13–21), 132

   13,1–17,26: Os discursos de despedida, 133

     A introdução (13,1-12), 133

     A primeira parte dos discursos (13,13–14,31), 135

       O drama da entrega e a hora da glória (13,13-38), 135

       "Vou [para o Pai] e volto para vós" (cap. 14), 137

     A segunda parte dos discursos (cap. 15-16), 140

       A vida interna da comunidade (15,1-17), 140

       A vida comunitária em conflito com o mundo (15,18–16,4a), 142

       "Convém-vos que eu vá" (16,4b-33), 144

     A oração "sacerdotal" (cap. 17), 146

   18,1–19,42: O relato da paixão, 148

     No jardim, a busca (18,1-11), 148

     Na casa de Anás, o interrogatório e a negação (18,12-27), 149

     No pretório de Pilatos, o processo romano (18,28–19,16), 151

     No Gólgota, a crucificação (19,17-37), 154

     No jardim, a sepultura (19,38-42), 156

   20,1–21,25: Os encontros pascais, 157

     A visita ao sepulcro vazio (20,1-9), 158

     O encontro com Maria de Mágdala (20,10-18), 159

        O encontro com os discípulos (20,19-25), 160

        A experiência de Tomé o Gêmeo (20,26-29), 161

        A primeira conclusão (20,30-31), 162

        O epílogo narrativo como releitura eclesial (21,1-25), 162

            A terceira manifestação do Cristo ressuscitado (21,1-14), 163

            O diálogo entre Jesus e Pedro (21,15-23), 164

            A segunda conclusão (21,24-25), 166

    Mensagem teológica, 166

      Uma história de salvação, 167

      Interpretação dos sinais, 167

      A teologia simbólica de João, 169

        A revelação de Deus, 170

        A criação do novo homem, 171

        O dom da nova aliança, 172

        O julgamento deste mundo, 173

    Bibliografia comentada, 175

3. As cartas de João, 181

    Introdução, 181

      Primeira Carta de João, 181

        Autor, 182

        Destinatários e finalidade, 183

        Gênero literário e unidade, 186

        Disposição, 188

      Segunda Carta de João, 190

        Autor, 190

        Destinatários e finalidade, 191

        Disposição, 191

  Terceira Carta de João, 192
   Autor, 192
   Destinatário e situação eclesial, 192
   Disposição, 194
  Guia de leitura, 195
   Primeira Carta de João, 195
    O prólogo (1,1-4), 195
    Primeira perícope (1,5–2,6): andar em comunhão com Deus, 195
    Segunda perícope (2,7-17): escolher o amor autêntico, 197
    Terceira perícope (2,18-28): confessar o Filho para possuir o Pai, 199
    Quarta perícope (2,29–3,10): reconhecer a geração de Deus, 200
    Quinta perícope (3,11-22): amar em obras e em verdade, 202
    Sexta perícope (3,23–5,4): acreditando e amando, 202
    Sétima perícope (5,5-17): acolher o testemunho divino, 205
    O epílogo (5,18-21), 207
   Segunda Carta de João, 207
    O pré-escrito (v. 1-3), 207
    O corpo da carta (v. 4-11), 208
    A conclusão (v. 12-13), 208
   Terceira Carta de João, 208
    O pré-escrito (v. 1-2), 208
    O corpo da carta (v. 3-12), 209
    A conclusão (v. 13-15), 210
  Mensagem teológica, 210
   A questão cristológica, 211
   A importância do amor, 212
   A raiz cristológica do amor, 213
  Bibliografia comentada, 214

4. O Apocalipse, 216
　Introdução, 216
　　Autor, 217
　　Data e local da composição, 220
　　Destinatários e finalidade, 221
　　Língua e estilo, 224
　　Gênero literário apocalíptico, 225
　　Unidade da obra, 226
　　Disposição e estrutura literária, 227
　Guia de leitura, 229
　　1,1-3: Prólogo, 229
　　1,4-8: Diálogo litúrgico introdutório, 229
　　1,9-20: A visão fundante do Cristo ressuscitado, 230
　　2,1–3,22: As mensagens para as sete Igrejas, 231
　　Cap. 4–5: A visão introdutória ao setenário dos selos, 234
　　　O trono (4,1-11), 235
　　　O livro (5,1-5), 236
　　　O cordeiro (5,6-14), 236
　　6,1–8,1: O setenário dos selos, 237
　　　Os quatro cavaleiros do Apocalipse (6,1-8), 238
　　　O grito das almas sob o altar (6,9-11), 239
　　　O sexto selo (6,12–7,17), 240
　　　　A catástrofe decisiva (6,12-17), 240
　　　　144 mil marcados com o selo (7,1-8), 240
　　　　Aqueles que vêm da grande tribulação (7,9-17), 241
　　　Silêncio no céu (8,1), 242
　　8,2–11,19: O setenário das trombetas, 242
　　　Anjos bons e maus (8,2-6), 243

O demoníaco arruína o mundo (8,7-13), 244

A invasão dos gafanhotos (9,1-12), 244

A sexta trombeta (9,13–11,14), 245

    A trágica condição da humanidade (9,13-21), 246

    A revelação de Deus (10,1-11), 246

    A medição do Templo (11,1-3), 247

    As duas testemunhas (11,4-14), 248

O cumprimento do mistério de Deus (11,15-19), 249

A última parte do Apocalipse, 250

Cap. 12–15: O tríptico dos sinais, 251

    A mulher e a serpente (cap. 12), 251

        Uma mulher, 252

        Uma grande serpente, 253

        O choque e a vitória, 254

    A besta que se eleva do mar (13,1-10), 255

    A besta que se eleva da terra (13,11-18), 257

    O Cordeiro e os 144 mil (14,1-5), 258

    O Filho do Homem rodeado por seis anjos (14,6-20), 259

    O sinal grande e maravilhoso (cap. 15), 261

Cap. 16: O setenário das taças, 262

    As primeiras três taças e o interlúdio lírico (16,1-7), 263

    As outras três taças (16,8-16), 264

    O derramamento da sétima taça (16,17-21), 265

17,1–22,5: Julgamento e salvação, 266

    Babilônia, a prostituta (cap. 17), 267

    O anúncio e o lamento (18,1-20), 269

    O gesto simbólico da pedra lançada ao mar (18,21-24), 270

    O interlúdio lírico (19,1-10), 270

A intervenção do *Logos de Deus* (19,11-16), 271

O gesto simbólico do convite ao banquete macabro (19,17-21), 271

As consequências do embate: os mil anos (20,1–21,8), 272

Jerusalém, a esposa (21,9–22,5), 275

22,6-21: Diálogo litúrgico final, 277

Mensagem teológica, 278

O ambiente litúrgico, 279

A releitura cristã do Antigo Testamento, 279

O uso do simbolismo, 280

Atenção à história, 281

A resposta cristã ao drama da história, 282

Bibliografia comentada, 284

Coleção Introdução aos Estudos Bíblicos

- *Livros Proféticos*
Patrizio Rota Scalabrini

- *Introdução geral às Escrituras*
Michelangelo Priotto

- *Cartas paulinas*
Antonio Pitta

- *Livros Históricos*
Flavio Dalla Vecchia

- *Livros Sapienciais e Poéticos*
Tiziano Lorezin

- *Cartas deuteropaulinas e cartas católicas*
Aldo Martin, Carlo Broccardo e Maurizio Girolami

- *Pentateuco*
Germano Galvagno e Federico Giuntoli

- *Literatura joanina*
Claudio Doglio